L'HONNÊTE HOMME

COURS DE MORALE

THÉORIQUE ET PRATIQUE

A L'USAGE

DES INSTITUTEURS, DES ÉCOLES NORMALES PRIMAIRES

ET DES ÉCOLES PRIMAIRES SUPÉRIEURES

PAR

Jules STEEG

DÉPUTÉ DE LA GIRONDE

PARIS

LIBRAIRIE CLASSIQUE FERNAND NATHAN

18, RUE DE CONDÉ, 18

JULES STEEG. — La Vie morale, recueil de lectures choisies et annotées
1 volume in-12.

L'HONNÊTE HOMME

COURS DE MORALE

THÉORIQUE ET PRATIQUE

INSTRUCTION MORALE ET CIVIQUE

L'HOMME — LE CITOYEN

OUVRAGE RÉDIGÉ CONFORMÉMENT AU PROGRAMME OFFICIEL

avec des gravures intercalées dans le texte, des lexiques, des exercices et des questionnaires

par Jules STEEG

Député de la Gironde.

Un volume in-12, cartonné................... 1 fr. 25

DOUZIÈME ÉDITION

Porté sur la liste ministérielle du 17 novembre 1882. Inscrit sur la liste des ouvrages fournis gratuitement par la ville de Paris à ses écoles communales, porté sur les listes départementales. Médaille d'honneur décernée par la Société nationale d'encouragement au bien, honoré de souscriptions par le Ministère de l'Instruction publique.

SUJETS ET COMPOSITIONS D'HISTOIRE

LA COMPOSITION, SUJETS, PLANS ET DÉVELOPPEMENT DE DEVOIRS

par A. AMMANN

Agrégé d'histoire, professeur au lycée Louis-le-Grand et au collège Chaptal.

1 vol. in-12, broché................... 1 fr. 50

ÉLÉMENTS DE SCIENCES NATURELLES

APPLIQUÉES A L'AGRICULTURE, A L'INDUSTRIE ET A L'HYGIÈNE

par le Dr G. VAN GELDER

1 vol. in-12, relié toile................... 3 fr.

Paris. — Imp. E. Capiomont et Cie, rue des Poitevins, 6.

L'HONNÊTE HOMME

COURS DE MORALE

THÉORIQUE ET PRATIQUE

A L'USAGE

DES INSTITUTEURS, DES ÉCOLES NORMALES PRIMAIRES
ET DES ÉCOLES PRIMAIRES SUPÉRIEURES

PAR

Jules STEEG

DÉPUTÉ DE LA GIRONDE

PARIS

LIBRAIRIE CLASSIQUE FERNAND NATHAN
18, RUE DE CONDÉ, 18

1888

Tout exemplaire de cet ouvrage non revêtu de ma griffe sera réputé contrefait.

Fernand Nathan

PRÉFACE

Dans la langue du dix-septième siècle, un honnête homme était un homme bien élevé, de bon ton, de bon goût, de bonnes manières, un homme du monde, plus particulièrement un homme de la cour. On disait à peu près dans le même sens, un galant homme.

Dans la scène du Sonnet, Alceste, le Misanthrope, veut qu'un galant homme résiste au désir d'écrire pour le public, et engage Oronte à ne pas quitter le nom d'honnête homme pour prendre celui de ridicule auteur.

L'honnête homme était celui qui réalisait le type que se proposait la société de cette époque.

Dans notre siècle de démocratie, nous avons un autre modèle. Nous nous représentons l'honnête homme sous les traits de l'homme de bien, à quelque classe sociale, à quelque profession, à quelque « monde » qu'il appartienne.

L'honnête homme, c'est le bon citoyen, l'ouvrier consciencieux, le marchand probe, le père dévoué, le mari fidèle, le fils reconnaissant, l'ami sûr, c'est l'homme compatissant, généreux, fraternel, esclave du devoir en toutes circonstances, graves ou futiles.

Ce sont les mêmes qualités, les mêmes vertus, avec plus de réserve, de recueillement et de bonne grâce, qui font l'honnête femme, dans la mansarde ou dans le château, au salon ou dans l'atelier.

Ces vertus, il faut les apprendre. Sans doute nous en trouvons la source dans notre conscience ; sans doute, elles nous sont enseignées par l'exemple de nos familles, de nos maîtres, des gens de bien que nous rencontrons, elles nous sont communiquées par l'atmosphère ambiante. Mais, en même temps, que de mauvais exemples passent sous nos yeux ! que de sophismes sont débités à nos oreilles ! que de maximes relâchées, que d'actions déshonnêtes s'étalent impudemment devant nous !

Il n'est donc pas inutile de dégager nettement les principes éternels de la morale, d'en faire connaître l'immuable fondement, de révéler l'homme à lui-même, de mettre en lumière devant lui ses facultés intellectuelles et morales, sa liberté, sa responsabilité, l'autorité suprême de la conscience. Il est bon de lui rappeler la majesté de la loi morale, la beauté de la vertu, la puissance du devoir.

Il ne suffit pas d'émettre les principes, il faut enseigner aussi à les appliquer. Les préjugés, les mauvaises habitudes, l'influence d'un milieu où l'intérêt et le plaisir dirigent la majeure partie des hommes, obscurcissent le chemin du devoir. Les maîtres feront bien d'exposer les devoirs particuliers de chacun, d'enseigner la pratique de la vertu, d'entrer dans les détails, de mettre, comme on dit, les points sur les i.

Nous avons voulu, par ce petit livre, faciliter leur tâche, leur offrir une sorte de canevas pour leurs leçons, des occasions de développer familièrement leurs sentiments et leurs propres expériences.

Nous avons suivi l'ordre logique : la morale théorique d'abord, la morale pratique au second rang. Il faut en effet commencer par poser les principes, les idées générales ; l'application ne vient qu'après. Mais dans la réalité, c'est le contraire qui a lieu. Il faut vivre d'abord, philosopher ensuite.

Plusieurs préféreront exposer d'abord à leurs élèves la morale pratique, la série des devoirs, les faire réfléchir sur leurs obligations personnelles, et les amener ainsi peu à peu jusqu'aux hautes régions des principes moraux. Cette méthode est bonne ; la méthode inverse l'est aussi. Tout dépend de l'âge, de l'état d'esprit, de la préparation antérieure.

L'important est de laisser dans les esprits et dans les cœurs l'image de l'honnête homme,

fermo, simple, bon, modeste, connaissant son
devoir et le pratiquant sans faiblesse ni raideur,
prêt à tous les sacrifices, passionné pour l'honneur, pour la justice, pour la vérité, et traversant
la vie en faisant le bien.

La jeunesse est généreuse et s'enflamme facilement pour l'idéal. Montrons-lui le nôtre, elle
l'aimera, elle s'élancera à sa poursuite. En cher-
chant à réaliser le type de l'honnête homme, nos
jeunes gens connaîtront les meilleures joies de la
vie; ils y gagneront peut-être l'estime et l'affection
de leurs concitoyens; ils y gagneront à coup sûr
les inappréciables satisfactions d'une bonne conscience.

NOTIONS

DE PSYCHOLOGIE

NOTIONS DE PSYCHOLOGIE

I. — IDÉE GÉNÉRALE DE LA PSYCHOLOGIE

APPLIQUÉE A LA MORALE ET A LA PÉDAGOGIE

Dans ce monde immense où l'homme est jeté, il n'y a rien qui échappe à son étude. Il étudie les espaces infinis du ciel avec le télescope, avec le calcul : c'est l'astronomie. Il étudie la formation de notre globe dans les siècles les plus reculés : c'est la géologie. Il étudie la terre actuelle, les aventures et les œuvres des hommes qui nous ont précédés : c'est la géographie, l'histoire, la littérature. Il pénètre dans les secrets les plus cachés de la nature et lui arrache l'explication de ses principaux mystères : c'est la physique, la chimie, la géométrie ; c'est la botanique, la zoologie. Ni l'infiniment grand, ni l'infiniment petit ne peuvent se soustraire à ses investigations.

Comment s'étonner, après cela, que l'homme s'étudie lui-même ?

La physiologie est l'étude de l'homme matériel, de sa nature corporelle, visible, tangible, de sa vie physique, des systèmes osseux, nerveux, musculaire, des fonctions de la respiration, de la digestion, de la circulation, de la locomotion, etc.

Ces parties sont celles par lesquelles l'homme se confond avec le reste de la nature animale dont il reproduit les éléments et les fonctions à un degré éminent.

La psychologie est l'étude de l'homme distinct de l'animal, de l'homme qui sent, qui pense, qui veut; des facultés immatérielles et invisibles dont l'ensemble et le principe s'appellent l'âme humaine. Ici, ce n'est ni le scalpel, ni le microscope, ni les réactions chimiques, ni les expériences de laboratoire qu'il convient d'invoquer. L'âme échappe à toute prise des instruments, mais elle n'est pas pour cela hors de la portée de l'observation. C'est par l'observation de soi-même et des autres, par l'étude des faits qui manifestent les facultés invisibles que l'homme apprend à connaître ces facultés, c'est-à-dire à se connaître. La psychologie n'est pas une invention, un champ ouvert à la fantaisie; c'est une science d'observation, d'analyse exacte, fine et minutieuse. Elle prend l'homme tel qu'il est, tel qu'il apparaît; elle le regarde agir, elle l'écoute parler, elle pénètre dans son for intérieur, elle prête l'oreille à ses douleurs, à ses joies, elle assiste au mouvement lent ou rapide de ses impressions, de ses désirs, à l'éclosion et à la marche de ses pensées; elle épie l'éveil de la volonté, elle écoute ses délibérations, ses résolutions, ses ordres.

La psychologie range dans des catégories différentes les ordres différents de phénomènes qui lui sont soumis.

Elle apprend peu à peu à reconnaître que les faits de sensibilité diffèrent, par des caractères essentiels, des faits d'intelligence, et que ceux-ci ne peuvent se confondre avec les faits de la volonté. Elle

reconnaît en même temps le lien qui les rapproche ; elle montre qu'il arrive sans cesse que les
uns agissent sur les autres, que les sensations éclairent l'intelligence, déterminent la volonté, que
celle-ci, tour à tour, est la maîtresse ou l'esclave
des autres facultés, et que, si l'analyse les sépare,
la vie les mêle et les unit.

Cette étude des facultés de l'homme qu'on
appelle la psychologie est la préface indispensable
de la science morale. La morale, en effet, ne repose
pas sur des nuages ; ce n'est pas un édifice bâti en
l'air. C'est une législation dont les raisons et les
racines sont dans la nature humaine ; elle ne tombe
pas du ciel, elle n'a rien d'arbitraire ; elle est la
conséquence naturelle des conditions de notre
être.

Il faut connaître ce que l'homme peut pour se
bien rendre compte de ce qu'il doit ; il faut savoir
de quels moyens il dispose, quelle est la portée de
ses facultés, dans quelle mesure il les domine, il
les modifie, pour mesurer la part de responsabilité qui lui incombe, les actions qu'on peut lui
demander.

C'est la raison, c'est la conscience, c'est l'intelligence humaine, c'est le sentiment, qui sont les
sources de la morale ; c'est là qu'elle puise ses
motifs, ses règles, ses forces.

Il n'y a pas une des prescriptions de la morale
qui n'ait son origine, sa justification dans une de
nos facultés.

La morale aboutit tout entière à la volonté ; c'est
à la volonté qu'elle s'adresse. La psychologie
enseigne quels sont les ressorts, quelle est l'étendue
de la volonté et les rapports qu'elle entretient avec

les autres facultés de l'âme. A tous égards donc, le
lien est étroit qui unit la psychologie et la morale.

Il n'est pas moins étroit entre la psychologie et
la pédagogie. Comment se faire le guide, l'instituteur des enfants, comment se charger de cette
tâche délicate et redoutable d'élever ces jeunes
êtres, de les instruire, de les former, de développer
régulièrement, sainement, leurs facultés naissantes,
si l'on ne connaît pas ces facultés, si l'on ne sait
quelle en doit être la marche, la croissance, vers
quel but il faut les diriger, et par quelles voies.
L'âme des petits enfants n'est pas une masse indis-
tincte, un bloc, une matière peu sensible sur
laquelle il soit loisible de se livrer à toutes sortes
d'expériences.
Elle contient en germe les plus hautes facultés,
et des manœuvres maladroites peuvent étouffer,
affaiblir ou estropier un de ces germes.
Il faut savoir quels modes d'activité, quels trésors
de sensibilité, quelle étendue d'intelligence, quelles
ressources de volonté une éducation bien dirigée
peut mettre graduellement au jour, et, pour cela,
se bien rendre compte de la nature particulière de
ces facultés diverses et des soins différents qu'elles
réclament.
Pour le savoir, le seul vrai moyen consiste à
s'étudier soi-même, à faire appel à l'expérience. La
psychologie, telle qu'il nous la faut, n'est pas une
géométrie, une algèbre, une science abstraite, c'est
la description expérimentale de nos facultés.
Regardons-nous vivre, prenons nos actes, nos sensations, nos pensées, nos sentiments sur le fait ;
examinons de près nos jugements, nos résolutions,

nos habitudes. Ne nous fions pas aux livres ; le meilleur livre, le plus exact, le plus fidèle, c'est notre propre cœur. Il ne faut qu'apprendre à y lire.

II. — L'ACTIVITÉ PHYSIQUE

Les mouvements. — Les instincts. — Les habitudes corporelles.

LES MOUVEMENTS.

Le premier aspect sous lequel l'homme se présente à nous, le premier spectacle qui nous frappe dans l'enfant, c'est le mouvement dont ses membres sont animés. Dès qu'il vit, il se remue. C'est le premier signe de son activité, c'est le premier besoin de son être. Les mouvements lui sont nécessaires pour saisir le sein de sa nourrice, pour remplir d'air ses poumons, pour développer ses bras et ses jambes. Il crie, il s'agite, vous le croyez malade. Point. C'est la vie qui use de ses droits. Aussi est-ce avec raison que les médecins prescrivent de laisser au petit enfant la liberté de son corps, de ne pas le serrer et emmailloter dans des langes trop étroits comme dans une gaine. On veillera à ce qu'il ne se blesse pas, mais on lui donnera les moyens de gesticuler à son aise ; sa santé et sa force sont à ce prix.

Pendant la vie entière, le mouvement est nécessaire à l'homme ; il l'est tout à la fois pour sa santé et pour sa subsistance. Le repos n'est qu'un intervalle entre les mouvements. L'immobilité qui se prolonge est le prélude de la mort.

Les mouvements sont volontaires ou involontaires.
Ils sont involontaires lorsqu'ils obéissent à une impulsion irréfléchie, sous le coup du besoin, de la
douleur, du plaisir, de l'étonnement, de la crainte.
On se dresse, on pousse un cri, on lève les bras, on
se jette en avant, en arrière, sans se rendre compte
de ce qu'on fait. Les mouvements intérieurs de la
digestion, de la respiration, de la circulation du
sang sont encore plus involontaires, car ils s'accom-
plissent sans notre participation, à notre insu, et
pour ainsi dire malgré nous.

Les mouvements volontaires sont ceux que nous
accomplissons en le sachant, en le voulant, ou que
nous pourrions supprimer si nous le voulions bien.
Nous sommes maîtres, en santé, de presque tous
nos mouvements ; nous pouvons et nous devons les
faire obéir à notre raison, les régler selon nos
besoins, selon nos convenances, selon nos devoirs.

Nos mouvements peuvent être vifs ou lents, violents ou doux, mesurés ou désordonnés, agiles ou
lourds et maladroits, naturels ou affectés ; il y a
une science des mouvements, c'est la gymnastique,
à laquelle on peut rapporter la course et même la
danse, qui est l'art des mouvements rythmés et gra-
cieux.

LES INSTINCTS.

Les mouvements involontaires peuvent aussi
s'appeler instinctifs. Les instincts sont des impulsions intérieures qui poussent l'enfant, dès sa naissance, à certains actes nécessaires à la vie, mais
dont il ne se rend pas compte. Il a l'instinct de
prendre le sein, de crier, de se remuer ; peu à peu,
à mesure qu'il grandit, ses instincts se transforment

en raisonnements. Il a, par exemple, l'instinct de la conservation de lui-même ; il évite naturellement ce qui le blesse, ce qui le gêne, ce qui peut lui nuire ; plus tard, homme, il prévoit, il raisonne, il prend ses mesures pour se mettre à l'abri, soit de ses ennemis, soit des intempéries, soit des accidents de la nature. Bien plus, il transmet ses expériences à ceux qui viennent après lui et qui perfectionnent à leur tour ce qu'il a imaginé. L'instinct chez l'homme est un germe destiné à croître, à mûrir, à se transformer en intelligence et en progrès.

Chez les animaux, les instincts demeurent stationnaires. Les oiseaux ne font pas mieux leur nid aujourd'hui qu'il y a deux mille ans ; les abeilles n'ont pas perfectionné leurs ruches ; les renards n'ont pas inventé de meilleurs tours que leurs plus lointains ancêtres ; les araignées ne tissent pas des toiles d'une autre forme ou d'une autre substance que jadis. Les animaux ne parviennent pas à transformer leur instinct en intelligence, ils ne sortent pas du cercle dans lequel se meut chaque espèce ; les années ni l'expérience ne leur apportent aucune acquisition nouvelle. Ils font jusqu'au bout de leur vie ce qu'ils ont fait dès leurs premiers jours, et de siècle en siècle ce que l'espèce a fait précédemment.

LES HABITUDES CORPORELLES.

Il nous arrive à nous aussi que nous répétions fréquemment et machinalement les mêmes mouvements, les mêmes actes : c'est ce qu'on appelle l'habitude.

Lorsque nous avons plusieurs fois fait un geste, un mouvement, il laisse une sorte de trace dans

notre organisme, et nous y revenons ensuite plus
facilement, comme on revient sur un chemin qu'on
a déjà parcouru. L'habitude s'applique aux mouvements les plus insignifiants comme aux actes les
plus importants de la vie. L'un porte habituellement
la main à son oreille, l'autre à sa bouche ou à ses
cheveux. On s'habitue à la marche, à la course, à
des exercices ou à des travaux plus ou moins pé-
nibles, à se lever et à se coucher aux mêmes heures,
à prendre ses repas régulièrement. On s'habitue à
vivre au fond des mines ou sur les flots agités de la
mer.

Par l'habitude, on réussit à triompher des difficultés qu'on croyait insurmontables et presque à
vaincre la douleur. L'habitude, a-t-on dit, est une
seconde nature. Les habitudes corporelles ressemblent singulièrement à des instincts ; elles entraînent l'homme à des mouvements, à des gestes, à
des actes qui semblent s'imposer à lui, qui n'exigent
de sa part ni effort, ni réflexion. Et néanmoins, il y
a une grande et capitale différence entre les deux.
L'instinct est irrésistible chez l'animal. Chez l'homme, l'habitude est toujours au pouvoir de la volonté.
C'est par une série d'actes de volonté que l'habitude
a été contractée ; elle peut être interrompue, sus-
pendue ou même brisée et détruite par un acte ou
par une série d'actes de volonté. Plus l'habitude est
ancienne, plus elle est difficile à déraciner.

III. — LA SENSIBILITÉ PHYSIQUE

**Le plaisir et la douleur. — Les sens. — Sensations
internes et sensations externes. — Les besoins et
les appétits.**

LE PLAISIR ET LA DOULEUR.

Il n'y a pas d'opposition qui soit plus connue,
plus fréquente, plus familière aux hommes que celle
du plaisir et de la douleur. On pourrait presque, à
première vue, s'imaginer que tout l'effort de la vie
porte exclusivement sur ces deux points : éviter la
douleur, se procurer le plaisir. C'est du moins là
tout l'effort de la vie animale.

Le plaisir accompagne habituellement la satisfaction de nos besoins ; il est étroitement lié à l'activité normale ; il en est la conséquence régulière et
inséparable, quoique souvent inconsciente, par suite
d'irréflexion. La privation passagère est le condiment
du plaisir ; la satiété l'amoindrit et l'éloigne. On
éprouve du plaisir à boire quand on a soif, à manger quand on a faim, à se reposer quand on est las.
Si la privation a été prolongée, si le besoin est devenu très vif, si la fatigue est extrême, on aura du
plaisir à se désaltérer avec de l'eau, à se réconforter
avec du pain, à s'étendre sur l'herbe ou sur un dur
grabat. Une fois le premier besoin apaisé, on aura
encore du plaisir à goûter quelque boisson exquise,
à se nourrir de mets délicats, à s'asseoir sur un fau-
teuil moelleux. Mais la répétition, la fréquence,
l'excès de ces satisfactions émoussent l'impression
de plaisir ; on l'éprouve encore, mais plus faible-

ment ; il faut bientôt des raffinements de plus en
plus recherchés pour le réveiller ; il finit même par
ne plus répondre que rarement à l'appel.

Lorsque le besoin devient extrême, il produit la
douleur ; elle est un stimulant pour l'effort, pour le
travail. Sans la douleur qui pousse à agir, l'homme
s'engourdirait souvent dans l'inertie, dans la paresse ; mais un aiguillon le pique, le secoue, le
torture ; il cherche à y échapper, et c'est ainsi que
peu à peu la sauvagerie a fait place à la civilisation,
que l'homme a réussi à se préserver des atteintes de
la faim, du froid, des intempéries, de toutes les
morsures du monde ennemi qui l'entoure.

Le trouble apporté dans notre organisme par des
accidents ou par la maladie produit la douleur, plus
ou moins intense, plus ou moins difficile à supporter. L'habitude de souffrir, la force de volonté peuvent atténuer la douleur, mais ne la font pas disparaître. Le plaisir s'évanouit dans l'abus ; la douleur,
au contraire, s'accroît en s'accumulant. La limite
imposée au plaisir, c'est la satiété et le dégoût ; il
n'y a pas d'autre limite à la douleur que la mort.

Le plaisir n'a que quelques formes, toujours les
mêmes, sous lesquelles il se présente, et son étendue
est assez bornée ; la douleur peut nous saisir par
mille endroits, se renouveler sans cesse et nous
porter à tout instant les coups les plus imprévus et
les plus cruels.

LES SENS.

Les organes par lesquels nous percevons le monde
extérieur, sont les sens, qu'on divise habituellement
en cinq : le toucher, la vue, l'ouïe, l'odorat et le

goût, et qui correspondent en effet à cinq ordres
de sensations différentes. Celui qui est privé d'un
ou de plusieurs de ces sens est un être incomplet,
du moins au physique, et cette privation ne laisse
pas que d'agir plus ou moins sur son développement intellectuel ; car certaines sensations lui sont
inconnues et une part du monde ambiant lui
échappe.

Nos sens sont d'abord obtus, obscurs ; ils ont
besoin de développement, d'exercice ; ils sont tous
susceptibles d'éducation. Les premières sensations
sont confuses, il faut du temps, des efforts, de nombreuses comparaisons pour arriver à les séparer, à
les discerner chacune à son tour et chacune selon
sa valeur propre. Quelle différence entre les igno-
rances, les maladresses du petit enfant et l'habileté
de l'ouvrier, la précision du tireur, la justesse du
musicien, la perspicacité du dégustateur ! L'éducation des sens est une partie considérable et souvent
trop négligée de l'enseignement ; il ne suffit pas de
donner aux enfants des idées, des notions, de leur
apprendre des faits, il faut aussi les mettre en état
de se servir des instruments dont la nature les a
doués, et qui, pendant les premières années, possèdent une souplesse qu'ils risquent de perdre si on
ne les exerce pas à temps.

Le goût et l'odorat se développent d'eux-mêmes,
selon les besoins et les circonstances ; ils exigent
surtout, pour ne pas s'oblitérer, mais au contraire
pour acquérir toute leur finesse, des habitudes de
sobriété, de propreté, de délicatesse. Le toucher, la
vue, l'ouïe doivent être soumis à une éducation
véritable, à une instruction régulière qui peut
monter, par une progression insensible, depuis le

métier jusqu'à l'art. Il ne faut pas abandonner l'éducation des sens au hasard. Dans la vie sauvage, la
nécessité les aiguise; l'Indien perçoit les sons les
plus lointains, il devine à l'odeur la présence d'un
ennemi ou d'une proie; sa vue perçante discerne
des objets qui nous paraissent invisibles. Dans notre
état de civilisation, il faut une culture spéciale,
assez longue, qui s'obtient par l'enseignement, par
l'étude, par l'expérience, et qui dépend encore plus
des maîtres que des parents.

SENSATIONS INTERNES ET SENSATIONS EXTERNES.

Nos sens sont affectés par les objets du dehors;
la plupart de nos sensations sont externes. Mais il
arrive aussi que nous éprouvons des sensations
qu'aucun objet extérieur ne produit, des malaises,
des maux de tête, des rhumatismes, des douleurs
nerveuses, la fièvre, etc.

Ces sensations ne sont pas normales, elles proviennent d'un état maladif. En santé, le jeu régulier
de nos organes nous échappe presque; nous ne
sentons pour ainsi dire pas notre corps; chaque
partie de notre être accomplit sa fonction, l'air
entre à flots dans nos poumons, le torrent du sang
circule avec une rapidité vertigineuse dans le cercle
qui lui est tracé, les substances alimentaires répa-
rent nos forces, la charpente du squelette est mue
par les muscles, les nerfs portent d'un bout à l'autre
du corps les nouvelles du monde extérieur et la
volonté de l'esprit, sans qu'aucune de ces parties
nous apporte une sensation nette et précise. La
sensation de la santé, sensation agréable, est si
constante, si générale, si impossible à localiser,

qu'elle peut s'appeler plutôt un état qu'une sensation.

Ce n'est qu'au moment où un besoin s'exprime, le besoin de manger par la faim, le besoin de boire par la soif, le besoin de repos par la fatigue, ou lorsqu'un des rouages de la machine se détraque et nous cause une douleur, ce n'est qu'alors que nous percevons nettement une sensation interne, qui disparaît par la guérison du mal ou la satisfaction du besoin.

On peut dire, au reste, que toutes nos sensations sont internes, en ce sens que si l'occasion en est extérieure, le choc se fait sentir au dedans; l'impression en est transmise par les nerfs et perçue par le cerveau, centre universel et unique de toutes nos sensations. Ce n'est pas la main qui souffre, ni le nez qui sent, ni l'oreille qui entend; c'est le cerveau qui reçoit ces diverses sensations par les divers organes; c'est lui qui possède seul le don d'éprouver par elles la douleur ou la satisfaction, qu'elles proviennent d'une action interne ou externe.

LES BESOINS ET LES APPÉTITS.

Nos organes ont la faculté de nous avertir, par des signes certains, lorsqu'il leur manque le nécessaire. La faim produit des tiraillements dans l'estomac, la soif dessèche le palais, le séjour dans un air confiné oppresse la poitrine, le froid ralentit le mouvement du sang et semble cribler tout le corps de piqûres aiguës, la fatigue tend les membres et agit péniblement sur les muscles, aussi bien la fatigue de la marche ou du travail que celle d'une longue inaction. Ce manque, cette souffrance plus ou moins vive, cette excitation à un changement, à une action, c'est le besoin.

Si nous étions simplement des animaux, nous n'aurions que des besoins. Une fois le besoin satisfait, une fois la faim assouvie, la soif calmée, l'animal ne demande plus rien. Mais il n'en est pas de même pour nous; la limite entre le besoin et la satisfaction de ce besoin n'est pas si facile à tracer. Aux besoins de la nature, l'homme a ajouté les besoins de la civilisation. Il ne se contente pas de manger, il veut bien manger; il ne se borne pas à étancher sa soif, il aime à flatter son palais de boissons agréables; il va plus loin, il se complaît à des boissons qui l'excitent. Il s'est créé des besoins de délassement, de récréation, de plaisirs, de jeux, de spectacles, etc.

Ces besoins sont légitimes, lorsqu'ils sont contenus dans de fermes limites. La satiété normale se fait assez tôt sentir. Le besoin est satisfait; l'esprit est tranquille; le corps est en repos; il éprouve le bien-être et ce serait le surmener que de lui imposer davantage. Mais nous ne sommes pas toujours assez sages pour ne pas le surmener.

Comme la satisfaction de nos besoins nous procure du plaisir, nous voulons augmenter et prolonger ce plaisir après le besoin satisfait. Nous désirons au delà de ce qu'il nous faut; nous convoitons de nouvelles jouissances; nous faisons violence à la nature.

Ce ne sont plus alors des besoins, ce sont des appétits. Les premiers sont voulus par la nature, les seconds sont créés par une imagination corrompue; les premiers sont légitimes, les seconds sont condamnables, les premiers sont l'instrument et le signe de la santé, les seconds sont funestes à l'esprit et au corps; les premiers obéissent à une règle, les seconds entraînent leurs victimes sur une pente irrésistible et funeste.

IV. — L'INTELLIGENCE

La conscience et la perception extérieure. — La mémoire et l'imagination. — L'abstraction et la généralisation. — Le jugement et le raisonnement. — Les principes régulateurs de la raison.

LA CONSCIENCE ET LA PERCEPTION EXTÉRIEURE.

L'homme se sait lui-même; il sait qu'il existe; il se connaît comme un être qui sent, qui pense, qui veut. Il peut très bien ne pas se rendre compte de ses facultés, n'en pas connaître les noms, avoir une idée très vague et très grossière de sa nature; mais il n'en rapporte pas moins à sa personne toutes les impressions qui le frappent. Il a conscience de lui, de son existence particulière. Il sait qu'il est lui, et non pas un autre.

Comment le sait-il? Comment y est-il arrivé? C'est par le contact avec les objets extérieurs. Le petit enfant qui vient au monde n'a pas encore conscience de lui, ne sait pas encore se distinguer de ce qui l'entoure. Il prendra indifféremment son pied ou tout autre jouet qui sera à sa portée. A mesure qu'il touche, qu'il voit, qu'il perçoit les objets extérieurs, il prend conscience de son être, de ses différents sens, et du centre auquel il rapporte toutes les impressions et tous les chocs, soit agréables, soit désagréables, soit indifférents. Il apprend à se distinguer lui-même des autres objets, à

2

discerner sa propre personne. Sans cette rencontre continuelle avec le monde du dehors, il n'aurait pas le sentiment distinct de son être; il resterait engourdi, endormi, inconscient.

Lorsque vous êtes plongé dans un profond sommeil, lourd et sans rêve, tel qu'on le goûte après une grande fatigue, après une longue marche, non seulement vous ne vous doutez pas de l'existence du monde, mais vous n'avez pas même conscience de la vôtre. Vous respirez, vos organes fonctionnent; mais pour vous, à votre propre égard, vous êtes comme mort, comme si vous n'existiez pas. Si quelqu'un vous touche, il se fait une sorte de mouvement au plus profond de votre être; un sentiment confus accompagne cette sensation extérieure. Si elle continue, si l'on vous remue, si l'on vous parle, si la lumière est apportée près de vous, peu à peu, le sentiment devient plus net, vous sentez la vie revenir, vous rappelez graduellement vos sens, vous prenez conscience de vous-même, vous vous éveillez.

La diversité des impressions que vous avez éprouvées ne vous trompe pas: on a remué votre bras, c'est vous qui l'avez senti; on a parlé à vos oreilles, c'est vous qui l'avez entendu; la lumière a frappé vos yeux, c'est vous qui l'avez vue. Tous ces sens si différents, vous les avez à votre propre service; il y a quelqu'un qui est leur maître, qui perçoit toutes les commissions que les objets extérieurs leurs donnent pour vous; ce sont autant de fils télégraphiques qui aboutissent au même récepteur, autant de domestiques qui appartiennent au même maître, autant d'organes d'un seul et même être qui s'appelle *moi*.

Entre ce moi et le monde extérieur, il y a un voile épais. Le seul mode de communication entre l'un et l'autre, ce sont les sens. Que sauriez-vous de la merveilleuse nature qui nous enveloppe, de la beauté des couleurs, du charme des sons, de tous ces milliers et millions d'êtres inertes ou vivants, si vous n'étiez instruit de leur existence par les nouvelles que vos sens vous en apportent? Vos sens sont les fenêtres par lesquelles vous regardez et voyez le monde; la perception extérieure est le moyen par lequel vous avez pris connaissance de vous-même et par lequel vous prenez connaissance des autres êtres.

Si nous n'avions que des sens, nous ne connaîtrions rien; ils seraient frappés du dehors, mais ils n'auraient personne à qui transmettre leurs impressions: ils subiraient le choc et l'action des objets, mais nul ne serait là pour le savoir. Que dis-je? ils ne recevraient rien, ne sentiraient rien, ne seraient bons à rien.

Ils n'ont pas de sensibilité par eux-mêmes. Ce ne sont pas les sens qui sentent; ils ne sont que des instruments; ils recueillent les bruits, les odeurs, les spectacles, les mouvements du dehors pour les faire pénétrer au dedans; ils sont les fenêtres par où entrent les rayons, le canal par où coule l'eau, le fil télégraphique par où circule l'électricité, de simples moyens de transmissions.

C'est l'intelligence seule qui peut profiter de leur travail, de leurs impressions, de leur intermédiaire, grâce à cette inexplicable faculté de la perception extérieure, qui est le lien entre le monde des sens et le monde de l'esprit.

Quelques variées que soient ces impressions des

sens, l'esprit a conscience qu'il ne varie pas, qu'il reste le même, que c'est bien lui qui est affecté tour à tour par les différents sens, soit d'une façon agréable, soit d'une façon désagréable. Les objets changent autour de lui, les impressions qu'il en reçoit changent aussi, le temps s'écoule ; mais lui, il ne change pas, il ne devient pas un autre, il conserve son identité. Quand tout passe et se modifie, la conscience de nous-même reste identique.

LA MÉMOIRE.

La mémoire est la faculté par laquelle nous rattachons au moment présent les événements passés. Sans la mémoire, nous ne vivrions que dans l'instant actuel ; toutes nos impressions seraient fugitives, nous ne saurions pas que nous sommes aujourd'hui le même être que nous étions hier et les jours précédents. La conscience durable de nous-même nous ferait défaut ; notre identité nous échapperait.

Notre intelligence peut rappeler, reproduire, faire revivre des faits, des sentiments, des idées, des mots, des sons, des impressions, des émotions sur lesquels le temps s'est écoulé ; selon que cette reproduction est plus rapide, plus vive, plus complète, nous sommes doués d'une mémoire plus prompte et plus sûre.

La mémoire n'est pas une faculté isolée dans l'intelligence ; elle est un mode de l'intelligence, elle retient surtout ce que l'esprit comprend, ce qui le frappe vivement, ce qui excite au plus haut degré son intérêt et son attention. Nous pouvons certainement, avec de l'effort, du travail, grâce à une répétition fréquente, retenir des mots, des phrases qui n'aient pour nous aucun sens ou qui n'aient qu'un sens confus. Mais nous ne les retenons que peu de temps. C'est une fatigue stérile, sinon funeste. Nous gardons au contraire longtemps, toujours, ce que nous avons appris après l'avoir compris. Ce qui a laissé une trace lumineuse dans notre intelligence laisse une trace profonde et durable dans notre mémoire.

C'est dans l'enfance que la mémoire est à la fois le plus souple et le plus tenace. On est émerveillé, à la réflexion, de la quantité prodigieuse de choses qu'elle retient dans les premières années. Le petit enfant a tout à apprendre, sa mémoire s'exerce dès les premiers jours. Il retient la différence des voix, puis celle des visages; il rattache aux hommes et aux objets les impressions qu'ils lui ont déjà causées; il se souvient des mots, sons étranges, nouveautés absolues, sans cause, sans analogie, sans étymologie pour son esprit ignorant; et en peu d'années, grâce à la mémoire, il devient maître de ce précieux instrument, de cette science compliquée et délicate qui s'appelle le langage. Les choses apprises dans l'enfance et l'adolescence persistent jusqu'aux limites les plus reculées de la vieillesse, alors souvent que la plupart des facultés s'émoussent, que la mémoire elle-même n'est plus qu'une surface glissante où rien ne s'arrête plus.

L'IMAGINATION.

Si l'intelligence peut, par la mémoire, revivre dans le passé, le reproduire à son gré, elle peut aussi, par l'imagination, vivre dans un monde qu'elle se crée à elle-même, sortir du moment pré-

sent, anticiper sur l'avenir, étendre ainsi et prolonger en divers sens l'existence humaine.

La mémoire fournit à l'imagination ses multiples
ressources. L'imagination la plus riche, en effet, ne
tire rien d'elle-même que des combinaisons, que
des assemblages, des arrangements. Les éléments
premiers sont tirés de la nature, de l'expérience,
du souvenir.

J'ai vu en différents endroits des paysages dont
chacun présentait un caractère particulier ; je les
mêle en un seul tableau, je laisse de côté ce qui
m'a déplu, je ne garde de mes souvenirs que ce qui
m'a enchanté ; j'y jette une clarté douce que le
soleil levant m'a présentée un jour ou l'autre ; je
suspends aux branches des fruits dont chacun
reproduit ce que j'ai vu épars dans une multitude
de fruits divers, forme, maturité, velouté, éclat ; je
le sème de fleurs qui réunissent toutes les perfec-
tions de couleurs, de grâce, de parfum, dont quelques traits ont été recueillis au passage par ma
mémoire, et je compose un ensemble qui ne se
trouve nulle part, qui me ravit, qui ravira ceux aux
yeux desquels je le dépeins.

Le poète qui raconte des exploits ou des drames
imaginaires, le romancier, le peintre, le sculpteur
empruntent à la réalité, au souvenir les différents
traits que l'imagination grossit, embellit, combine,
modifie à sa guise.

Tous les hommes possèdent le don de l'imagination ; elle est une faculté naturelle de l'intelligence;
les petits enfants, les ignorants en ont leur part.
Les superstitions, grossières ou raffinées, ne sont
que des œuvres de l'imagination. Tous les hommes,
néanmoins, ne possèdent pas cette faculté au même

degré ; elle peut être inerte, nonchalante, stérile, ou, au contraire, vive, féconde, ardente.

Comme elle est capable, au gré de nos passions et de nos désirs, de créer un monde qui n'existe pas, des attraits séducteurs, des perspectives enchanteresses, de nous tromper, de nous étourdir, de nous entraîner, il n'est pas indifférent à la pédagogie et à la morale de veiller au développement de cette faculté, à la fois si charmante et si dangereuse. Son rôle funeste commence lorsque, au lieu de rester dans le domaine des opérations intellectuelles, elle tend à devenir le mobile de nos actes et à se substituer à la raison dans la conduite de la vie.

L'ABSTRACTION.

Nous avons vu tout à l'heure comment l'imagination compose son œuvre avec des traits différents qu'elle emprunte à des images connues. Elle sépare, elle distrait un élément particulier de ceux auxquels il était mêlé. C'est un procédé dont l'intelligence use constamment. Me voici en présence d'un fait : c'est un cheval blanc qui passe. Mon intelligence étudie ce fait ; elle le décompose ; elle sépare de l'idée de cheval celle de son aspect ; elle a souvenir d'autres objets de même aspect que ce cheval ; ce cheval est blanc, les autres objets étaient blancs. L'intelligence sépare cette qualité des différents objets où elle la rencontre ; elle l'en retire, elle l'en abstrait, elle la nomme : c'est la *blancheur*. Elle remarque que tous les objets qui tombent sous le regard ont une qualité analogue qui peut porter différents noms, blanc, noir, rouge ; elle abstrait cette qualité générale des aspects particuliers et lui donne le nom de *couleur*.

Ce cheval blanc passe devant moi, il marche, il se meut. J'ai vu d'autres êtres passer, se mouvoir ; j'extrais de l'être que je vois ainsi se mouvoir l'idée de *mouvement*. C'est encore une abstraction. Si les mouvements de ce cheval sont lents, j'aurai l'idée de *lenteur ;* s'ils sont vifs, j'aurai l'idée de *rapidité*. Ce sont autant d'abstractions. L'être particulier, le cheval, à l'occasion duquel ces idées sont nées dans mon esprit, peut disparaître : il n'emportera pas avec lui les idées abstraites que j'ai appelées blancheur, couleur, mouvement, lenteur, rapidité.

J'aurais pu discerner dans ce cheval et séparer par la pensée d'autres qualités ou attributs, tels que la pesanteur, la méchanceté, la beauté, la grâce, la vigueur, etc. J'aurais pu faire abstraction du cheval blanc pour ne plus considérer que son *espèce*, que sa *race*. L'idée d'espèce, de race, sont des abstractions. Dans chaque être, quel qu'il soit, l'intelligence peut ainsi séparer, distinguer, concevoir, nommer des caractères qu'elle abstrait de l'objet particulier qu'elle analyse.

Toutes ces qualités, tous ces attributs des êtres sont des abstractions. Elles n'existent pas en dehors des êtres, mais nous les concevons en dehors d'eux. Elles nous sont nécessaires pour penser; elles sont le propre de l'intelligence humaine. Elles nous élèvent au-dessus des apparences, au-dessus des faits particuliers, jusqu'aux plus hautes conceptions de l'esprit.

Ce cheval blanc qui passe devant moi occupe une place ; il n'est pas immatériel ; son corps a de l'*étendue*. Si par la pensée je fais abstraction de ce corps, l'étendue subsiste; j'en ai l'idée, comme j'ai l'idée de la blancheur indépendamment du cheval. Cette étendue est une portion d'*espace*. L'étendue, l'espace, voilà des abstractions de la plus haute portée.

Ce cheval qui passe n'était pas tout à l'heure où il est maintenant; entre le moment où je l'ai vu à quinze pas et le moment où il passe devant moi, il y a un intervalle; il y en a un autre à chaque pas qu'il fait. Je laisse de côté le cheval qui passe, je ne garde que l'idée du *temps* pendant lequel il passe, comme tout à l'heure je n'ai gardé que l'idée de couleur ou de mouvement.

Je pourrais aller plus loin encore et dire : j'abstrais tous ces attributs, j'écarte toutes ces abstractions, que reste-t-il? Un être particulier? Non, il ne subsiste pas en dehors des qualités qui le composent. Il reste une idée abstraite, l'*être*, la *substance*. C'est ainsi que de proche en proche, j'arrive aux idées les plus subtiles, les plus profondes que l'intelligence puisse concevoir.

LA GÉNÉRALISATION.

L'esprit n'a pas seulement le don d'abstraire, il a aussi celui de généraliser. Je vois une pierre tomber dans l'eau : elle s'enfonce. Ce fait se reproduit plusieurs fois sous mes yeux. Je ne dis pas seulement: les pierres que j'ai vues étaient lourdes et avaient la faculté de s'enfoncer dans l'eau; je dis : toutes les pierres sont lourdes et s'enfoncent dans l'eau. J'ai fait une généralisation; j'ai attribué à l'ensemble des pierres, à toutes les pierres, ce caractère que j'avais reconnu à quelques pierres. Il en sera de même si je vois un morceau de bois flotter sur l'eau.

Je ne dirai pas seulement : ce morceau de bois est plus léger qu'une pierre et il flotte sur l'eau ; je dirai, en généralisant : le bois est plus léger que la pierre, il flotte sur l'eau. Je fais une induction, j'induis du particulier au général.

C'est grâce à ce don de généraliser que l'homme peut apprendre, qu'il ne se consume pas en de vains efforts, comme l'écureuil qui tourne dans sa cage. Il n'a pas besoin de voir de ses yeux tous les êtres vivants pour dire que l'air est nécessaire à leur existence. Il l'affirme en généralisant, en appliquant à l'ensemble des êtres vivants ce qu'il a observé pour quelques-uns. C'est en vertu du même procédé que nous disons : tout ce qui est né, mourra. Et pourtant nous n'avons vu mourir qu'un nombre d'êtres infiniment petit.

Prenons un autre exemple. Voici un triangle ; je remarque que ses trois angles équivalent à deux angles droits ; je n'ai pas besoin de faire cette opération sur tous les triangles que je rencontrerai ; je généralise ma découverte, et je dis : tous les triangles que l'on pourra tracer jouiront de la même propriété ; elle n'est pas particulière à un seul, elle est un des caractères de tous les triangles.

Au moyen de ces caractères qui se retrouvent toujours dans certains objets, me voilà en état de les ranger, de les classer, de discerner des groupes, des espèces, des genres, de parler non pas seulement de ce triangle ci, ou de cet arbre-là, ou de tel et tel animal, mais de la classe des mammifères, de la famille des graminées, des propriétés des polygones.

C'est grâce à la généralisation que je peux faire de la psychologie. Au lieu de signaler un à un tel fait de sensation, de mémoire, de jugement, de les numéroter, et de recommencer chaque fois qu'ils se produisent, je les coordonne, je les rassemble en séries, je les attribue à des facultés générales.

Bien plus, quand j'étudie un homme, j'étudie tous les hommes; si je me connais, je connais l'humanité. Les facultés diverses que je discerne en moi-même, je ne les attribue pas à moi seul; je les étends à la race entière, je les généralise.

En résumé, au lieu de ne rencontrer devant lui que des objets particuliers, dont l'immense multitude accablerait son esprit sans l'éclairer ni l'instruire, l'homme peut, par l'abstraction et la généralisation, tracer des routes, établir des catégories, discerner des règles, chercher et reconnaître des lois, mettre l'ordre dans le chaos, créer et constituer les sciences.

LE JUGEMENT.

Séparer et réunir, discerner les parties d'un tout et les rapprocher ensuite; c'est là le travail constant de la pensée, c'est le procédé indispensable à la connaissance : c'est ce qu'on nomme le jugement.

Me voici en face d'un objet; supposons un cheval blanc. Je ne vois d'abord que l'ensemble, la masse; c'est une vue confuse, ce n'est pas une connaissance. Par l'abstraction, je sépare cet objet de ses différents attributs; chaque résultat de cette opération que je renouvelle est une idée. Il y a d'abord l'idée cheval, puis l'idée blancheur. Je réunis ces deux idées, je dis : ce cheval est blanc. Ce n'est plus une vue confuse, c'est une vue nette, c'est un jugement. Je puis réunir deux autres idées que l'analyse m'aura fournies et dire : ce cheval est un jeune poulain, ce poulain est de race anglaise. Voilà encore des jugements.

Par le jugement, je prononce une sorte d'arrêt, je juge, j'applique à un sujet un attribut, je fais acte d'initiative, d'autorité intellectuelle. Mon jugement peut être faux si j'applique mal les données qui me sont fournies par l'esprit, si je réunis des idées simples qui ne doivent pas être réunies. Mes idées en elles-mêmes, précisément parce qu'elles sont simples, sont justes. J'ai l'idée de la glace, j'ai l'idée de la chaleur ; de ces deux idées justes je ferai un jugement faux si je les associe, si je dis : la glace est chaude. Mon jugement sera juste si j'associe à l'idée de glace l'idée de froid que j'en aurai tirée par l'abstraction et si je dis : la glace est froide.

Nos jugements sont faux lorsque nous appliquons à un sujet un attribut qui n'y est pas contenu, lorsque notre analyse a été hâtive, inexacte, lorsque notre énumération a été incomplète et que nous généralisons hors de propos. Si je prononce ce jugement : Les champignons sont inoffensifs, je commets une erreur, parce que j'applique à tous les champignons un attribut qui ne convient qu'à un certain nombre. En revanche, si je dis : Les hommes sont mortels, je prononce un jugement vrai, parce que l'attribut s'applique sans exception au sujet les hommes. Je joins là deux idées qui n'étaient séparées dans mon esprit que par une abstraction, mais dont l'une dans la réalité est inséparable de l'autre.

LE RAISONNEMENT.

Le raisonnement se compose d'une suite de juge-ments qui s'enchaînent. De même que le jugement rapproche des idées pour former un ensemble, de même le raisonnement rapproche des jugements pour les grouper en un seul tout; non pas des jugements quelconques, mais des jugements qu'un lien intime réunisse, et du rapprochement desquels jaillisse nécessairement une conclusion.

La forme la plus simple et la plus vigoureuse du raisonnement est le syllogisme. Il contient deux jugements qu'on appelle les prémisses, et un troisième, qui se trouve contenu dans les deux premiers, qui jaillit de leur rapprochement et qui s'appelle la conclusion. En voici des exemples :

Prémisses : 1. La calomnie est un mensonge.
         2. Le mensonge est méprisable.

Donc :

Conclusion: 3. La calomnie est méprisable.

Prémisses : 1. L'honneur est le plus précieux des biens.

         2. Le calomniateur est un larron d'honneur.

Donc :

Conclusion: 3. Le calomniateur est le pire des voleurs.

Cette forme rigoureuse n'est pas indispensable au raisonnement; il peut se présenter sous d'autres aspects. Mais il doit avoir toujours ce caractère : que les jugements qui le composent soient justes séparément, et qu'ils aient entre eux des rapports de prémisses à conséquence, de contenant à contenu.

Des jugements justes peuvent être rapprochés les

3

uns des autres sans constituer un raisonnement. Si je dis : le soleil est chaud, la terre est ronde, je n'en puis pas conclure que les hommes sont mortels, parce que ce troisième jugement n'est contenu en aucune façon dans les deux premiers. Il n'en est pas de même si je dis : Les enfants deviendront des hommes ; or, la vie des hommes est précieuse à la patrie ; donc la vie des enfants est précieuse à la patrie. Ici, le troisième terme était compris dans les deux premiers, il y était sous-entendu ; le raisonnement n'a eu d'autre objet que de le dégager, de le mettre en lumière.

LES PRINCIPES RÉGULATEURS DE LA RAISON.

Le raisonnement, son nom l'indique, est le procédé, le mode d'action de la raison ; il est soumis aux mêmes règles qu'elle. La raison n'est pas autre chose que l'esprit lui-même, appliquant les règles, les principes qui sont le fondement et la condition de son activité. Ces principes sont constitutifs de notre nature intellectuelle, comme la pesanteur, le mouvement sont constitutifs de notre nature physique ; ils sont nés avec nous de la même manière que les propriétés de notre système nerveux et musculaire. On ne peut pas plus concevoir notre esprit destitué des principes premiers qu'on ne peut concevoir nos organes digestifs ou respiratoires dépourvus de leurs aptitudes naturelles. Ces principes ne nous viennent pas du dehors, ils ne sont pas le fait du hasard ou de l'expérience ; ils sont parce que la raison est.

Dire que rien ne peut à la fois être ou n'être pas ; que la partie est plus petite que le tout ; que tout

ce qui est a sa raison d'être et sa fin; que tout fait
a une cause; que tout s'enchaîne dans la nature;
c'est poser quelques-uns des principes régulateurs
de la raison.

Ils sont de telle nature qu'il suffit de les énoncer
pour que chacun de nous y donne son assentiment.
Tout raisonnement, tout effort d'activité intellectuelle sans eux ou contre eux est frappé de stérilité,
d'erreur et de folie. Ils sont la règle de tout jugement, de tout raisonnement, de la raison tout entière. Ils ont l'évidence de la vérité; leur contraire,
c'est l'absurde. Ils ne sont pas démontrables; ce
sont des axiomes que pose l'intelligence. Qui les
conteste se met en dehors d'elle. Qui ne s'y conforme pas cesse d'être intelligible.

Il n'y a pas eu un temps où ils n'existaient pas;
leur existence est contemporaine de l'esprit; elle
est éternelle comme la pensée.

V. — LA SENSIBILITÉ MORALE

**Sentiments de famille. — Sentiments sociaux et pa-
triotiques. — Sentiment du vrai, du beau, du bien.
— Sentiments religieux.**

SENTIMENTS DE FAMILLE.

Nous ne sommes pas sensibles seulement au plaisir et à la douleur que notre corps éprouve, nous le
sommes à d'autres plaisirs et à d'autres douleurs.
L'homme bien portant, dont tous les besoins matériels sont complètement satisfaits, peut éprouver
des peines; l'homme malade, infirme, mourant
peut ressentir des satisfactions où son corps n'a

aucune part. C'est qu'il y a chez nous d'autres besoins que ceux du corps, et qu'à côté des sensations qu'il nous procure, nous portons en nous des sentiments d'une autre nature et d'une autre origine.

Si nous cherchons quels sont ces sentiments qui agitent l'homme, qui font battre son cœur, nous trouvons en premier lieu, le plus immédiatement rattachés à son intérêt personnel, à l'amour qu'il éprouve pour lui-même, au souci de sa conservation et de son bien-être, les sentiments de famille.

C'est lui-même que l'homme reconnaît en ses enfants, c'est lui-même qu'il salue en ses parents, auteurs de sa vie, protecteur de ses premiers pas. La famille est le prolongement de la personne humaine; par la famille, l'homme se rattache au passé et à l'avenir.

L'enfant, faible, infirme, incapable de pourvoir à ses besoins, ignorant du monde, sujet à mille embûches, à mille misères, trouve autour de son berceau, autour de ses premiers pas, la sollicitude vigilante de ses parents. Leur amour ardent, infatigable, profond, ne l'abandonne pas une minute. Il les respecte et les aime sans doute en retour, il est heureux de leur faire plaisir; mais ce n'est qu'à mesure que les années s'écoulent, que la raison et l'expérience l'ont mûri, qu'il se rend vraiment compte de ce qu'il leur doit; il ne mesure l'amour insondable dont il a été l'objet, il n'est capable de le comprendre et de le rendre que lorsque lui-même a des enfants auxquels il est attaché par toutes les fibres de son être.

Nous aimons nos enfants, nous revivons en eux, nous prenons part à leurs joies et à leurs chagrins, nous sourions à leurs jeux, nous suivons d'un

regard complaisant la croissance de leurs membres,
les progrès de leur esprit ; nous souffrons de leurs
maux, et plus encore de leurs défauts ou de leurs
vices. Nous leur donnons notre temps, nos pensées,
notre cœur, nous ne ménageons pas pour eux nos
peines et nos sacrifices, prêts à livrer joyeusement
notre vie, s'il le fallait, et nous quittons volontiers
ce monde, si nous les laissons après nous honnêtes,
instruits et heureux.

Nous aimons nos parents, providence visible que
nous avons vue penchée sur nous dès que nos yeux
se sont ouverts ; nous avons confiance en eux ; nous
éprouvons pour eux de la reconnaissance, du respect, de la vénération. Leur nom nous est précieux,
leur tendresse nous est chère ; nous sentons bien
qu'eux et nous, nous formons un groupe étroit,
intimement uni, rattaché par des liens communs
d'intérêt, d'honneur et de tendresse.

Ces mêmes liens nous unissent, avec une nuance
de sentiment peut-être plus délicate encore, aux
parents de nos parents et aux enfants de nos enfants.

Quant à l'amour qui fonde la famille, qui unit les
époux entre eux, c'est le sentiment le plus vif et le
plus profond dont le cœur humain soit capable.

Le sentiment que l'homme éprouve pour ses
frères, ses sœurs, nés des mêmes parents que lui,
élevés sous le même toit, reproduisant son image,
il le reporte en quelque mesure sur tous ceux que
la naissance ou l'alliance mêlent à son sang, rattachent à son foyer, à ses aïeux, à ses proches.

SENTIMENTS SOCIAUX ET PATRIOTIQUES.

Au delà de ce cercle intime, de ce groupe plus
ou moins étroit, il y a d'autres hommes, d'autres
relations, d'autres groupes. Nous nous sentons unis
à l'humanité tout entière par un lien de sympathie.

Cette sympathie, nous l'éprouvons plus ou moins
pour toute créature vivante ; il nous est pénible de
voir souffrir un animal ; nous nous représentons,
par l'imagination, dans notre propre organisme,
les douleurs physiques qu'il peut éprouver. Cette
sympathie est bien plus vive quand il s'agit d'un de
nos semblables : ce titre même nous le recommande. Ses besoins, ses souffrances peuvent nous
arracher des larmes, nous porter à des actions difficiles, dangereuses même.

Plus il y a de points de contact entre lui et nous,
plus nous ressentons, à son égard, d'intérêt ou
d'amitié. Nous nous sentons plus ou moins membres d'un même corps. C'est qu'en effet nous ne
sommes jamais isolés en ce monde, fussions-nous
même absolument sans famille. Il y a autour de
nous une vaste famille dont nous faisons partie,
une société qui nous a recueillis à notre naissance,
qui nous a bercés et nourris, qui nous a appris sa
langue, donné son esprit, qui nous a protégés par
ses lois, défendus contre l'étranger ; c'est la patrie.

Nous sommes ses enfants, nous participons à ses
gloires et à ses malheurs, à ses joies et à ses tristesses, à ses progrès comme à ses revers. Nous en
sommes fiers, nous l'aimons, nous lui sommes
absolument dévoués. Le sentiment patriotique est
l'un des plus brûlants qui puissent embraser le
cœur humain ; il est peut-être celui qui produit le

plus fréquemment l'héroïsme. Plus d'un héros s'est réjoui de verser son sang pour son pays, et a tressailli d'apprendre, avant d'exhaler son dernier soupir, que la patrie dont il était le fils venait de triompher.

SENTIMENT DU VRAI, DU BEAU, DU BIEN.

L'homme n'aime pas seulement des hommes. Il se passionne pour les choses de l'esprit, il aime la vérité, il la cherche. Chose étrange, il l'aime avant de la connaître; un secret instinct lui dit qu'elle est la fin de son esprit, que l'intelligence est faite pour le vrai.

Elle le discerne, en effet, à force de travail, d'examen, de sincère et de persévérante recherche; et l'homme qui la reconnaît, qui a trouvé la vérité dans un ordre quelconque de savoir, en est joyeux et satisfait. Il peut braver la moquerie, la persécution, la misère; il ne les sent pas; le sentiment du vrai le transporte; le vrai répond à ses besoins, à ses désirs, à ses ambitions, suffit à son bonheur.

Nous sommes sensibles à certains spectacles : c'est la mer en furie qui bat les falaises de ses flots écumants; c'est un lac paisible qu'éclairent doucement les rayons de la lune; c'est une forêt sombre aux longues et hautes arcades de verdure, que traversent par endroits d'éblouissantes traînées de lumière; c'est la splendeur d'un ciel profond où scintillent des milliers d'astres.

Une vibrante harmonie nous pénètre d'émotion; c'est un chant suave et cristallin, qui sème dans les airs des notes d'or et des perles; c'est une voix grave et profonde, qui met des larmes dans nos yeux; ce sont des vagues de musique qui bercent mollement notre âme et y éveillent mille rêveries; ce sont des accords mâles et résolus, qui nous enivrent et qui nous emportent comme sur des ailes d'aigle.

Une toile où le pinceau d'un artiste a fait passer son âme, un bloc de marbre qui s'est fondu sous le ciseau en une blanche statue dont les contours nous semblent la perfection même, une longue et élégante colonnade, un palais de sévère ou gracieuse ordonnance, un poème aux images grandioses ou délicates, un discours d'éloquence passionnée, ce sont autant d'expressions de la beauté qui nous touchent et nous émeuvent. L'ordre, l'harmonie, la grâce, la grandeur, soit dans la nature, soit dans l'art, la manifestation des forces de la création et de la puissance de l'esprit humain agissent sur nous. Nous avons le sentiment du beau.

Nous avons aussi le sentiment du bien. Et c'est là proprement la source de la morale. Ce serait faire une analyse bien incomplète de l'homme et le mal comprendre que de nier qu'il s'émeut au contact des belles actions. Cherchez dans l'histoire des peuples où rencontrez sur votre chemin des traits d'héroïsme, de sacrifice de soi-même au salut ou au bonheur des autres, d'abnégation, de dévouement, de désintéressement, de probité, de simple et noble vertu, et racontez-les en termes clairs, vivants, intelligibles, au plus simple habitant des campagnes ou aux enfants de nos écoles. Ils ne vous diront pas: « Cela ne me rapporte rien, ne me regarde pas, n'ajoute rien à mon bien-être, et je ne me soucie pas de votre récit. » Non, ils écouteront avec intérêt, avec sympathie; il se peut que leurs

yeux se mouillent; et, s'ils ne disent rien, ils pen-
seront certainement en eux-mêmes : « Que cela est
bien ! que cela est beau ! » Vous avez fait naître en
eux le sentiment de l'admiration.

Il en est de ces sentiments comme de toutes les
autres facultés de l'homme, aussi bien du corps que
de l'esprit; ils se développent par l'exercice, ils se
raffinent par la culture. L'instruction, l'éducation
peuvent beaucoup pour fortifier en nous le sentiment du vrai, celui du beau, celui du bien, mais
elles ne les créent pas. Ils sont en germe dans toute
nature humaine; ils éclosent et s'épanouissent au
cours de la vie.

SENTIMENT RELIGIEUX.

Un phénomène qui a toujours frappé les observa-
teurs attentifs, c'est qu'il n'y a pas de peuple sans
religion, et si l'on a cru pouvoir signaler, sur les
confins de l'animalité, quelque tribu qui semble
échapper à cette loi, on a moins affaire dans ce cas
à une exception qu'à un retard, ou peut être s'est-
on simplement heurté à une observation impar-
faite.

Nul psychologue ne conteste que l'homme soit un
être religieux. En face de l'inconnu qui l'environne
de toutes parts, des formidables puissances de la
nature, des merveilles incompréhensibles au milieu
desquelles il vit, il est pénétré de crainte, d'étonnement, d'admiration. Il constate la présence de lois
qui le dominent, d'une raison qui le dépasse, d'un
ordre, d'une intelligence, d'une régularité qui ne
se démentent dans aucune des parties de l'univers. Il se voit comme un point dans l'espace

et le temps ; au-dessus, au-dessous, à côté de lui,
partout, il rencontre l'infini et l'éternel. Sa volonté
se brise à une multitude d'obstacles, son esprit se
heurte à d'épaisses ténèbres, sa vie est d'un moment ; et il entrevoit une volonté supérieure à
laquelle rien ne résiste, un esprit qui meut le
monde, une substance qui ne périt point. Il s'incline et il adore.

Ce sentiment religieux peut revêtir les formes les
plus diverses. C'est la terreur, le fétichisme, l'ido-
lâtrie, l'adoration d'objets, d'images, de représen-
tations plus ou moins grossières de l'être inconnu.
C'est la poésie, le chant, la musique, les cérémonies
auxquelles l'art préside, l'institution d'un sacer-
doce, de congrégations d'hommes ou de femmes,
appelés au service des dieux dont l'imagination
peuple l'espace. Ce sont des livres sacrés, des dog-
mes, des catéchismes, des systèmes théologiques,
des préceptes d'ascétisme. C'est la reconnaissance,
la prière, la vie discrète et humble, une inspiration
de bonté et d'abnégation.

Le sentiment religieux se traduit de mille manières, depuis les superstitions les plus hideuses ou les
plus niaises, jusqu'aux spéculations les plus élevées
de la philosophie, depuis le fanatisme homicide
jusqu'au dévouement sublime et caché.

Les émotions du poète, les sacrifices obscurs de
l'homme de bien à la vertu, à l'humanité, au progrès, les travaux du penseur qui donne sa vie à la
recherche de la vérité procèdent également du sentiment religieux, de la foi indestructible de l'âme
humaine en la raison, en la justice, en la beauté
des lois qui régissent l'univers.

On a dit que le sentiment religieux est propre

seulement à l'enfance des peuples ; pour qui regarde de près, il fait partie de notre nature au même degré que les autres facultés de notre esprit ; il plonge ses racines dans les profondeurs de notre être ; il est un des caractères ineffaçables de notre race. Les religions peuvent naître, grandir et périr ; elles peuvent se combattre les unes les autres, contenir en elles des germes mortels de contradiction, joncher le sol de leurs débris, gouverner les siècles et descendre peu à peu au-dessous du niveau général de la civilisation, le sentiment religieux ne participe pas à ces vicissitudes ; il dure, il se renouvelle à chaque génération qui apparaît au jour. Le sentiment religieux n'est autre que le sentiment de l'infini, de l'éternel, de l'idéal, qui est le tourment et la gloire de l'humanité.

VI. — LA VOLONTÉ

La liberté. — L'habitude.

LA VOLONTÉ.

L'homme n'est pas seulement un être qui comprend ou un être qui sent ; il est aussi un être qui veut. L'intelligence et la sensibilité reçoivent du dehors les éléments qu'elles s'assimilent. Elles sont déterminées, entraînées, modifiées pour ainsi dire malgré nous ; nos pensées, nos sensations, nos sentiments même ne dépendent pas entièrement de nous ; ils subissent une action extérieure et étrangère. L'intelligence et la sensibilité peuvent être appelées des facultés passives. Mais il y a aussi en nous une faculté active qui tire d'elle-même sa raison d'être et sa force, qui met toute la machine en branle, un ressort, un moteur, une faculté maîtresse d'elle-même, c'est la volonté.

Sans doute, la volonté est intimement liée aux autres facultés de l'esprit; elle leur emprunte ses motifs, elle les consulte, elle leur obéit ou leur résiste, mais elle reste différente des autres, supérieure aux autres, elle les domine, elle les juge, elle les emploie à son service.

La volonté se manifeste par des actes, mais il ne faut pas la confondre avec l'action. Vouloir et faire sont deux; vouloir et pouvoir sont deux. Je puis vouloir une chose et être hors d'état de la faire, soit parce que cette chose est irréalisable, soit parce que je suis momentanément empêché.

Il ne faut pas non plus confondre la volonté avec le désir. Le désir est un simple sentiment; on peut désirer toute sa vie sans se donner la peine de vouloir. La volonté est une énergie, une puissance, un effort intérieur qui se traduit au dehors par des efforts visibles. La volonté est le centre même de l'homme, ce qui le distingue de la plante et de l'animal, ce qui le distingue des autres hommes; c'est par la volonté qu'il se forme lui-même, qu'il agit sur lui et sur les autres, qu'il devient une personne.

La volonté va agir; elle poursuit un but, arrête les moyens, pèse les mobiles de son acte; elle délibère; elle choisit. Elle a devant elle des motifs tirés de l'intelligence, des attraits ou des répulsions tirés de la sensibilité; la raison lui parle, l'imagination lui parle, le cœur lui parle, les sens lui parlent; elle écoute plus ou moins longtemps, plus ou moins attentivement, elle compare, elle fait taire l'un ou l'autre, et quelquefois avec lenteur, quelquefois brusquement, elle décide.

Cette décision est l'acte réel, dont l'acte extérieur ne sera que la traduction et la conséquence. Les pensées, les raisonnements, les sentiments, les émotions que la volonté a tour à tour consultés ne dépendent pas d'elle ; ce qui dépend d'elle, c'est cette volition, c'est ce choix qu'elle a fait, cette résolution qu'elle a prise. Elle pouvait décider autrement, faire un autre choix, prendre une autre résolution. Elle pouvait accueillir d'autres motifs, poursuivre un autre but, employer d'autres moyens, se résoudre dans un sens tout contraire.

C'est là ce qui constitue la liberté.

LA LIBERTÉ.

Je ne suis pas libre de penser d'une manière plutôt que d'une autre : mon esprit obéit à des lois que je n'ai pas faites. Je ne suis pas libre de sentir d'une manière plutôt que d'une autre ; les objets et les événements agissent sur moi. Mais je suis libre de vouloir dans un sens ou dans un autre.

Quels que soient les motifs qui m'ont déterminé, quelque puissance qu'ils aient eue sur mon esprit, quelque violente qu'ait été la passion qui m'a entraîné, je sais parfaitement, je sens à merveille que je pouvais faire autrement. J'ai ouvert la bouche pour prononcer des paroles irrévocables, j'ai levé le bras pour frapper, j'ai fait un premier pas qui m'a conduit à une démarche grosse de conséquences : je pouvais ne pas faire un seul de ces actes, j'étais maître de ma volonté, je pouvais, au moment même où j'en formais la résolution, former une résolution toute contraire. J'étais maître de ma décision, j'étais libre.

La liberté pleine et entière consiste à pouvoir faire passer dans l'action la décision, à pouvoir accomplir ce qu'on a résolu, à agir comme on veut.

Il va sans dire que l'homme, à ce compte, n'est jamais absolument libre, et ne peut pas l'être; sa liberté est limitée par ses forces; il ne peut pas tout faire; elle est limitée aussi par la présence des autres, qui ont, eux aussi, une volonté, une liberté, des droits qui se dressent comme un obstacle devant notre propre volonté. Mais au dedans, l'homme peut toujours être libre; on a beau lui imposer des obstacles, le lier, l'enchaîner, l'enfermer dans les murs d'une prison, il reste libre; nul ne peut rien sur son for intérieur; il reste libre de vouloir le bien ou le mal, de se soumettre ou de résister, de conserver sa dignité d'homme ou de la ravaler, d'élever son âme vers de hautes pensées ou de la vautrer dans de vils sentiments.

La liberté de l'homme est un don inaliénable; même lorsqu'il paraît l'enchaîner, c'est librement qu'il le fait, c'est par un acte de sa volonté.

L'HABITUDE.

L'habitude elle-même, qui paraît si souvent dominer la volonté, provient de la volonté. L'habitude n'est que la répétition d'un acte volontaire; mais peu à peu, l'habitude engourdit et remplace la volonté. A force de répéter un acte, il devient presque machinal; l'attention n'y est plus attirée; il excite moins d'aversion s'il est mauvais; il coûte à l'homme moins d'efforts s'il est bon ou difficile:

Notre nature se plie comme d'elle-même à des actes qui ont été fréquemment répétés, et quand bien même la volonté pourrait toujours s'y opposer, elle ne tente plus de le faire; le moment vient même où elle n'en a plus guère la force.

Rien n'est plus important que de se donner à soi-même de bonnes habitudes. L'habitude nous est nécessaire, nous ne pouvons pas nous en passer; elle fait partie de notre vie ; elle nous devient une seconde nature.

Nous prenons des habitudes matérielles : l'heure du lever, du coucher, de la promenade, des repas, l'attitude du corps, les allures, le geste. Nous prenons des habitudes intellectuelles, de réflexion, d'étude, de comparaison, de mémoire. Nous prenons des habitudes morales, de sobriété, de possession de nous-mêmes, de pudeur, de véracité, de charité.

L'habitude rend la vie plus aisée, le travail plus facile, les relations plus agréables, la pratique du bien plus simple et plus sûre. En revanche aussi, l'habitude familiarise avec le vice, avec le désordre, avec la paresse, même avec le crime. Il est nécessaire de veiller avec soin à ses habitudes; une fois prises, il est extrêmement difficile de s'en dégager ; elles passent dans la chair et dans le sang ; bonnes, elles rendent d'inappréciables services, soutiennent dans les moments critiques, font franchir, sans qu'on s'en doute, les passes les plus dangereuses; mauvaises, elles entraînent toujours plus loin et toujours plus bas ; on a toutes les peines du monde à leur résister, à les refouler, à s'en dépouiller, ou même à les réduire et à les affaiblir ; elles croissent et se fortifient avec le temps, jusqu'à ce qu'elles s'emparent absolument de la direction et de la conduite de notre vie. C'est au début qu'il faut prendre garde ; quelques actes ne sont pas encore une habitude, et l'on peut encore y couper court ; quelques actes de plus et le pli est pris ; la lutte sera plus laborieuse et d'un succès plus douteux.

A envisager le fond des choses, l'éducation tout entière n'a pas d'autre objet que de donner aux enfants de bonnes habitudes corporelles, intellectuelles et morales qui les accompagnent toute leur existence.

On objecte quelquefois que l'habitude du bien enlève à la vertu une part de son mérite, puisqu'elle n'est pas contrainte à remporter chaque fois une nouvelle victoire. Objection puérile, car c'est un mérite suffisant que d'avoir donné à sa vie une allure régulière et une pente naturelle au bien. C'est la volonté qui a créé l'habitude, et le mérite ne consiste pas à accumuler ou à renouveler les difficultés pour les vaincre.

D'ailleurs, ce n'est pas de mérite, mais de progrès que l'homme moral doit se préoccuper.

Ajoutons toutefois que s'il est utile, indispensable même de contracter des habitudes, c'est à la condition que nous n'en soyons pas les esclaves. Les habitudes ne sont louables qu'à la condition d'être les serviteurs de l'homme, non ses tyrans. La raison et la volonté ne doivent jamais abdiquer leur empire.

VII. — CONCLUSION DE LA PSYCHOLOGIE

**Dualité de la nature humaine. — L'esprit et le corps.
— La vie animale et la vie intellectuelle et morale.**

Après cette étude de l'homme, on est frappé du double caractère qu'il présente. Il se rapproche de l'animal, il se confond même avec lui par son organisme matériel. Il a un corps dont les diverses parties obéissent aux lois de la physique, de la chimie, de la physiologie, absolument comme les autres animaux du genre mammifère, auquel il appartient.

Il diffère de l'animal par la constitution de son être pensant, par l'intelligence, la sensibilité, la volonté, la conscience morale. Il ne s'agit pas d'un mode un peu différent, comme ceux qui le distinguent du singe quant aux organes de préhension, ou du cheval quant à la posture ou la marche, etc. Non, c'est un mode absolument autre, tout à fait étranger aux autres animaux, et qui se désigne par le mot spécial d'esprit.

On dit que l'homme a un corps et qu'il a un esprit, tant ces deux ordres de phénomènes et de facultés diffèrent. La vie du corps, c'est la vie animale, le mouvement, la croissance, la digestion, la respiration, les sensations de plaisir et de douleur, la maladie, le déclin et la mort. Le corps a des organes extérieurs visibles, les membres, la tête, et des organes internes, dont le fonctionnement échappe à notre vue, à notre attention, à notre volonté. Ce corps est à nous ; c'est à nous que nous rapportons les mouvements qu'il fait et les sensations qu'il cause. Mais ce corps n'est pas nous.

Nous menons une autre vie que la sienne; il mange, il digère, il s'assimile les aliments; nous pensons, nous aimons, nous voulons. Quand le corps s'arrête, notre pensée marche; quant il est l'esclave d'une nécessité, astreint, pressé, lié de chaînes invisibles, notre esprit s'élance, notre volonté est libre, notre imagination plane dans les mondes de la fantaisie.

Sont-ce deux êtres différents? Non, car nous avons le sentiment de l'unité de notre nature. Si le corps souffre, c'est moi qui le ressens; si mon esprit raisonne, c'est moi qui le mets en branle. Mais cette unité, où a-t-elle son siège? Est-ce dans le corps, est-ce dans l'esprit? Suis-je un corps qui pense, ou un esprit armé d'organes, tant visibles qu'invisibles?

Le corps se compose d'un grand nombre de parties; os, nerfs, muscles, liquides, globules, enveloppes, etc., qui se composent elles-mêmes d'une multitude incalculable de molécules et d'atomes; où trouver, dans cette agglomération, le centre, le principe d'unité, le point qui s'appelle *moi*, auquel tout aboutit, duquel tout part?

Ce *moi* est introuvable, impalpable; nulle dissection sur les morts, nulle opération sur les vifs ne l'a jamais laissé voir. Il est indivisible; on peut amputer le corps, lui faire subir des mutilations; le *moi* subsiste tout entier. Il est concentré dans l'esprit, il s'exprime par l'esprit. Sans doute, l'union est étroite, profonde entre le corps et l'esprit; dans l'état actuel des choses, la vie humaine se compose de leur alliance, de leur action réciproque. Le cerveau est l'organe indispensable de la pensée; qu'il soit malade, lésé, engourdi, et la pensée en subit le contre-coup, elle est engourdie, lésée, malade.

Mais le cerveau n'est pas la pensée, pas plus que le cœur n'est le sentiment, pas plus que les muscles ne sont la volonté. L'homme est un, toutes les parties de son être concourent à cette unité ; il en est d'essentielles qui ne peuvent être atteintes sans porter atteinte à sa vie ; le mélange de toutes ces parties est trop intime pour que nous puissions les distinguer autrement que par l'abstraction. Mais si les causes nous échappent, si les origines nous restent cachées, les effets se montrent : la vie de la pensée, de l'étude, du travail intellectuel, de la recherche abstraite, du raisonnement, la vie de l'imagination, du sentiment, l'amour de la vérité, de la beauté, de la justice ne peuvent se confondre avec la vie animale. Que dis-je ? ils lui sont souvent étrangers ou hostiles.

Pour arriver à la découverte d'une vérité, pour satisfaire aux exigences du devoir, pour obéir au sentiment de la justice ou de l'honneur, la volonté de l'homme impose à son corps les plus durs sacrifices, la faim, la soif, le froid, la privation de sommeil, toutes les tortures. Que dis-je ? la vie morale s'affirme parfois avec le plus grand éclat par l'immolation de la vie animale, et la mort peut être pour l'homme la plus haute et la plus énergique affirmation de sa vitalité.

Tel est l'homme. Mystère attrayant et insondable, corps merveilleusement organisé, esprit puissant qui se connaît lui-même, qui s'empare du monde pour le pénétrer et le dépasser de toutes parts, conscience qui unit en elle les extrémités de toutes choses, être d'un jour qui s'élance avec foi vers les infinies régions de l'idéal.

TABLEAU SYNOPTIQUE

La psychologie	EN QUOI ELLE DIFFÈRE DE LA PHYSIOLOGIE.	étude des fonctions du corps. / étude des facultés de l'esprit.
	SES RAPPORTS AVEC LA MORALE	la morale est déterminée par la nature de l'homme. / la morale provient de la conscience. / la morale s'adresse à la volonté.
	SES RAPPORTS AVEC LA PÉDAGOGIE	les facultés de l'homme dans l'enfant. / le développement graduel des facultés.
	SES SOURCES	connaître les autres (les livres — l'observation). / se connaître soi-même (l'expérience — la réflexion).
L'activité physique	LES MOUVEMENTS	involontaires (instinctifs ou maladifs). / volontaires (la science des mouvements).
	LES INSTINCTS	stationnaires chez les animaux. / perfectibles chez l'homme.
	LES HABITUDES CORPORELLES	leur ressemblance avec l'instinct. / leur dépendance de la volonté.
La sensibilité physique	LE PLAISIR	est la satisfaction d'un besoin. / s'éteint par la satiété.
	LA DOULEUR	ses formes innombrables. / elle n'a de limite que la mort.
	LES SENS	leur division. / leur éducation. / sensations externes. / sensations internes. / le centre commun.
	LES BESOINS	créés par la nature. / créés par la civilisation.
	LES APPÉTITS	d'où ils proviennent. / où ils entraînent.
L'intelligence	LA PERCEPTION EXTÉRIEURE	éveille et détermine la conscience de nous-mêmes. / nous révèle le monde ambiant.
	LA MÉMOIRE	relie le passé au présent (condition du savoir). / maintient le sentiment de notre identité. / son énergie dans le jeune âge.
	L'IMAGINATION	tire ses éléments de la mémoire. / ses avantages et ses dangers.
	L'ABSTRACTION (ou analyse).	
	LA GÉNÉRALISATION (ou synthèse).	
	LE JUGEMENT	sa nature. / ses procédés.
	LE RAISONNEMENT	sa nature. / ses diverses formes.
	LES PRINCIPES RÉGULATEURS DE LA RAISON.	
La sensibilité morale	SENTIMENTS DE FAMILLE	amour paternel. / — filial. / — conjugal. / — fraternel.
	SENTIMENTS SOCIAUX	l'amitié. / la patrie. / l'humanité.
	SENTIMENTS GÉNÉRAUX	du vrai (science). / du beau (esthétique). / du bien (morale).
	SENTIMENTS RELIGIEUX	leur universalité. / leur profondeur. / leurs formes multiples et variables.
La volonté	FACULTÉ ACTIVE	le désir. / la résolution. / l'action.
	FACULTÉ LIBRE	liberté extérieure. / liberté intérieure { les mobiles. l'habitude { son utilité. son danger. sa dépendance
La nature humaine	LE CORPS	vie animale.
	L'ESPRIT	vie intellectuelle. / vie morale.
	L'UNITÉ DU *moi*.	

MORALE THÉORIQUE

PRINCIPES

MORALE THÉORIQUE

PRINCIPES

I. — OBJET DE LA MORALE

La morale a pour objet la science des mœurs.

Elle recherche les fondements sur lesquels est établie la distinction du bien et du mal, les règles qui doivent présider à la conduite des hommes, à leurs rapports entre eux, et non seulement à leurs actes, mais aussi à leurs sentiments. Quoique les hommes puissent se bien conduire sans avoir étudié la morale, quoiqu'il ne soit pas du tout nécessaire d'être savant dans cette science pour être honnête, il n'en est pas moins utile, excellent et même nécessaire de l'étudier, de la connaître et de l'approfondir, afin de faire des progrès et de se perfectionner dans le bien.

On peut aimer les fleurs sans être botaniste, marcher droit et se tenir en équilibre sans avoir étudié la physique, mais il n'en est pas moins vrai que l'étude des sciences ajoute toujours quelque chose à nos plaisirs, à nos facultés, à notre valeur personnelle.

L'étude de la morale nous apprend à mieux connaître nos droits et nos devoirs, à discerner l'importance relative de nos diverses obligations, à scruter nos motifs et nos intentions, à les dépouiller de grossièreté et d'égoïsme, à ne pas nous contenter d'actes extérieurs et de simples apparences, à nous former un idéal de vertu toujours plus noble et plus haute, et à rechercher les moyens d'y atteindre.

Le simple effort d'un esprit droit peut nous conduire au bien, mais l'étude de la morale y ajoute de la clairvoyance, de la délicatesse, de l'étendue et de la vigueur.

L'homme, digne de ce nom, ne peut se contenter d'agir par instinct, il faut qu'il se rende compte de ses actes. Il ne suffit pas qu'il soit honnête, il faut que son honnêteté soit éclairée. Si ses instincts ne sont pas fortifiés par la raison, si ses désirs ne sont pas guidés par la connaissance, il court risque de se relâcher, de s'égarer, de céder à ses tentations, de se tromper sur ses vrais intérêts et sur la nature de ses devoirs.

La meilleure volonté, si elle se meut dans les ténèbres, peut faire fausse route, se heurter à des obstacles inattendus, se perdre dans des abîmes que rien ne lui signalait.

La morale est tout entière fondée sur la connaissance de nous-mêmes. C'est l'homme qu'elle étudie, tel qu'il est, avec ses instincts, ses idées, ses sentiments, ses passions, et c'est en l'étudiant tel qu'il est qu'elle montre ce qu'il doit être. Elle découvre dans le cœur et la raison de l'homme, et non ailleurs, les lois de la vie morale. Elle ne les invente pas, elle les met à nu, elle les expose au grand jour, elle les lit à haute voix dans la conscience humaine.

La morale, à dire vrai, n'a pas d'autre objet que

d'exprimer clairement le langage de la conscience, de lui servir de témoin et d'interprète, de placer sous les yeux et à la portée de tous, les ordres que dicte ce maître souverain.

**

On peut diviser la morale en deux parties.

D'abord, la morale théorique ; elle pose les principes premiers, la théorie du bien et du mal, du droit et du devoir, de la liberté, de la responsabilité, les grandes lignes, les éléments fondamentaux qui constituent la vie morale.

Puis vient la morale pratique ; elle déduit les conséquences, les applications ; elle approprie les principes à la conduite de chaque jour ; elle pénètre dans les détails, s'occupe des cas particuliers.

On ne peut pas séparer ces deux parties de la science morale. Celui qui s'inquiéterait uniquement des détails, de l'application, de la morale pratique, qui jugerait que les théories et les principes sont des abstractions qui ne méritent pas de nous arrêter, celui-là ne tarderait pas à commettre des fautes graves ; il s'égarerait promptement ; il serait comme un marin sans boussole. Les principes sont la lumière qui nous guide au milieu du dédale et des difficultés de la vie pratique ; ils éclairent et réchauffent à la fois ; c'est d'eux que nous tirons l'inspiration et la force. Sans principes élevés, il n'y a pas de morale solide. Mais, d'autre part, celui qui n'aurait souci que de la morale théorique et qui dédaignerait de descendre du domaine des principes sur le terrain des réalités pratiques et des actes, celui qui regarderait comme au-dessous de lui de s'occuper des nombreux et menus devoirs de chaque jour, celui-là ne tarderait pas à choir lourdement, comme l'astrologue de la fable, et à montrer, par son propre exemple, que les principes ne sont rien s'ils ne se vérifient dans l'application.

La pratique est la pierre de touche des principes; c'est par la pratique du devoir, même le plus petit et le plus humble, que nous sentons la beauté de la loi morale et que nous éprouvons la puissance et la sublimité de ses principes.

II. — LA CONSCIENCE MORALE

Discernement instinctif du bien et du mal. — Comment il se développe par l'éducation.

DISCERNEMENT INSTINCTIF DU BIEN ET DU MAL.

C'est un des traits les plus caractéristiques de l'homme que cet instinct primitif qu'il porte au dedans de lui et qui s'appelle le sentiment du bien et du mal. Nous savons, nous sentons naturellement, dès que l'intelligence s'éveille en nous, qu'il y a des choses qu'il ne faut pas faire, et d'autres qu'il faut faire, et à mesure que nous grandissons, rien ne nous étonne moins que d'entendre parler du bien et du mal; nous comprenons cette distinction sans qu'il y ait besoin qu'on nous l'explique.

Non seulement le sens intime nous déclare d'une manière générale qu'il y a du mal et du bien, mais encore il nous indique, d'une manière proportionnée à notre âge, à notre entourage, à notre situation, ce qui est bien et ce qui ne l'est pas, ce qui est indifférent, ce que nous pouvons faire ou laisser, et ce qui n'est pas indifférent, ce qui est bon ou mauvais.

Cette faculté par laquelle nous discernons le bien

du mal s'appelle la conscience. Elle existe chez tous les hommes. Elle ne se contente pas de nous dire : « ceci est bien, ceci est mal; » elle fait davantage encore, elle ajoute un ordre : « ceci est bien, tu dois le faire; ceci est mal, tu dois l'éviter. » Elle n'est pas seulement une lumière, elle est aussi un commandement.

Chose bien remarquable! La conscience commande, même quand personne ne peut nous récompenser ou nous punir, quand personne ne peut nous voir ou nous entendre, quand nous sommes seuls avec elle. Bien plus, elle commande même quand nous recevons des ordres contraires de la part de gens plus forts et plus puissants que nous; elle commande même contre notre plaisir et contre notre intérêt. Et nous sentons très bien que c'est à elle que nous devons obéir, que c'est elle qui discerne exactement le bien et le mal, sans se laisser influencer ni par les promesses, ni par les menaces, ni par le gain ou les séductions.

ÉDUCATION DE LA CONSCIENCE.

Ce n'est pas du premier jour que nous entendons si clairement en nous la voix de la conscience; ce n'est pas non plus du premier jour qu'elle discerne nettement toutes les parties du devoir. Il faut, pour qu'elle atteigne toute sa force, qu'elle soit développée en nous par l'éducation et par l'usage.

Il en est de la conscience morale comme de toutes les autres facultés humaines; elles ont besoin d'être cultivées. L'homme est fait pour marcher; mais si on le retenait perpétuellement immobile, il finirait par perdre l'usage de ses jambes. L'homme est fait pour parler; mais il faut instruire sa langue à proférer des sons intelligibles et à s'exprimer clairement, sinon, il balbutiera toute sa vie. Les facultés du corps, comme celles de l'esprit, sont des dons naturels qui s'atrophient ou s'affaiblissent, si l'on n'a pas soin de les exercer, ou si on leur donne une mauvaise direction.

Les premières impressions de la conscience morale sont obscures et vagues; elles s'éclairent peu à peu par le contact des hommes, par les choses que l'enfant voit et entend autour de lui. Il sent d'instinct que le bien vaut mieux que le mal, que le juste est préférable à l'injuste, mais il a besoin des leçons de ses aînés et de ses maîtres, pour savoir en tout point appliquer correctement cette notion.

On peut à cet égard comparer l'enfant à l'humanité elle-même. Elle a de tout temps reconnu l'empire de la conscience; aussi loin que l'histoire remonte, on ne trouve pas de peuple dénué de sens moral, ignorant la distinction du bien et du mal, du juste et de l'injuste : il n'en est pas moins vrai que dans l'application ces notions ont varié et que les peuples n'ont pas tous, ni toujours, placé le bien et la justice au même lieu. Les uns ont trouvé abominable ce qui avait paru naturel et innocent aux autres, et l'on qualifiait ici de légitime, ce qui a passé plus tard pour criminel.

La réflexion, l'étude, la raison ont peu à peu étendu le domaine de la morale; la civilisation a affiné les esprits et les mœurs; le fond même n'a pas changé, c'est-à dire le sentiment du bien et du mal; mais ce qui a changé, ce qui s'est enrichi, amélioré, développé, c'est l'interprétation de ce sentiment naturel, c'est son application aux diverses circonstances de la vie.

Les peuples plus cultivés ont une idée plus haute de la morale, un sentiment plus délicat et plus profond de ce qu'elle ordonne et de ce qu'elle défend. Les siècles leur ont apporté ce progrès.

*
* *

L'enfant, à mesure que les années s'écoulent, fait, lui aussi, des progrès dans la connaissance des lois de la morale. L'instinct primitif qu'il apporte en naissant se développe, grâce aux leçons multiples qu'il est appelé à recevoir. Ce développement s'opère d'abord au sein de la famille; sans se douter qu'ils professent la morale, ce sont ses parents qui, par leurs paroles et leur exemple, lui en donnent le premier enseignement. A un moment où la famille est pour lui le monde entier, où il ne connaît rien au-dessus de son père et de sa mère, il reçoit de ce milieu des impressions ineffaçables. C'est là qu'il recueille les premiers sentiments de justice, d'amour, d'honneur, de probité et de fierté, qui l'accompagneront et le soutiendront sa vie entière. Si, par malheur, la famille est un foyer d'immoralité ou donne le spectacle d'une morale incomplète et relâchée, qu'elle peine il faudra plus tard pour redresser l'esprit qu'elle aura déformé !

L'école continue l'œuvre de la famille. Les camarades constituent une petite société qui, quelquefois, affine et quelquefois, altère le sens moral; mais c'est aux maîtres que revient la tâche difficile et grande de fixer définitivement les idées de l'enfant sur cet important sujet. Par des leçons spéciales, dont l'influence peut être décisive, et par l'ensemble de son enseignement, le maître forme et aiguise le sens moral de l'enfant. Puis viennent les lectures, les études, les réflexions personnelles, la connaissance raisonnée des choses humaines, l'expérience de la vie. Ce sont autant d'instruments d'éducation morale, autant de moyens à notre portée pour développer en nous le discernement du bien et du mal, pour éclairer et fortifier notre conscience.

On peut dire que chacun de nos actes et chacune de nos expériences apportent un contingent nouveau à l'éducation de notre conscience morale. Il y a des étapes qui, une fois franchies, ne sont plus à refaire, des degrés de moralité que l'on monte et que l'on ne redescend plus, des vérités morales qui, une fois vues et apprises, ne s'oublient plus.

Si je subis certaine injustice, la souffrance qu'elle m'a causée m'avertit assez pour que je ne la commette pas à mon tour. Je n'y aurais pas pris garde vis-à-vis d'autrui; je n'aurais pas compris la portée de mon action; j'aurais passé outre, par légèreté, par irréflexion; j'ai été averti par les sentiments même que j'ai éprouvés.

Dans un sens contraire, c'est fréquemment l'exemple d'autrui qui me donne une leçon. Je suis témoin d'un acte de haute probité, de délicatesse, de dévouement, dont l'idée ne me serait pas venue ou m'aurait paru fâcheuse, gênante, inutile. J'ai vu, j'ai été touché, j'ai compris, et je ne puis m'empêcher d'imiter à mon tour, quand l'occasion se présente, l'exemple qui m'a éclairé.

Nous sommes ainsi tour à tour des élèves et des maîtres, appelés à faire continuellement notre éducation morale et celle des autres. La vie entière est une école.

III. — LA LIBERTÉ ET LA RESPONSABILITÉ

Conditions de la responsabilité; ses degrés et ses limites.

LA LIBERTÉ.

L'homme est un être libre.

S'il n'était pas libre, il ne serait pas un être moral, il ne pourrait avoir ni vertu ni vice, ni mérite ni démérite; il ne serait susceptible ni de blâme ni de louange, ni de récompenses, ni de châtiments.

Nous avons conscience de notre liberté; nous sentons parfaitement, chaque fois que nous avons résolu un acte, que nous aurions pu ne pas le résoudre ainsi.

Tous les hommes nous traitent comme créatures libres; on nous parle, on nous juge, on nous exhorte, on nous reprend, on nous punit, on nous loue comme des gens libres, dont les actes ne sont pas le produit d'un mécanisme inconscient et fatal, mais l'effet d'une volonté consciente et maîtresse d'elle-même.

Si nos actions étaient fatales, si elles étaient inévitables, si elles jaillissaient d'une force irrésistible de la nature, comme la fleur des champs, l'eau de la source, le vent d'orage, la foudre, la lave, on ne pourrait pas leur appliquer la règle du mérite ou du démérite, on ne pourrait nous les reprocher, ni nous en remercier et nous en récompenser.

L'homme qui voudrait appliquer la loi du mérite et du démérite à des êtres inanimés, au bloc qui écrase, à l'eau qui noie, à l'arbre dont les fruits

empoisonnent, ou même à des êtres animés mais
sans raison, comme la chenille qui ronge, le loup
qui égorge, celui-là passerait pour un insensé, et
c'est une des amusantes bouffonneries de l'histoire
que Xerxès faisant battre de verges les flots de la
mer parce qu'ils avaient détruit sa flotte.

Il est difficile de comprendre, il est impossible
d'expliquer l'existence de la liberté de l'homme dans
un monde où tout est régi, jusque dans les plus imperceptibles détails, par des lois fixes et invincibles.
Mais nous sommes obligés d'admettre bien d'autres
choses que nous ne comprenons pas et que nous
sommes incapables d'expliquer. La liberté de
l'homme est un fait ; nous devons constater ce fait.
On ne peut expliquer comment ni pourquoi nous
sentons, nous pensons, nous sommes. Ce sont là des
faits qui s'imposent à nous, et nous traiterions de
visionnaires ou de mauvais plaisants ceux qui met-
traient en doute notre existence. Or la connaissance
que nous en avons ne repose pas sur de plus solides
fondements que la connaissance que nous avons de
notre liberté.

LES DEUX SENS DU MOT.

On peut prendre ce mot de liberté dans deux accep-
tions différentes. L'une, c'est la possibilité, c'est le
moyen d'agir conformément à notre organisation
ou à nos besoins. C'est la liberté de nos mouvements,
la liberté extérieure, qui, bien souvent, ne dépend
pas de nous. Ce genre de liberté nous est commun
avec toute la nature. L'oiseau n'est pas libre si on
l'enferme dans une cage ; le chien n'est pas libre si
on l'attache à une chaîne ; la plante n'est pas libre

si l'on oppose des obstacles à son développement. L'homme non plus n'est pas libre s'il est lié, s'il est jeté en prison, s'il est soumis à des lois oppressives, s'il subit une autorité tyrannique. La liberté dans ce sens est un bien des plus précieux; toutes les forces de l'être doivent tendre à la conquérir. L'oiseau qui s'envole de sa cage, l'animal qui brise sa chaîne, l'homme qui échappe à la prison, à la tyrannie, recouvrent leur liberté; elle était perdue; elle pouvait disparaître sans retour; elle est retrouvée.

La liberté, dans l'acception morale, ne peut se perdre ni se retrouver. L'homme reste libre, quoi qu'il lui arrive et quoi qu'il fasse, même quand il paraît aliéner, enchaîner, anéantir sa liberté. La liberté morale est la propriété qu'a l'homme d'être par lui-même une cause consciente et volontaire; cette liberté fait partie de sa nature; elle est le caractère spécial de l'homme.

Un vent violent me saisit à l'improviste et me pousse en avant; il y a là une cause qui m'est étrangère, ou plutôt une succession d'effets provenant d'une cause lointaine où je ne suis pour rien. Tranquillement assis, je me lève pour sortir de chez moi; je sens que la cause de mon acte est en moi, qu'elle est moi; je me suis levé pour sortir, je pouvais rester assis; j'étais libre; je me suis déterminé par moi-même.

Il y a eu de ma part attention, réflexion, débat intérieur. Je me trouvais bien sur ma chaise; je me reposais avec plaisir; il m'est venu à l'esprit que j'avais au dehors un devoir pénible à remplir; j'ai délibéré. Finalement, j'ai décidé de me lever et de partir. Je l'ai fait en vertu de ma liberté.

Au lieu de pouvoir agir à ma guise, je suis malade, couché, emprisonné dans mon lit, raidi par la para-

lysie, incapable de faire un mouvement, plus esclave
que le prisonnier lié dans son cachot : je suis libre
néanmoins ; je réfléchis, je délibère, je décide que
je prendrai patience, que je n'éveillerai pas mon
gardien fatigué, que je réprimerai mes plaintes ; je
pouvais faire le contraire, mettre la maison en mouvement, gémir, quereller, réclamer ; dans l'un et
l'autre cas, la cause de ma décision est en moi ; je
suis une cause : mon abstention ou mon agitation
sont également des actes que ma liberté domine,
décide, fait exécuter.

La liberté morale subsiste donc, là même où la
liberté extérieure est absente ; la première est indépendante de la seconde : celle-ci est un effet des événements ; celle-là est une cause permanente, dont
les effets, soit visibles, soit invisibles, ne sont pas
moins réels.

Nous sentons très bien que notre liberté est une
puissance indépendante, qu'elle n'est pas une marion-
nette dont les fils soient tenus par une main étrangère ; elle n'obéit pas à une force qui lui soit
supérieure, qui soit irrésistible ; elle n'obéit qu'à
elle-même.

Cela ne veut pas dire non plus que notre liberté
flotte au hasard, qu'elle soit indifférente et aveugle.
Si elle n'obéit qu'à elle-même, si c'est elle-même qui
se détermine, elle le fait d'après des motifs. On a fait
cette objection : « Nous ne sommes pas vraiment
libres, puisque notre volonté obéit à des motifs ; ce
sont ces motifs qui la déterminent, qui la décident
qui l'entraînent, qui lui commandent. » On ne prend
pas garde que ces motifs sont discutés par la raison,
que la volonté les adopte ou les repousse, qu'ils
n'ont rien de fatal, rien de nécessaire, rien d'obli-

gatoire pour la liberté, qu'elle fait son choix entre eux, et que c'est en cela justement que consiste son essence.

Il est vrai que nous pouvons être influencés dans nos décisions par des dispositions corporelles, par des habitudes, des intérêts, des passions, des préjugés, des goûts, des désirs, par notre éducation, par notre entourage. Il y a une part de nos actes qui semble parfois déterminée d'avance et logiquement prévue ; mais jamais il n'y a d'acte volontaire qui soit fatal, les deux mots s'excluent : le choix nous reste toujours intérieurement entre deux actes, entre deux résolutions, entre deux motifs, et ce choix, c'est la liberté. Il n'y a jamais d'entraînement irrésistible. Il n'y a non plus jamais d'impossibilité absolue.

La liberté morale ne consiste pas à pouvoir faire ce qu'on veut, mais à vouloir ce qu'on préfère, à se décider soi-même en connaissance de cause, quitte à être empêché d'agir par un obstacle insurmontable.

LA RESPONSABILITÉ.

C'est cette faculté de nous décider nous-mêmes, de choisir entre les motifs, entre les résolutions qui se présentent à nous, qui crée la responsabilité. Ici encore, ce n'est pas une théorie que nous énonçons, c'est un fait tiré de l'expérience quotidienne.

Rien n'est plus commun, plus familier, plus universel que ce sentiment de la responsabilité humaine. C'est parce que je suis une personne intelligente, raisonnable, libre, que je suis responsable. Je me sais et me sens être la cause d'effets que j'ai volon-

tairement produits et que j'aurais pu ne pas produire, et ce sentiment se traduit en moi par la satisfaction ou le remords, l'approbation ou le blâme de
moi-même.

Peut-être le dernier effet produit n'est-il pas celui
que j'avais en vue, que je voulais produire, mais j'ai
volontairement produit les effets qui ont de proche
en proche amené celui-ci; j'en suis la cause indirecte. Aussi notre responsabilité peut-elle être directe
ou indirecte.

Elle est directe et complète lorsque l'effet répond
entièrement à notre intention. Un homme veut en
tuer un autre : il le tue. Il est responsable d'un meurtre. — J'ai voulu à la chasse tirer un lièvre; je vise,
sans le savoir, mon compagnon, mon ami, et je le
tue; je ne suis responsable de sa mort qu'indirectement, mais je me reprocherai toute ma vie mon
imprudence, ma maladresse, ma légèreté; c'est de
cela que je suis réellement responsable. — L'homme
qui a voulu en tuer un autre l'a manqué; il l'a blessé
seulement. De quoi est-il responsable? D'une blessure ou d'un meurtre? Il est responsable des deux.
L'acte, c'est une blessure; l'intention, c'était un
meurtre.

Il m'arrive, en marchant sur une pente de la mon-
tagne, de détacher, malgré moi, quelque pierre qui,
roulant avec une rapidité croissante, va tuer raide
un berger placé dans un lieu que je ne vois même
pas. J'aurai du regret de cet accident, mais je n'aurai
pas de reproches à me faire; je n'en suis pas moralement responsable.

Que faut-il donc pour être responsable? Être la
cause consciente, volontaire, intentionnelle d'un
acte, ou d'une décision de la volonté qui aurait

produit cet acte, si un obstacle indépendant de nous-mêmes n'en eût empêché la réalisation.

La responsabilité a des degrés ; elle n'est ni chez tous ni toujours la même ; elle est proportionnelle à l'attention que j'ai apportée, au discernement dont je suis capable, à l'intention qui me dirige, au sentiment qui m'anime.

La responsabilité est faible chez l'enfant, d'autant plus faible qu'il est plus jeune, plus inexpérimenté ; elle est faible chez l'ignorant, d'autant plus faible qu'il sait moins de choses, qu'il se rend moins compte de la portée de ses actes, qu'il est moins capable de réfléchir avant de décider. Elle est grande chez l'adulte, chez l'homme instruit, chez celui qui a sciemment accepté une charge avec ses conséquences prévues.

Plus l'esprit est éclairé, plus la conscience est exercée, plus l'intention est réfléchie, plus la délibération est mûre, plus la raison est sûre et attentive, plus aussi la responsabilité grandit.

Elle diminue à mesure que ces diverses conditions se trouvent à un moindre degré ; elle cesse là où ces conditions disparaissent.

Je ne suis pas responsable des faits où ma volonté n'est pour rien, qui n'ont pas dépendu de moi, dont j'ai été l'occasion ou l'instrument inconscient et involontaire. L'homme n'est pas responsable des actes commis pendant le sommeil, pendant la fièvre, pendant la folie. L'être qui, par accident, par maladie, d'une façon passagère ou durable, est privé d'intelligence, de réflexion, de raison, n'est pas responsable.

Il n'y a responsabilité que là où il y a liberté morale ; il n'y a liberté morale que là où il y a conscience et raison.

IV. — L'OBLIGATION OU LE DEVOIR

Caractère de la loi morale. — Insuffisance de l'intérêt personnel comme base de la morale, — Insuffisance du sentiment comme principe unique de la morale.

L'OBLIGATION.

Nous avons vu que l'homme est libre. Cela veut-il dire qu'il puisse faire tout ce qu'il voudra, qu'il ne soit lié à rien, que tout acte de sa part soit indifférent, qu'il puisse user de sa liberté comme il lui plaît, sans qu'aucune loi intervienne? Pour le savoir, examinons les faits.

Nous ne parlons pas ici des lois extérieures, des obligations imposées par la coutume, par les hommes, et qui ne s'adressent qu'aux actes tangibles, qu'à ceux qui tombent sous le regard d'autrui.

Un homme est seul, il est sûr que personne ne le voit. Il peut mettre la main sur un trésor qui ne lui appartient pas, et qui l'enrichira. Il peut faire disparaître un enfant, héritier d'un domaine qui lui reviendra si cet enfant meurt. Il peut glisser dans une boîte une lettre calomnieuse qui perdra son concurrent et lui assurera à lui-même un poste magnifique. Il peut déchirer un papier qui le constitue débiteur d'une somme importante et qui est le seul gage de son créancier.

Il le peut. Oui, matériellement. Il n'a qu'à allonger la main, qu'à faire un mouvement. Rien ne peut l'en empêcher. Moralement, il ne le peut pas. Quelque chose en lui s'y oppose. Il rencontre une résistance contre laquelle il lutte. Il est retenu par un lien qu'il faut briser avec force. S'il passe outre, s'il brise ce lien, s'il écrase cette résistance, il sent en lui un déchirement, un mécontentement, une sourde douleur.

Cette douleur durera. C'est le remords. Il a violé une loi, la loi de son être, l'obligation qu'il porte en lui, qui fait partie de sa conscience, de sa raison. Il était obligé de respecter le bien d'autrui, la vie d'autrui, la réputation d'autrui, la vérité, la parole donnée. Son intérêt était de passer outre, son devoir était de s'arrêter.

D'autres exemples établiront le même fait. Je suis en repos dans ma maison. J'ai l'aisance nécessaire pour vivre agréablement. Je cultive en paix la musique, la peinture ; je lis à loisir des livres qui me plaisent. Mon père, ma mère tombent malades au loin ; mon frère est menacé de ruine et de déshonneur, faute d'une somme importante ; mon ami est dans des circonstances difficiles qui réclament à la fois ma présence et mon concours actif, prolongé ; des pauvres, des orphelins, des infirmes frappent à ma porte ; l'épidémie désole une province et cause d'horribles misères ; la patrie m'appelle et demande mon temps, mes forces, mes pensées, ma vie peut-être.

Que faire ? Mon agrément, mon plaisir, mes aises, mes habitudes, mes penchants, tout m'invite à rester tranquille, à écarter ces appels affligeants, ces images importunes. Et pourtant, au dedans de moi, une force puissante m'agite, me secoue, me fait lever, me fait sortir, m'oblige à quitter mon repos, à compromettre ma fortune, à sacrifier mes loisirs, à aller au secours de mes parents, de mon frère, de mon ami, à me mettre en peine de tous ces étrangers qui souffrent, à me priver pour eux de ce qui faisait le charme et la tranquillité de ma vie, à donner à la patrie ce que j'aurais voulu réserver pour moi-même.

Je pouvais m'abstenir, j'en étais libre; je n'avais qu'à laisser glisser le temps et qu'à m'envelopper dans mon inertie, dans mon égoïsme. Moralement, je n'en étais pas libre, je ne le pouvais pas. Une voix intérieure me le défendait; elle ne m'a pas laissé de repos aussi longtemps que je lui ai désobéi.

Là encore, je violais la loi de mon être, je me dérobais à mes obligations, je méconnaissais mon devoir.

J'ai bien essayé de parlementer, de transiger; je ne l'ai pas pu. Le devoir s'impose à moi par oui ou par non. Ce n'est pas une moitié d'obligation, un devoir complaisant, c'est un ordre. La loi morale n'admet pas plus de tempérament, de déviation, d'accommodement que les lois physiques. Elle est ce qu'elle est, elle est à prendre ou à laisser. La suivre, c'est se conformer à la nature; la conscience qui est en règle avec le devoir est contente d'elle-même, éprouve un sentiment de profonde satisfaction, quelles que soient les conséquences matérielles de l'obéissance à la loi morale. Violer cette loi, la tourner, ruser avec elle, c'est se mettre en contradiction avec la nature, et la suite constante, c'est la tristesse, la douleur, le remords.

CARACTÈRE IMPÉRATIF.

Le premier caractère de la loi morale, c'est qu'elle est impérative. Elle commande, l'homme doit obéir. Son nom, c'est le devoir. Ce qu'elle impose, c'est une obligation, qui lie réellement la conscience, à laquelle il n'est pas permis de se soustraire. Sans doute, il ne faut pas confondre obligation avec nécessité.

Il y a nécessité que tous les corps obéissent à la loi de la pesanteur, à la loi de l'attraction ; il y a nécessité que les astres tournent dans leur orbite et que les chenilles passent par l'état de chrysalides avant de devenir papillons. C'est une loi inéluctable : de gré ou de force, tout la subit.

La loi morale est obligatoire, mais on peut s'y soustraire ; si elle s'imposait de force, si elle contraignait la volonté, elle cesserait d'être morale. Quelle que soit l'énergie de ses commandements, elle respecte la liberté ; elle veut être librement obéie.

ÉVIDENCE.

Un autre caractère de la loi morale, c'est qu'elle est évidente. Les petits et les ignorants ne peuvent la méconnaître. L'homme le plus simple, qui voit son semblable en danger, sait qu'il faut lui porter secours. L'enfant sait qu'il doit aimer ses parents et leur obéir. Il est vrai qu'il y a des obscurités et des doutes sur certains points délicats du devoir ; on peut se tromper sur les applications particulières de la loi morale ; les peuples et les individus ignorants peuvent commettre de graves manquements sans en avoir conscience. Mais, dans ses lignes générales, quant aux principaux devoirs de la vie, la loi morale est d'une entière clarté.

Nul ne se plaint jamais qu'elle l'ait laissé dans les ténèbres, qu'il n'ait pas su, par exemple, qu'il faut respecter le bien et la vie d'autrui. Un homme peut tuer, voler, mentir, manquer à sa parole, blesser, frapper un plus faible que lui, rendre le mal pour le bien, corrompre un innocent; il ne peut pas dire qu'il ne savait pas que ce fût mal et que son devoir lui défendît de le faire. Il n'y a là-dessus pour lui, ni pour personne, ni pour les victimes de ses actes, ni pour les témoins, ni pour ceux à qui on les raconte, aucune obscurité, aucun doute possible. La loi morale interdisait ces actes, c'est l'évidence même.

Un point surtout est hors de conteste, même chez les sauvages les plus arriérés, même chez les hommes les plus endurcis au mal, c'est qu'il faut faire ce qu'on a reconnu comme un devoir. Il peut arriver qu'on hésite sur la nature d'un devoir; on n'hésite pas sur l'obligation d'accomplir le devoir. Les brigands, qui ne craignent pas de commettre les crimes les plus odieux, se font scrupule de violer certains engagements pendant le cours même de leurs forfaits; et il vient un moment où leur vie entière leur apparaît, à la lumière de la conscience, comme digne des plus sévères châtiments.

UNIVERSALITÉ.

La loi morale est universelle. Comme nous venons de le dire, nul n'y échappe. Elle parle, dès que la conscience peut l'entendre, dès que la raison s'éveille.

La distinction entre le bien et le mal est l'un des caractères distinctifs de notre race. Qui n'en serait pas doué ne serait pas un homme. Vous trouverez des hommes muets, sourds, aveugles, paralytiques; vous n'en trouverez pas qui soient dépourvus de sens moral, s'ils ne sont dépourvus d'intelligence et de raison. Quelque faible lueur que la raison projette dans une créature humaine, cela suffit à laisser voir la loi morale.

Partout elle est le critère de nos jugements sur les actions d'autrui. Nous ne partons jamais de l'idée que celui qui agit devant nous ou dont on nous parle ne la connaissait pas.

Tous les peuples s'entendent là-dessus ; c'est une langue internationale que celle du devoir. Les mers ne créent pas de séparation ni de limites. Les principes qu'elle pose sont partout les mêmes ; ce n'est que dans le détail et l'appréciation pratique que des différences peuvent apparaître selon la latitude, l'éducation, les préjugés.

IMMUTABILITÉ.

C'est qu'en effet la loi morale n'est pas arbitraire ; elle ne dépend pas des hommes ; elle n'est pas le produit des coutumes ni des législations ; elle en est au contraire la cause première et la source permanente. Si les hommes la façonnaient à leur gré, ils la façonneraient selon leurs passions et leurs intérêts ; bien au contraire, elle se pose devant eux comme un avertisseur sévère et gênant, comme un législateur intraitable.

Elle ne varie pas plus avec les temps qu'avec les lieux. On signale des changements dans la morale des siècles, comme dans la morale des peuples. Il y a des pratiques que nous jugeons immorales aujourd'hui qui n'était pas tenues pour telles autrefois. On cite des peuplades où il était permis de tuer son vieux père. Chez les anciens, les pères pouvaient exposer leurs enfants difformes à la mort. Certaines religions autorisaient ou exigeaient des actes que nous considérons comme monstrueux.

Que résulte-il de ces faits? Examinons-les de plus près. Remarquons d'abord que les peuples qui les commettaient ne croyaient pas mal faire, qu'ils y voyaient soit un droit naturel, soit un devoir. La loi morale permet l'exercice des droits, ordonne l'accomplissement des devoirs.

Les uns croyaient exercer légitimement l'autorité paternelle, qui est en effet un droit naturel et moral ; ils se trompaient sur les limites de cette autorité ; ils manquaient de lumière ; ils se soumettaient à une tradition populaire qui troublait la clarté de la raison.

Les autres pensaient remplir un devoir filial en délivrant leurs pères d'une vie inutile, d'une vieillesse devenue un danger dans des lieux et des temps où il fallait se tenir sans cesse en défense; ils se trompaient grossièrement sur la forme de leur devoir, et ils subissaient en ce point : influence des tristes préjugés de leur race.

De même les sectateurs de cultes dont les pratiques sont condamnées par une saine morale. Par suite d'erreurs que l'histoire explique, où la superstition et le vice les avaient entraînés peu à peu, ils croyaient remplir un devoir sacré, et non violer les prescriptions de la morale.

. A tous, ce qui manquait, c'est l'instruction, la lumière, une vue juste des choses. Ils se trompaient, non sur la nécessité de faire le devoir, mais sur les limites et le caractère des différents devoirs.

Nous ne savons pas cependant jusqu'à quel point

la conscience protestait en eux sourdement contre ces actes ; à mesure qu'elle s'éclairait, elle les proscrivait.

La loi morale n'a jamais changé ; les hommes, à mesure qu'ils ont réfléchi, qu'ils se sont instruits les uns les autres, ont mieux discerné ses prescriptions, les ont appliquées plus justement, plus exactement. En elle-même, elle est immuable ; elle ne connaît pas plus de transactions et d'accommodements avec le devoir aujourd'hui qu'il y a trois mille ans.

L'INTÉRÊT PERSONNEL.

Sur quoi repose donc cette loi morale dont nous venons de reconnaître les différents caractères ? Quel est le principe en vertu duquel elle nous dicte nos devoirs ?

Les uns disent : « la loi morale n'a d'origine que notre intérêt ; c'est l'intérêt seul qui, en dernière analyse, est le mobile de nos actes et le fond de la morale. »

Rien n'est plus contraire à l'expérience que ce langage. Le plus souvent sans doute, il est de notre intérêt de suivre les prescriptions de la morale, de tenir notre parole, de dire la vérité, de nous modérer dans la satisfaction de nos besoins, de respecter les droits d'autrui, d'accomplir fidèlement notre vocation. Nous y gagnons la tranquillité, la santé, le bien-être, une vie honorée et agréable.

Souvent aussi les prescriptions du devoir sont contraires à notre intérêt. Il peut arriver que notre intérêt direct soit de tromper, de voler, de faire violence, de fouler aux pieds les droits d'autrui, de manquer à nos engagements professionnels.

Celui qui se laisse révoquer d'un emploi lucratif plutôt que de prêter un serment que sa conscience réprouve, celui qui aime mieux perdre le pain de ses enfants que de mentir, celui qui consent à se laisser jeter en prison plutôt que de trahir la retraite d'un fugitif, celui qui renonce à sa fortune, celui qui livre sa vie plutôt que de manquer à sa foi, à ses convictions politiques ou religieuses, à sa parole d'honneur, — que font-ils? Consultent-ils leur intérêt? L'intérêt est-il le mobile de leurs actes?

Quel homme n'a jamais senti se livrer en lui le combat souvent poignant, parfois tragique, entre son intérêt et son devoir? Si l'intérêt était le mobile du devoir, si, en dernière analyse, ils se confondaient l'un avec l'autre, cette lutte se produirait-elle? Est-ce que l'on serait témoin de sacrifices si généreux, si cruels, qui s'imposent en trop de rencontres à l'honnête homme? Où serait la différence entre lui et l'homme malhonnête? Sans doute, ce dernier serait le plus malhabile, le moins soucieux de son intérêt. Est-ce là l'enseignement que nous donne le monde? Est-ce là le spectacle que nous avons sous les yeux?

Quoique l'utile et l'honnête se confondent fréquemment, ils se distinguent souvent aussi. Nous faisons bien de rechercher l'utile, mais nous savons de science certaine qu'il y a quelque chose de supérieur à l'utile. Dans un conflit entre l'utile et l'honnête, entre l'intérêt et le devoir, nous savons ce que nous dit la conscience. L'honnête homme est celui qui met l'honnête au-dessus de l'utile, qui sacrifie l'intérêt au devoir.

L'INTÉRÊT BIEN ENTENDU.

Cela ne se conteste pas. Mais on dit avec subtilité : « Il est de l'intérêt bien entendu de l'homme de contrarier ses intérêts apparents ; son intérêt véritable est de se soumettre au devoir, même lorsque le devoir semble contraire à l'intérêt du moment ; s'il ne respectait pas les droits d'autrui, s'il ne tenait pas sa parole, s'il n'imposait pas pour limites à son intérêt personnel l'intérêt des autres, la société ne pourrait subsister, et il serait, comme tous ses compagnons de misère, victime de cet effrayant état de choses. »

Il faut, pour arriver à comprendre ainsi l'intérêt, à sacrifier son intérêt du moment au bien futur, son intérêt personnel au bien collectif, une conception si élevée de l'intérêt qu'elle se confond presque avec l'idée du bien. Ce n'est plus l'intérêt au sens ordinaire du mot. On ne peut plus dire alors que la morale ait l'intérêt pour but et pour guide.

Jamais un homme à qui vous direz : « Prends ton intérêt pour règle de conduite, » ne s'avisera, pour obéir à ce précepte, de sacrifier son repos, sa santé, sa fortune, sa liberté et sa vie même, sans aucun espoir de retour, de rémunération, de revanche, uniquement pour le triomphe d'une idée, pour le salut de ses frères, pour la défense de sa patrie, pour la sainte chimère de l'honneur ou de la vérité.

Non, l'intérêt n'explique pas la morale ; il ne suffit pas à en justifier les lois. Ce qu'on appelle l'intérêt bien entendu se confond avec le bien, est du ressort de la raison et de la conscience et dépasse infiniment le domaine de l'intérêt.

LA RECHERCHE DU PLAISIR.

On a voulu faire du sentiment la base de la morale. On a dit : « C'est vrai, l'intérêt ne suffit pas à expliquer le caractère impératif de la loi morale ; il faut quelque chose de plus puissant, de plus entraînant ; l'homme obéit plus à des sentiments qu'à des calculs ; ce qu'il recherche, c'est plus l'agréable que l'utile. »

Cela encore est une erreur démontrée par la pratique, et dont chacun peut faire justice par un simple appel à ses souvenirs. Que de fois le devoir nous a-t-il commandé des actes absolument contraires à notre plaisir ! Si le devoir consistait à ne faire que ce que nous avons pour agréable, la morale ne serait plus qu'un vain mot, elle qui a pour principe constant : sacrifier l'agrément lorsque la conscience l'exige.

Non, l'agréable, pas plus que l'utile, n'est la base de la morale, le mobile du devoir, l'inspiration de la conscience. Faire de notre plaisir, de notre agrément, le principe de notre conduite, ce serait tout le contraire de la morale. En fait, l'immoralité n'a pas de source plus constante que la recherche du plaisir à tout prix et en toute circonstance.

LA RECHERCHE DU BONHEUR.

Quelques-uns disent : « Il est vrai, le mobile moral ne peut pas être seulement la recherche du plaisir, de notre agrément particulier ; c'est davantage ; c'est le sentiment qui nous porte à rechercher le bonheur. Le bonheur, l'expérience le prouve, ne peut pas se confondre avec le plaisir. Les plaisirs les plus pas-

sionnément courus, les plus ardemment goûtés
laissent après eux une lassitude et un dégoût. Le
plaisir prolongé rassasie et fatigue. Le plaisir peut
entraîner des maux sans nombre. Mais il y a un
plaisir plus délicat, plaisir de l'esprit, plaisir du
cœur. On se sent heureux quand on a fait une action
de courage, quand on s'est montré généreux, quand
on s'est tenu dans l'ordre, dans la règle, quand on
a fait son devoir, et l'on éprouve de la peine, de la
douleur même dans le cas contraire. On fait le bien
pour être heureux. »

Le principe de la morale serait donc simplement
la satisfaction personnelle; tout ce qui blesserait ce
sentiment serait immoral, tout ce qui le flatterait,
tout ce qui le satisferait serait moral.

Il est incontestable qu'une satisfaction profonde
accompagne toujours l'accomplissement du devoir;
mais elle est souvent mélangée de luttes cruelles,
de sacrifices douloureux, de mutilations, de sépa-
rations, de déchirements qui émeuvent violemment
notre cœur : la satisfaction du devoir accompli a
quelque chose de sévère et de froid qui n'entre pas
en balance avec les passions refoulées et vaincues,
avec les colères réprimées, les haines domptées, les
satisfactions de volupté, d'orgueil, de convoitises de
tout genre auxquelles le devoir a barré la route.

Le devoir ne peut pas se confondre avec le
bonheur.

Le bonheur est l'instinct de notre nature; nous
tendons tous vers le bonheur; mais le devoir a parfois des exigences contraires, qui parlent plus haut
et auxquelles il faut obéir.

Les joies de l'amitié, de l'amour, de la famille,
qui sont des plus pures qui soient au monde et qui

constituent l'un des éléments les plus solides et les plus durables du bonheur, ne sont pas toujours conciliables avec le devoir Peut-on dire que celui qui les sacrifie, parce que la loi morale le lui demande, n'a en vue que son propre bonheur? Est-ce en vue du bonheur que le soldat quitte ses enfants pour défendre la patrie, que l'amant s'arrache à celle qu'il aime parce qu'un obstacle moral s'élève entre eux?

Si c'est au sentiment que la morale doit se ramener tout entière, elle perd toute solidité, toute fixité; le sentiment varie selon les hommes; l'un y est plus accessible que l'autre. Il est des hommes qui sont heureux à bon compte, d'autres, que des besoins profonds travaillent incessamment. L'un se repose dans quelques satisfactions matérielles; l'autre demeure inassouvi sa vie entière. Les natures calmes ou superficielles jouissent d'un bonheur que des âmes ardentes regardent avec dédain.

En réalité, chez tous, la recherche pure et simple du bonheur n'est autre chose que de l'égoïsme; c'est un égoïsme plus raffiné que l'intérêt vulgaire ou le plaisir grossier; mais, en somme, il est de même nature que l'intérêt bien entendu, c'est-à-dire incapable de donner à l'homme une règle claire, fixe, supérieure aux passions momentanées, une règle impérative, universelle, la même pour tous et dans tous les temps. Chacun cherche le bonheur à sa façon; chacun le ressent selon son tempérament particulier. Nous ne trouvons pas là les caractères de la loi morale, telle que nous l'avons reconnue.

LA SYMPATHIE.

On ne peut pas ne pas accorder que la loi morale est désintéressée, puisqu'elle nous commande si souvent des actes qui ne sont de notre part que des sacrifices de nous-mêmes.

C'est justement en s'appuyant sur ce motif que quelques-uns ont essayé de faire du sentiment de la sympathie, le principe de la morale. « Nous éprouvons, disent-ils, du plaisir à faire plaisir aux autres; c'est un instinct de notre nature que la sociabilité, et cette sociabilité s'exprime par la sympathie; nous aimons à voir heureux ceux qui nous entourent; nous leur épargnons volontiers l'expression de notre chagrin s'ils sont joyeux, et l'expression de notre joie s'ils sont tristes. Nous faisons le bien pour mériter leur approbation, et nous nous abstenons du mal pour ne pas provoquer leur blâme. Ce sentiment est supérieur à l'égoïsme et est le germe de nos plus belles actions. »

Ici encore l'expérience peut être appelée en témoignage de l'erreur d'une pareille doctrine.

Il est vrai que le désir de l'approbation et de la louange, que la crainte du blâme et du mépris ont une grande part dans notre conduite; il est vrai que la sympathie pour les hommes qui nous entourent, et, d'une façon abstraite, pour l'humanité, est un principe élevé qui inspire parfois nos actions. Mais que de fois il arrive aussi que nous faisons le mal par crainte de l'opinion, que le désir de la louange nous entraîne à des actes blâmables! Quelle triste morale que celle qui n'aurait d'autre mobile que le respect humain ou le qu'en-dira-t-on! Il y a des fan-

faronnades de vice comme il y a des hypocrisies
de vertu.

Souvent la vertu n'a pas de témoins, et c'est alors
qu'elle est le plus solide.

La conscience ne demande pas d'apparat et d'é-
loges ; elle se suffit à elle-même. Que dis-je ? Elle
s'insurge parfois contre la sympathie des hommes ;
elle brave les antipathies. L'homme de bien peut se
trouver abandonné, en butte à toutes les attaques,
à tous les dédains, à toutes les méprises, à toutes
les haines, bafoué par une génération tout entière,
froissé, blessé dans tous ses sentiments de sociabilité, honni et rejeté ; il n'en est que plus grand,
il ne se sent que plus fort ; rien ne le fera fléchir.

Que les ruines le frappent en s'écroulant, que les
hommes l'accablent, il se tient debout, sur le roc
de sa conscience, impassible, triste d'être seul, mais
résolu :

> Et s'il n'en reste qu'un, je serai celui-là !

Le sentiment de la sympathie ne suffit pas à expliquer sa conduite, pas plus que le sentiment du
plaisir ou la recherche de l'intérêt. Une autre force
le soutient, un autre mobile le guide, un autre but
l'attire.

V. — LE BIEN ET LE DEVOIR PUR

Dignité de la personne humaine.

LE BIEN.

Le principe suprême de la loi morale, c'est le
bien. Notre devoir est de faire le bien, parce que

c'est le bien. Il s'impose à nous comme règle primitive et absolue. Notre raison, nous l'avons vu déjà, discerne d'instinct le bien du mal; elle peut se tromper sur notre intérêt, ou il lui faut du moins, dans certains cas, d'assez longues réflexions pour le distinguer; il n'en faut pas pour discerner le bien. Il nous apparaît par une sorte d'intuition.

Que cela me soit utile ou non, me fasse plaisir ou non, je décide que c'est bien de sauver un homme et mal de le tuer, qu'il est bon de délivrer un innocent et mal de l'opprimer, qu'il est bien de rendre à autrui sa propriété et mal de la lui prendre, qu'il est bien de tenir sa parole et mal de la violer, qu'il est bien de sacrifier son intérêt personnel au bonheur des autres et mal de faire le contraire, qu'il est bien de résister à ses passions et mal de leur obéir aveuglément, qu'il est bien de s'instruire et mal de préférer l'ignorance, qu'il est bien de travailler et mal de rester inerte, qu'il est bien de mener une vie libre, utile, généreuse et mal de s'enchaîner, de croupir dans la paresse ou l'égoïsme, qu'il est bien de placer l'honneur et la vertu au-dessus des satisfactions des sens et mal d'agir inversement, qu'il est bien d'appliquer son esprit à des pensées élevées et mal de se complaire dans la convoitise et la bassesse.

En pensant ainsi, en jugeant ainsi, d'un jugement sûr, qui ne nous fait éprouver aucun doute, soit qu'il s'agisse de nous, soit qu'il s'agisse des autres, que faisons-nous? Créons-nous pour chaque cas particulier une législation particulière? Ces jugements sont-ils indépendants les uns des autres? Devons-nous chaque fois consulter une règle différente? Non.

Tous ces jugements partent d'un seul et même principe, sont les rayons d'un seul et même foyer. Nous portons en nous une idée centrale, l'idée du bien et c'est à la lumière de cette idée que nous jugeons chaque action et chaque sentiment. Nous avons l'idée du bien comme nous avons l'idée de la grandeur, l'idée de la beauté, l'idée de la vérité.

Le bien, c'est la conformité d'un être avec sa nature, avec sa destination. Quelle est la nature de l'homme ? Quelle est la destination ou la fin[1] de l'homme ? Tout est là. Si sa nature est purement matérielle, sa fin est sa conservation et sa reproduction. Si sa nature est uniquement sensible, sa fin est le bonheur. Si sa nature est sensible, raisonnable et morale, sa fin est conforme à ce triple caractère et le bien, pour lui, c'est de réaliser cette fin, c'est de tendre au but pour lequel il est créé, c'est d'y conformer ses sentiments et ses actes.

LE DEVOIR PUR.

Quelle est la fin de l'homme ? C'est de mûrir pleinement toutes ses facultés, c'est de réaliser le modèle intérieur qu'il porte en lui, l'idéal qui est sa raison d'être et qui préside à tous ses développements, c'est d'épurer sa nature sensible, d'élargir et d'éclairer de plus en plus son intelligence, de fortifier sa volonté. Être homme, au sens complet du mot, c'est être, non un animal ou une chose, mais une personne, c'est-à-dire une créature intelligente,

---

1. Le mot *fin* en philosophie veut dire *but;* ce n'est pas le terme où une chose cesse d'être, mais le terme vers lequel tend un être pour s'achever, pour devenir complet, pour s'épanouir dans sa totalité.

raisonnable et libre, un caractère droit et ferme, un esprit élevé, un cœur généreux et dévoué, bon et pur. Tout ce qui rapproche l'homme de ce but est conforme à sa nature, et fait partie de ce qui est bien : tout ce qui l'en éloigne est mauvais.

Voilà pourquoi au-dessus des devoirs particuliers plane une obligation supérieure, un devoir universel, dégagé de toute considération accessoire, un devoir à la lumière duquel tous les autres devoirs s'éclairent, et pour ainsi dire s'étagent et se classent. Ce devoir pur, supérieur, consiste à diriger toutes nos actions vers notre but, à orienter notre vie dans ce sens, à subordonner nos désirs, nos passions, nos résolutions à notre fin.

C'est là aussi ce qui nous permet de choisir entre plusieurs devoirs qui se présentent à nous.

C'en est un certainement que le soin de notre intérêt, mais s'il n'est pas compatible avec l'accomplissement d'un devoir plus en rapport avec notre nature et notre fin, s'il met en danger notre liberté, notre honneur, notre moralité, s'il nous oblige à manquer à la véracité, à nuire au prochain, à mettre notre égoïsme au-dessus des sentiments de justice ou de bonté, nous préférerons ces autres devoirs comme supérieurs au premier.

Nous ne rechercherons pas les actes qui nous donneront le plus de satisfaction, mais ceux qui élèveront plus haut notre esprit ou notre cœur, non ceux qui nous rendront plus heureux, mais ceux qui nous rendrons meilleurs.

Le devoir pur, c'est d'aspirer au bien suprême, à la justice, à la vérité, à la bonté. C'est dans la mesure où l'homme participe à ces biens spirituels, qui sont les plus hauts qu'il puisse concevoir, que sa valeur augmente. C'est dans la mesure où ils déterminent ses inclinations et ses actes qu'il est réellement libre. Car sa liberté n'est pas l'indifférence, elle est l'activité spontanée de sa nature spirituelle dégagée des obscurités de l'ignorance et des entraînements de la passion.

Quelle haute dignité que celle de la personne humaine ! Rien n'est plus grand dans le monde tel que nous le connaissons. C'est en elle que se rencontrent la nature physique et la nature intellectuelle. Elle s'affranchit graduellement des étreintes de la matière, de la nécessité ; elle domine les événements par sa volonté ; elle est un reflet de la perfection ; elle concourt librement à l'ordre suprême. Bien que créée, elle crée à son tour ; elle se développe, elle se forme, elle se façonne elle-même par le travail, par l'effort persévérant.

VI. — LE DROIT ET LE DEVOIR

Leurs rapports. — Différents devoirs. — Devoirs de justice et devoirs de charité. — La vertu.

RAPPORTS DES DROITS ET DES DEVOIRS.

La personne humaine a des droits, elle a le droit de vivre, de grandir, de posséder, de s'instruire, d'agir. Ces droits, l'homme ne les revendique pas seulement pour lui-même, il les reconnaît aux autres. Ma conscience proteste non pas uniquement lorsque l'on viole un de ces droits en ma personne, mais lorsque je les vois violés dans celle de mes semblables. Ce n'est pas seulement par un sentiment de prudence, de prévoyance en vue de l'avenir, que les hommes en société respectent les droits les uns des autres ; ce n'est pas seulement pour obéir à cette considération utilitaire : « Je respecte ton droit pour que tu respectes le mien. » C'est pour un motif plus haut et plus profond ; c'est parce que les hommes sont nos semblables et que nous souffrons quand le droit est violé. Me priver de mon bien, c'est attenter à mon droit, et ce droit, les autres le possèdent comme moi-même.

Si je cherche à me rendre compte de l'origine de ce droit que je possède, que je veux qu'on me reconnaisse, comme je suis prêt à le reconnaître aux autres, je le trouve dans le sentiment que j'ai de la vocation humaine.

J'ai, vis-à-vis des autres hommes, le droit de vivre, de me développer, d'agir, parce que j'ai, vis-à-vis de moi-même, le devoir d'être une personne morale, c'est-à-dire de remplir certaines conditions d'activité, de progrès et de liberté.

J'ai donc des droits, mais ces droits reposent sur des devoirs ; mon droit a ses racines dans mon devoir.

Sur quel autre fondement reposerait-il ? D'où me viendrait un droit quelconque ? Le serviteur a un droit à l'égard de son maître ; il a droit à la nourriture, à l'entretien, au salaire. Pourquoi ? Parce qu'il a le devoir d'exécuter les ordres que son maître lui donne, les travaux qui lui sont confiés. Son droit ne naît que d'un devoir rempli ou à remplir. Il y a là un engagement réciproque.

Il n'en est pas autrement pour la loi morale. Elle nous garantit des droits parce qu'elle nous impose des devoirs. Le devoir est de faire le bien, d'atteindre la fin de l'homme. Le droit est d'être mis en possession des moyens nécessaires pour atteindre cette fin.

Si ma nature et mon devoir d'homme me confèrent un droit, ce droit étant commun à tous ceux qui, comme moi, sont hommes, m'impose également des devoirs. Tout ce que je demande pour moi, tout ce qui est nécessaire au libre développement de ma personne, ils ont le droit à leur tour de l'attendre de moi. Ce que vous voulez que les hommes vous fassent, faites-le-leur de même; ce que vous ne voulez pas que les hommes vous fassent, ne le leur faites pas non plus : voilà l'expression pratique du rapport réciproque entre les droits et les devoirs.

Il ressort de ce que nous venons de dire que nos devoirs ne tirent pas leur origine de nos droits, qu'ils les dépassent, que nous avons des devoirs auxquels ne correspond aucun droit, des devoirs envers nous-mêmes, des devoirs tirés de la noblesse et de la dignité de notre vocation.

Nous avons des devoirs envers ceux qui n'en ont pas à notre égard, les petits enfants, les fous, les ivrognes, les animaux même. Nous en avons envers ceux qui méconnaissent et violent nos droits. C'est qu'en effet notre obligation ne dépend pas de leur conduite; elle nous est dictée par la raison, imposée par la conscience; elle nous lie, non à une réciprocité de services, mais à l'idéal, au souverain bien, qui est la véritable loi de notre état moral.

Au point de vue de la conscience, tous nos devoirs sont importants; c'est la blesser que d'en violer un, même de ceux qu'on appelle petits.

Les petits devoirs sont importants parce qu'ils constituent le tissu de la vie; c'est de petits devoirs que notre moralité est faite; ils sont plus faciles, et il est bien dangereux de s'en affranchir. Si nous négligeons ceux qui sont faciles, nous arrivons désarmés aux grandes luttes, aux grands devoirs, c'est-à-dire aux occasions plus rares qui demandent, avec la même fidélité à la conscience, plus d'énergie, de plus coûteux sacrifices.

En réalité, il n'y a pas de petits devoirs, il y a de petites choses auxquelles le devoir s'applique, le devoir, toujours et partout le même, sublime dans son essence, purifiant et grandissant tout ce qu'il touche.

DIVISION DES DEVOIRS

Les devoirs se distinguent beaucoup plus par leur objet que par leur nature et leur inspiration. On les divise habituellement en devoirs individuels et en devoirs sociaux.

Les devoirs individuels se rapportent à la direction de nos pensées, de nos volontés, de nos sentiments, au gouvernement de nos passions, à tous les actes qui n'affectent que notre personne, qu'ils soient visibles ou non, extérieurs ou intimes, accomplis ou seulement souhaités. Ils peuvent se rapporter à notre vie physique ou à notre vie intellectuelle et morale ; ce sont la conservation de soi, la prudence, la prévoyance et l'épargne, la tempérance, le courage, la patience, la résignation, la sincérité avec soi-même.

Les devoirs sociaux concernent toutes nos relations avec les autres hommes, soit la famille, soit les individus isolés, soit les groupes, tels que la patrie, les nations.

Dans cet ordre, les devoirs sont multiples ; ils sont aussi nombreux et compliqués que le sont les rap-

ports avec les hommes. Ce sont les devoirs envers les enfants, les parents, les amis, les voisins, les indifférents, les étrangers, les inférieurs ou les subordonnés, devoirs des époux entre eux, devoirs de citoyens, de législateurs, de fonctionnaires, de magistrats, devoirs inhérents aux diverses professions, devoirs des nations entre elles.

Les devoirs sociaux ont été divisés à leur tour en deux catégories, les devoirs de justice et les devoirs de charité.

Les premiers répondent aux droits que les autres hommes ont à faire valoir vis-à-vis de nous. Ce sont des devoirs formels, précis, exigibles, inscrits pour la plupart dans les législations. Il nous imposent le respect de la vie, de la santé, de la propriété, de la liberté, de la dignité d'autrui.

C'est bien ici que s'applique l'adage que nous avons déjà mentionné : « Ne fais pas à autrui ce que tu ne veux pas qu'il te soit fait. »

Les devoirs de stricte justice sont fortement gravés dans toute conscience humaine ; ce sont les premiers qui se présentent, ceux qui marquent leur empreinte sur toute société, qui en sont la condition fondementale et le caractère constant, sans lesquels l'homme serait un loup pour l'homme.

Nous avons vis-à-vis des hommes d'autres devoirs, qui ne répondent pas à un droit direct et individuel de leur part, qu'ils ne peuvent en aucune façon nous imposer, mais qui ne nous sont pas moins commandés par notre conscience.

Ces devoirs, d'un ordre plus délicat, augmentent de fréquence et d'importance à nos yeux, à mesure que progresse notre culture morale ; ils ne nous commandent pas seulement de respecter le droit d'autrui, mais de le protéger, de le défendre; ils nous imposent le soulagement des misères, le sacrifice de nous-mêmes au bien d'autrui, le don d'une part de notre propriété, de notre temps, de notre activité, à ceux qui en ont besoin.

Ces devoirs descendent plus profondément encore; ils s'adressent à nos sentiments les plus intimes, ils nous demandent d'avoir des dispositions favorables, de juger avec bienveillance, de pardonner à qui nous lèse, d'aimer les hommes.

Une fois que notre conscience s'est rendue attentive à ces devoirs, qui ne la frappent pas tout d'abord, elle s'en empare, elle leur prête sa voix, elle les prescrit; nous éprouvons de la satisfaction quand nous les accomplissons et du remords quand nous les avons négligés, tout autant que pour les devoirs les plus élémentaires de la justice.

C'est que ces devoirs de charité ne sont pas superflus, surérogatoires, des devoirs de luxe et de raffinement. Ils concourent à la même œuvre que les autres devoirs; ils ont pour objet la même fin : le bien, le progrès moral, la perfection de la personne humaine.

Nul sans doute ne peut exiger de moi l'aumône, le pardon, la bienveillance, le sacrifice, l'amour; mais je ne puis pas ne pas les exiger de moi-même. Si je ferme mon cœur à ces sentiments, quand ma conscience les évoque, si je me refuse aux actes qu'ils devraient m'inspirer, je manque à ma vocation, je m'amoindris moi-même, je porte atteinte à la dignité de ma nature, je vaux moins qu'auparavant. C'est à moi surtout que profitent ces devoirs de charité, bien plus qu'aux autres; c'est à moi que je nuis, bien plus qu'à ceux envers qui je refuse de

les accomplir. Ce que je leur dois, c'est à l'humanité
que je le dois, à l'humanité dont ils font partie
comme moi et que je renie en méconnaissant ses
appels.

On range habituellement dans une catégorie spéciale les devoirs religieux ou devoirs envers Dieu.
Ils pourraient aussi bien se confondre avec nos devoirs envers nous-mêmes, envers l'idéal dont nous
portons en nous l'image. Dieu, c'est le souverain
bien, l'ordre suprême, la perfection absolue, la
source de toute loi et de toute raison : par conséquent toutes nos obligations envers la loi morale
sont des obligations envers Dieu.

LA VERTU.

On appelle vertu l'accomplissement habituel et
régulier des devoirs qu'impose la loi morale. Le
mot vertu signifie force. La vertu ne s'acquiert en
effet que par le travail, par l'effort.

La pente de notre nature nous entraîne en bas,
vers le facile, l'agréable, vers les satisfactions
égoïstes. Nous naissons enveloppés de matière,
plongés dans l'ignorance, dominés par nos instincts ;
l'effort de la vertu consiste à nous débarrasser peu
à peu de ces enveloppes grossières, à percer cette
épaisse barrière de ténèbres, à dompter nos instincts,
à les régler par la raison, à substituer la loi morale
avec ses sublimes exigences à la vie animale avec
ses appétits dégradants.

Cet effort est pénible ; il l'est d'autant plus qu'il
est intermittent ou rare. L'homme qui accomplit les
devoirs faciles, grâce à un léger effort, finit par les
accomplir sans y songer. Quelquefois l'effort est plus

rude ; l'instinct est tenace, la passion est ardente, l'intérêt est considérable ; mais le devoir nous apparaît si clairement que la raison en est illuminée et le cœur réchauffé ; le devoir l'emporte. La volonté est fortifiée par cette victoire ; elle aura moins de peine à l'avenir en pareille rencontre.

Il y a des chutes sur cette pente à gravir; il arrive trop souvent qu'après avoir triomphé une fois nous succombons une autre fois dans la lutte incessante de la vie morale ; mais à force de volonté, d'énergie, de persévérance, le bien finit par rester le maître.

Si la vertu nous demande d'abord un pénible labeur, le moment vient où l'habitude la rend douce et presque nécessaire ; elle forme une sorte d'atmosphère hors de laquelle l'âme aurait peine à vivre. Qui a pris l'habitude de la véracité souffrirait du mensonge ; à qui se plaît dans la tempérance et le travail, la débauche et la paresse donneraient des nausées ; l'homme bienveillant et charitable serait plus torturé par les cruautés qu'il ferait subir que par celles qui lui seraient infligées.

La vertu doit devenir une disposition constante de l'âme, un état habituel, non pourtant qu'elle soit jamais exempte d'effort et de lutte. La vertu sans effort s'appelle la sainteté, on l'attribue à Dieu.

A chaque série de devoirs correspond une vertu particulière qui est l'accomplissement habituel de ces devoirs. Il y a de grandes et de petites vertus dans la même mesure et dans le même sens où il y a de grands et de petits devoirs, c'est-à-dire que la vertu est une résolution constante, une habitude générale qui se fait sentir dans tous les actes de l'homme et qui inspire tous ses sentiments. Les cir-

6.

constances peuvent être différentes, le principe est
le même.

Il y a donc diverses vertus, puisqu'on donne ce
nom à l'accomplissement constant de certains devoirs de même ordre ; il y a la vertu de la tempérance, de la probité, de la chasteté, du courage, de
la franchise, etc.

On peut rencontrer dans un homme une vertu
isolée, et elle est certainement digne d'estime. Mais
des vertus isolées ne composent pas la vertu ; un
homme n'est pas vertueux parce qu'il est probe, s'il
est en même temps ivrogne ou débauché ; il n'est
pas vertueux s'il a les vertus de la famille et non pas
celles du citoyen ; s'il est franc, mais brutal ; tempé-
rant, mais avare ; laborieux, mais menteur, et ainsi
de suite. La vertu doit se répandre à travers la vie
entière et la marquer de son empreinte. Elle doit
relier en un même faisceau toutes les vertus particulières et les réchauffer au foyer commun.

Une vertu absente est bien près d'être remplacée
par un vice. L'homme qui nourrit un vice n'est pas
un homme vertueux. La parfaite vertu luit comme
un idéal au fond de notre conscience ; rien ne nous
dit que nous ne pouvons pas l'atteindre, quoique
l'expérience ne nous ne la fasse guère découvrir
dans les autres ni en nous-mêmes. Elle reste comme
un incessant attrait, comme le but assigné à nos
efforts, le type sublime auquel nous pouvons mesurer nos progrès, le dernier mot du devoir, l'entier
accomplissement de la loi morale.

VII. — LES SANCTIONS DE LA MORALE

Rapports de la vertu et du bonheur. — Sanction individuelle. — Satisfaction morale et remords. — Sanctions sociales. — Sanctions religieuses. — La vie future et Dieu.

RAPPORTS DE LA MORALE ET DU BONHEUR.

Toute loi doit avoir une sanction, c'est-à-dire une répression de ceux qui la violent et une récompense pour ceux qui l'observent. Dans les législations ordinaires, la récompense consiste dans la tranquillité qui suit l'accomplissement de la loi ; la répression a lieu par des peines diverses, depuis l'amende et la prison jusqu'à la mort. Ces peines sont édictées par les législateurs ; elles ont pour objet de rendre la loi efficace.

Peut-il en être de même pour la loi morale ? Oui, la loi morale a des sanctions qui ont la même origine qu'elle-même ; elle est l'expression de l'ordre sous sa forme la plus haute, et il y a des sanctions pour punir ceux qui troublent l'ordre et récompenser ceux qui s'y conforment. Ces sanctions ne sont évidemment pas déterminées par des textes ; elles tiennent à la nature même des choses.

C'est une idée généralement répandue que la vertu doit être accompagnée du bonheur ; l'homme de bien mérite d'être heureux, le méchant mérite d'être malheureux. Mais il est clair que rien ne serait plus contraire à l'idée même de vertu que de faire le bien pour en tirer profit, de n'accomplir son devoir que pour obtenir une récompense. Nous avons vu que l'objet du devoir n'est pas l'intérêt, le plaisir, ni même le bonheur. Le devoir est désintéressé, il vise le bien pour le bien lui-même, indépendamment des conséquences heureuses ou malheureuses.

Si donc on appelle bonheur un ensemble de circonstances favorables : la santé, la fortune, la prospérité de sa famille, la considération, il peut se faire (et il arrive sans cesse) que ce bonheur ne soit pas le partage de la vertu. Ce n'est pas ce bonheur qu'elle recherche. Le bonheur, ainsi compris, nous avons le droit, nous avons le devoir de le poursuivre ; il n'est pas inhérent à la vertu, il peut se rencontrer dans des existences vicieuses. Mais il y a un bien que celles-ci ne possèdent pas, c'est la satisfaction morale, c'est la paix intérieure, c'est le contentement de soi-même.

SANCTION INDIVIDUELLE.

Cette forme de bonheur, la plus intime, la plus profonde, qui n'est sujette ni aux caprices du sort, ni aux entreprises des hommes, fait partie de la vertu ; elle accompagne invariablement l'accomplissement du devoir ; elle est la sanction constante de la loi morale. Dans le cours ordinaire de la vie, rien n'est plus doux que le sentiment d'avoir fait ce qui doit être fait, d'être d'accord avec l'ordre, avec la justice, avec la bonté, d'être en paix avec sa conscience. Aucune des satisfactions que peuvent procurer la richesse, l'orgueil, l'ambition, ne peut être comparée à celle-là ; elle dépasse infiniment les plaisirs que procurent les sens et est même de nature si différente et si supérieure qu'on ne peut les comparer.

Dans les crises graves, dans les catastrophes, dans les heures terribles ou lugubres, elle se retrouve, plus profonde, plus intense, d'autant plus pénétrante que le sacrifice a été plus grand.

L'homme de bien, au milieu des maux, assailli d'adversaires, en butte à la calomnie, poursuivi par la violence, dépouillé de ses honneurs, de sa fortune, privé de sa liberté, jeté en exil, livré à la mort, conserve une sérénité, une fierté, une joie grave qui sont un défi au malheur.

Vous le voyez passer, soit devant vos yeux, soit dans l'histoire, accablé de maux, persécuté, méconnu, vraie victime, et vous le plaignez. Enviez-le plutôt. Il connaît un bonheur qui vous échappe ; il a vu sa volonté à l'épreuve et elle n'a pas fléchi ; il a touché les plus hautes cimes de la vertu ; il a été homme au sens le plus noble et le plus entier du mot ; il a réalisé sa vocation ; il a vécu dans la plénitude de la vie morale ; et s'il souffre pour les autres, à la pensée que l'injustice triomphe passagèrement et que le règne de la vérité tarde, il porte en lui ce règne ; il se sent vainqueur ; il a été plus fort que les tentations, que les événements, que les hommes, que les mystérieuses cruautés de la nature. Sa conscience lui rend un témoignage qui vaut, à ses yeux, plus que la vie elle même avec toutes ses splendeurs.

A l'inverse, un sentiment de malaise et de mécontentement s'empare de nous quand nous avons manqué à notre devoir.

Nous éprouvons du regret d'avoir trop facilement cédé à la tentation ; nous portons en nous une sorte d'inquiétude et de tristesse. Plus la faute est grave, plus ce sentiment est poignant; il prend le nom de remords. C'est, en effet, une morsure intérieure, une plaie vive qui ôte le repos, qui peut troubler les jours et les nuits, empoisonner toute l'existence.

La conscience, témoin incorruptible, crie dans le silence de la solitude et dans le tumulte des foules, et rien ne réussit à étouffer sa voix.

Il arrive sans doute que, par l'habitude, par une dépravation du sens moral, par un entraînement qui fait glisser de faute en faute, le remords s'émousse et qu'une sorte d'engourdissement semble s'emparer de la conscience. Mais c'est une apparence seulement; la paix véritable est incompatible avec le désordre, l'immoralité et le crime. Nous ne pouvons pas lire dans l'âme de tous les criminels, de tous les vicieux, de tous ceux qui font du mal leur existence habituelle; mais chaque fois qu'un trait de lumière vient à les traverser, chaque fois qu'une confidence leur échappe, on recueille l'aveu qu'ils sont en proie aux tourments et qu'ils portent attachés à leurs flancs la sanction de leurs fautes.

Faut-il ajouter que, souvent, cette sanction s'exprime par des conséquences funestes que les lois de la physiologie ont liés à tous les excès et à tous les désordres? On a remarqué qu'une vie déréglée est, la plupart du temps, frappée de mille maux, attristée par la souffrance, abrégée par une fin hâtive, tandis que la santé, la force et la bonne humeur sont les fruits naturels d'une existence qui a la raison pour guide.

On peut signaler sans doute de nombreuses exceptions; l'homme vertueux peut être atteint de maladies précoces et cruelles, et l'on a vu parvenir à l'extrême vieillesse des gens qui n'ont guère cultivé la vertu, mais qui étaient doués d'une solide constitution et qui avaient su se ménager à propos. Si la loi morale trouve à coup sûr une sanction dans les lois physiologiques et s'il est vrai que tout vice porte ses fruits amers, il est des vices dont la sanction est toute morale, ou plutôt dont les conséquences matérielles échappent à notre observation.

Une des plus terribles sanctions de la loi morale se trouve dans la facilité même que l'habitude du mal donne de mal faire, dans l'accroissement du vice par suite du vice lui-même; le débauché semble entraîné par une force qui ne le laisse plus maître de lui, le menteur ne parvient plus à se délivrer du mensonge, l'ivrogne est lié à son ivrognerie, l'avare s'enfonce toujours plus avant dans son avarice, le mal sert de châtiment au mal, et ce n'est qu'aux prix d'efforts douloureux, à travers mille rechutes humiliantes, que l'on ralentit ou que l'on enraye la descente fatale.

Pour la même raison, il est permis d'affirmer que l'une des plus sérieuses récompenses du bien consiste dans l'appui qu'une bonne action apporte à celui qui l'accomplit. C'est une force qu'il y puise. Dans la vie morale chaque victoire est un gage de victoires futures, comme chaque défaite est un affaiblissement, un entraînement de plus, une menace de nouvelles chutes. La vertu produit la vertu; l'homme qui a pris l'habitude de vivre dans la règle, dans l'ordre, dans l'accomplissement du devoir, n'est pris au dépourvu par aucune tentation. S'il n'est jamais dispensé de combattre, s'il a toujours de efforts et des progrès à faire, il y a du moins certains combats qu'il n'a plus à livrer, certaines hontes qu'il ne connaît plus.

SANCTIONS SOCIALES.

La société vient en aide à la loi morale et lui apporte, elle aussi, ses sanctions, qui sont souvent les plus efficaces sur la généralité des hommes. Les lois sociales répriment et punissent les attentats contre les personnes et contre les biens : le meurtre, le vol, la fraude, les violences, certains excès visibles et manifestement préjudiciables à la société, injures, diffamation, ivresse manifeste.

La société a aussi imaginé des récompenses pour certaines vertus; mais ici son action est bien moindre. Si la crainte des gendarmes, des juges, de la prison, de l'amende et des autres pénalités inscrites dans la loi peut étouffer dans leur germe un grand nombre de mauvaises actions, il est fort rare que l'espoir des récompenses en fasse naître de bonnes.

Sans doute le désir d'une distinction, d'une marque d'honneur, d'un grade, d'un avancement, peut encourager, exciter, soutenir certaines natures dans l'accomplissement du devoir; mais une vertu qui ne reposerait que sur un tel fondement serait à la fois bien douteuse et bien superficielle. D'autant que, la plupart du temps, la vertu a un caractère d'intimité et d'obscurité qui ne la désigne pas aux récompenses sociales; bien plus, on voit trop souvent la société s'égarer dans ses choix, et récompenser des actes dont l'inspiration n'est rien moins que vertueuse.

L'histoire, d'autre part, est pleine d'exemples de châtiments qui sont tombés sur des innocents, et les erreurs judiciaires fourmillent encore de nos jours.

Il est vrai que c'est plus encore par la force de

l'opinion que par la puissance des lois que s'exercent les sanctions sociales. Il y a un grand nombre d'actes répréhensibles que la loi n'atteint pas ; des actes de déloyauté, d'ingratitude, d'avarice, de dureté. L'opinion les flétrit ; elle va même souvent au delà des simples apparences, et malgré la correction extérieure, elle sait poursuivre et blâmer les sentiments mauvais, haineux, mesquins, égoïstes. Elle réussit à pénétrer les masques et à déjouer l'hypocrisie.

Elle discerne souvent les vertus cachées, elle entoure d'estime les existences honnêtes, et un grand nombre d'hommes regardent la considération publique comme l'une des plus hautes et des plus précieuses récompenses de leurs efforts. Ils se résignent à des échecs, à des misères de tout genre, ils traversent de dures épreuves, à la condition que l'estime du monde ne leur fasse pas défaut : elle leur sert d'encouragement et de consolation.

Par une suite naturelle, la société tient en réserve des succès pour ceux qu'elle estime ; l'ouvrier laborieux et probe, l'employé diligent, le marchand honnête, le citoyen dévoué trouvent autour d'eux un appui, une bienveillance, une confiance qui rendent leur tâche plus aisée et leur vie plus prospère. On s'éloigne au contraire des hommes vicieux ou suspects, et ils ne peuvent s'en prendre qu'à eux-mêmes si la société se montre sévère et dure à leur égard.

Que de fois pourtant l'opinion publique se trompe dans ses jugements ! Que de fois elle distribue injustement l'éloge et le blâme, la considération et le mépris ! Que de fois elle fait une fortune brillante au vice et un sort cruel à la vertu !

Ce serait donner au devoir une base trop fragile
que de l'appuyer seulement sur les sanctions sociales, souvent si terribles et si justes, souvent chan-
geantes et aveugles. L'honnête homme profite volontiers du concours que la société lui apporte; il ne
méconnaît pas l'influence qu'exercent leurs encouragements, et il ne fait pas fi de l'émulation du bien;
mais il ne laisse pas dépendre sa vertu de son
entourage; il ne livre pas sa conscience aux vents
de la mode; il ne soumet pas sa conduite aux préjugés et aux caprices de l'opinion.

SANCTIONS SUPÉRIEURES.

La société s'égare souvent dans ses appréciations;
la vertu ne trouve pas toujours parmi les hommes
sa récompense, ni le vice son juste châtiment; la
vie semble apporter indifféremment le bonheur ou
le malheur sans la moindre proportion avec le
mérite moral; telle est l'expérience universelle,
telle est du moins la plainte de tous les temps.

Le spectacle de la vertu persécutée et du vice
triomphant, de l'injustice des hommes et des choses,
le contraste entre la loi morale du mérite et du
démérite et les lois physiques dont l'engrenage
d'airain broie impitoyablement les existences humaines, sans distinction du bien ou du mal, ont suggéré
à l'homme la pensée que cette vie ne renferme pas
le dernier mot de notre destinée.

La conscience proteste contre ce désordre dans
la nature qui laisserait au mal la prédominance;
c'est la négation même de la loi morale, c'est un
défi aux convictions les plus profondes, aux axiomes

les plus évidents de notre esprit. Il faut que le mal
soit vaincu, il faut que le bien l'emporte, il faut que
le divorce cesse entre le bien et le bonheur, il faut
qu'une vie future rétablisse l'ordre troublé. Nous
pouvons, nous devons faire le bien sans souci de
récompense; ce n'est pas pour notre propre compte
que nous réclamons un meilleur état de choses; le
vice n'a rien à gagner à une exacte rétribution et la
vertu se suffit à elle-même. Mais c'est au nom des
principes que proclame la conscience, c'est au nom
de l'harmonie universelle que ce meilleur état de
choses est désirable, est nécessaire. La notion même
de la justice implique la vie future.

Notre destinée morale ne l'exige pas moins.

Nous portons en nous un attrait vers l'idéal, une
image et un instinct de la perfection; nous sommes
faits pour y tendre, et nous ne connaissons pas de
repos véritable tant que nous n'y sommes pas par-
venus. Cette courte vie n'est qu'une ébauche; à
peine si les lignes de l'édifice que nous avons charge
de construire peuvent être tracées; la mort nous
frappe au milieu de notre tâche et l'ouvrage reste
interrompu.

Cette interruption blesse notre sens moral; il y a
dans la disproportion entre les ambitions infinies
dont notre âme est tourmentée, et cette part mes-
quine d'existence qui nous est dévolue, une ironie
atroce qui ne s'accorde pas avec la raison. On dit
bien que toutes les fleurs ne s'épanouissent pas, que
tous les fruits ne mûrissent pas, que tous les animaux n'arrivent pas au terme régulier de leur
carrière; mais il n'y a nulle comparaison à établir
entre les accidents qui dispersent plus ou moins
vite certaines combinaisons de matière et cette sorte

de banqueroute aux promesses de perfection et d'éternité qui sont la vie même de l'esprit.

La croyance à l'immortalité n'est pas une condition de la moralité, elle en est plutôt une conséquence. Plus la vie est haute, plus la conscience est éclairée et délicate, plus on paraît se rapprocher du but, plus aussi l'on a le sentiment d'en être encore infiniment éloigné, et plus irrésistiblement s'impose le besoin d'immortalité. L'immortalité n'est pas une récompense, elle est bien davantage; elle est le champ d'action qu'il faut à l'homme pour réaliser l'idéal.

L'idée la plus haute que nous puissions nous faire de l'homme, c'est qu'il est une personne. C'est par là que nous le distinguons de tout ce qui l'entoure. Nous ne concevons pas d'idéal plus élevé que la personnalité libre, agissante, dont la volonté se confond avec le bien. Aussi est-ce comme une personne que nous concevons l'être infini, éternel, la raison suprême et toute-puissante que nous appelons Dieu. C'est parce que Dieu est la perfection absolue, c'est parce que la loi morale est le reflet de sa volonté, qu'on peut le représenter comme un juge, comme le maître des humains, tenant la balance où il pèse leurs actes et leurs sentiments, et décidant le sort qu'ils ont mérité. Il n'y a dans ses décisions aucun caprice; elles sont l'expression même de la justice et de la vérité. Nous disons qu'il est bon et miséricordieux parce que la loi morale tient compte des faiblesses et des luttes de l'homme, parce que la justice aveugle est contraire à la vraie justice, dont la raison ne se sépare pas, parce que la bonté est inhérente à la perfection.

Obéir à la loi morale, accomplir son devoir,

vouloir le bien, faire la volonté de Dieu, c'est une seule et même chose. Sous quelque nom que nous désignions cet effort, qui est l'essence même de la vertu, le résultat est le même.

Il y a sans contredit de la grandeur dans l'austère moralité qui ne prend conseil que d'elle-même et ne fléchirait point, quand même la loi morale ferait retentir ses ordres impersonnels dans les cieux vides et désolés. Mais il y a plus de douceur et de joie à se sentir en harmonie avec la loi vivante, avec l'esprit parfait, avec la personne divine ; c'est une force de plus pour la conscience, un plus vif attrait pour la volonté, une plus pleine satisfaction pour le cœur.

Arrière toutefois les lâches espérances de gratification, l'échelle des mérites ou des faveurs, la soif immorale de récompenses, l'abaissement du devoir au rang de calcul et de spéculations égoïstes, l'obéissance par peur ou par intérêt !

Quelles qu'elles soient, les sanctions de la loi morale pâlissent devant l'éclat rayonnant de cette loi elle-même ; elles occupent une place secondaire ; elles ne peuvent que servir d'appui à notre faiblesse, que nous aider à franchir de degré en degré les étapes qui nous séparent de la perfection, de la vertu désintéressée, du devoir pur, du bien suprême.

TABLEAU SYNOPTIQUE

La morale...........{ SON OBJET.
SA DIVISION..........................{ morale théorique.
morale pratique.

La conscience morale..{ DISCERNEMENT INSTINCTIF DU BIEN ET DU MAL.
DÉVELOPPEMENT DE LA CONSCIENCE.......{ dans l'humanité.
dans l'homme { par la famille.
par l'école.
par la société.
par l'expérience personnelle.

La responsabilité......{ SON FONDEMENT (la liberté morale).
SES CONDITIONS (raison, intention, etc.)
SES DEGRÉS ET SES LIMITES (responsabilité directe, indirecte, etc.)

La loi morale.........{ SES CARACTÈRES.....................{ elle est impérative { obligation.
non-nécessité.
— universelle.
— permanente.
— immuable { dans son fond.
non dans ses applications
SES SOURCES.....................{ ne sont pas l'intérêt { personnel immédiat.
bien entendu.
— le plaisir.
— le bonheur.
— la sympathie.

Le bien ....{ FONDEMENT DE LA LOI MORALE.
CONFORMITÉ AVEC LA FIN DE L'HOMME.
DIGNITÉ DE LA PERSONNE HUMAINE.

Le devoir...........{ RAPPORTS DES DROITS ET DES DEVOIRS.
UNITÉ DU DEVOIR.
DIVISION DES DEVOIRS...............{ individuels.
sociaux { de justice.
de charité.
religieux.

La vertu...........{ ACQUISE PAR L'EFFORT.
FACILITÉE PAR L'HABITUDE.
LES DIFFÉRENTES VERTUS.
UNITÉ DE LA VERTU.

Les sanctions de la morale...........{ RAPPORT DE LA MORALE ET DU BONHEUR.
SANCTIONS INDIVIDUELLES...............{ remords.
satisfaction.
conséquences physiologiques.
dégradation croissante.
progrès moral.
SANCTIONS SOCIALES.....................{ la loi { répression.
récompenses.
l'opinion { le mépris public (la misère).
la considération (la prospérité).
SANCTIONS SUPÉRIEURES..................{ l'immortalité de l'âme.
la volonté de Dieu.
le bien suprême.

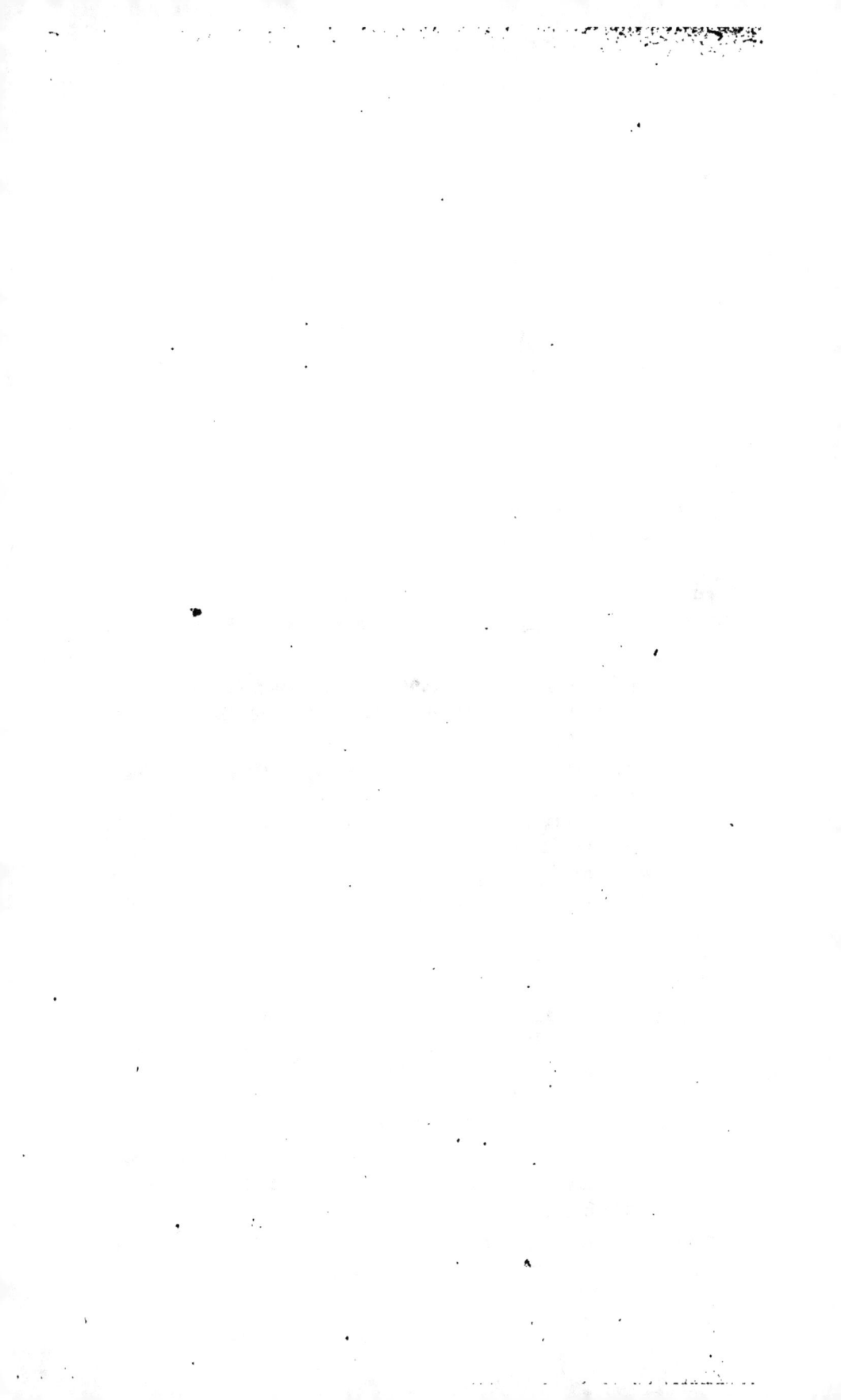

MORALE PRATIQUE

APPLICATIONS

Devoirs individuels. — Leur fondement. — Principales formes du respect de soi-même : les vertus individuelles (tempérance, prudence, courage, respect de la vérité, de la parole donnée, dignité personnelle, etc.)

Devoirs généraux de la vie sociale. — Rapports des personnes entre elles.

Devoirs de justice. — Respect de la personne dans sa vie ; condamnation de l'homicide ; examen des exceptions réelles ou prétendues : cas de légitime défense, etc.

Respect de la personne dans sa liberté ; l'esclavage, le servage, liberté des enfants mineurs, des salariés, etc.

Respect de la personne dans son honneur et sa réputation : la calomnie, la médisance ; — dans ses opinions et ses croyances : l'intolérance ; dans ses moindres intérêts, dans tous ses sentiments : menues injustices de toutes sortes ; l'envie ; la délation.

Respect de la personne dans ses biens ; le droit de propriété ; caractère sacré des promesses et des contrats.

Devoirs de charité. — Obligation de défendre les personnes menacées dans leur vie, leur liberté, leur honneur, leurs biens. La bienfaisance proprement dite. Le dévouement et le sacrifice.

Devoirs de bonté envers les animaux.

Devoirs de famille. — Devoirs des parents entre eux ; des enfants envers leurs parents ; des enfants entre eux. Le sentiment de la famille.

Devoirs professionnels. — Professions libérales, fonctionnaires, industriels, commerçants, salariés et patrons, etc.

7.

Devoirs civiques. — La patrie. L'État et les citoyens. Fondement de l'autorité publique. La constitution et les lois. Le droit de punir.

Devoirs des simples citoyens : l'obéissance aux lois ; l'impôt ; le service militaire ; le vote ; l'obligation scolaire.

Devoirs des gouvernants.

Devoirs des nations entre elles. — Le droit des gens.

Devoirs religieux et droits correspondants. — Liberté des cultes. Rôle du sentiment religieux en morale.

Application des principes de la psychologie et de la morale à l'éducation.

MORALE PRATIQUE

APPLICATIONS

LA MORALE PRATIQUE

La morale pratique est l'application des théories
morales. Nous avons vu les principes généraux qui
sont la source et la règle de la morale ; on ne peut
se borner là. Nous ne sommes pas seulement des
êtres qui pensent, nous sommes des êtres actifs ;
nous vivons au milieu de nos semblables, nous
avons avec eux des rapports de tous les instants.
Qu'est-ce qui déterminera notre attitude dans nos
rapports sociaux ? Sera-ce la force brutale ? Sera-ce
l'intérêt seul ? Sera-ce le plaisir ? Sans doute ces
éléments jouent un grand rôle dans la vie sociale.
Sans doute l'homme obéit à la force quand il ne la
possède pas, et il s'en sert, en use et en abuse
volontiers quand il la possède. Sans doute l'intérêt
est souple, ingénieux, retors, prend mille figures,
donne mille conseils, parfois contradictoires, parce
que l'intérêt d'un jour peut n'être pas celui du lendemain. Sans doute le plaisir, la passion, sous
toutes les formes, usurpent fréquemment auprès
des hommes le rôle de guides, guides aveugles,
selon l'expression bien connue, qui font tomber
d'autres aveugles dans la fosse.

Nous avons déjà vu que l'homme a un guide plus sûr, une lumière plus pure et plus constante qui, si elle brille d'un merveilleux éclat dans la théorie, répand aussi les plus utiles clartés dans la pratique. La morale guide l'homme à travers les méandres les plus compliqués, au milieu des circonstances les plus difficiles ; elle n'est jamais à court de conseils, d'indications, d'ordres précis. Une fois le principe trouvé, tout le reste découle de soi.

Il est bon néanmoins de savoir d'avance comment, dans ses grandes lignes, le devoir dicte la conduite que nous avons à tenir. Il ne s'agit pas de tracer une série de préceptes indépendants les uns des autres, une suite de cas de conscience, un nombre quelconque d'actes à accomplir ou de fautes à éviter. La morale pratique n'est pas une énumération, elle est une application.

Quand une fois nous avons saisi par l'esprit, par le cœur, par la conscience le principe général et primordial, l'essence du devoir, une logique sûre nous en déduit intérieurement les conséquences, un instinct fidèle nous en révèle les applications. Qu'un cas se présente, inattendu, subit, sans précédent dans notre existence, nous saurons l'éclaircir, le résoudre ; nous portons avec nous une boussole dont l'orientation nous guidera ; ce n'est pas la fantaisie qui se charge de nous mener. La rectitude de notre conduite dépendra de la rectitude de nos principes.

Le devoir est unique en lui-même ; c'est l'obéissance aux ordres de la conscience, c'est la recherche du bien et du vrai, c'est le plein et entier développement de la nature humaine en soi et dans les autres. Ce devoir unique a des applications multi-

ples; il prend des formes diverses selon les circonstances et les objets. Le devoir se traduit par une
multitude de devoirs.

Pour mettre de l'ordre dans ce chaos apparent
des devoirs innombrables qui se croisent à chaque
heure de notre existence, il est utile de les diviser
en diverses catégories, selon la nature des relations
auxquelles ils se rattachent.

L'homme a des devoirs envers lui-même; ce sont
les devoirs individuels.

Il a des devoirs envers les autres hommes: ce
sont les devoirs sociaux. Ces derniers devoirs se
divisent à leur tour.

Il y a les devoirs envers les personnes, devoirs de
justice et de charité qui peuvent même s'étendre
aux êtres inférieurs, aux animaux.

Il y a les devoirs de la famille, devoirs des
enfants, des parents, des époux.

Il y a les devoirs relatifs aux différentes professions que nous pouvons embrasser.

Il y a les devoirs envers la patrie, devoirs civiques
qui comprennent à la fois l'obéissance et l'indépendance, le dévouement aux intérêts collectifs
dans leur conflit avec les intérêts des autres peuples.

Il y a, enfin, les devoirs envers l'humanité, envers
Dieu, envers la vocation humaine prise dans son
sens le plus général et le plus élevé, qui ne sont en
réalité qu'un autre aspect des devoirs de l'homme
envers lui-même.

DEVOIRS INDIVIDUELS

LEUR FONDEMENT. — PRINCIPALES FORMES DU RESPECT DE SOI-MÊME. — LES VERTUS INDIVIDUELLES : TEMPÉRANCE, PRUDENCE, COURAGE, RESPECT DE LA VÉRITÉ, DE LA PAROLE DONNÉE, DIGNITÉ PERSONNELLE, ETC.

LA SOURCE DES DEVOIRS INDIVIDUELS

Est-il vrai que l'homme ait des devoirs envers lui-même ? Oui, par le seul fait qu'il est une personne morale. Tous les devoirs de l'homme aboutissent en dernier ressort à ce qu'il se doit à lui-même ; il n'a des devoirs envers les autres que parce qu'il est doué de conscience, de raison, de responsabilité. Ce sont ces hautes facultés qui l'obligent. Elles l'obligent aussi bien quand il est seul que lorsqu'il est au milieu de ses semblables.

Voici un homme seul. Nul ne le voit, nul ne l'entend. Il se promène dans un lieu désert; il est enfermé dans des murs épais. Il n'a de comptes à rendre à personne. Est-il pour cela dégagé de toute obligation ? A-t-il perdu sa qualité d'être moral ? N'a-t-il plus le sentiment du bien et du mal? Ne porte-t-il plus en lui les dons merveilleux de l'intelligence, de la sensibilité ? A-t-il été dépouillé de la sublime vocation qui est inhérente à la nature même de l'homme et qui le porte à s'élever vers la justice, vers la vérité et vers la bonté ? Non, tout cela lui reste parce qu'il est homme.

Un tel être occupe une place éminente dans l'échelle des êtres, et il est digne de respect autant dans la solitude que dans la société de ses semblables. Il le sait, il le sent, et c'est pour ne pas manquer au respect qui lui est dû, au respect qu'il se doit à lui-même, qu'il veille sur ses sentiments et sur ses actions.

Si le respect de la nature humaine chez les autres est le fondement de la morale sociale, le fondement des devoirs individuels est le respect de soi-même.

Ce point est des plus considérables dans l'enseignement de la morale, et il est de la plus haute importance dans la pratique de la vie. On peut, par entraînement, par sensibilité, par vanité, accomplir des actions que les hommes louent ; on peut, vis-à-vis des autres, prendre l'habitude de s'observer et en arriver à ne plus commettre de fautes qui attirent la réprobation publique. Mais porter partout avec soi le respect de soi-même, le sentiment de la grandeur et de la noblesse de notre vocation, avoir le mal en horreur parce qu'il dégrade, s'attacher fortement au bien parce qu'il est seul digne de nous, voilà une source inépuisable de bonnes actions, la source secrète d'une vie noble et pure.

PRINCIPALES FORMES DE RESPECT
DE SOI-MÊME

Vertus individuelles.

C'est dans la vie entière, dans les petites choses comme dans les grandes que le respect de soi-même trouve à s'exercer. Il se trahit par la démarche, par les manières, par le vêtement, par le langage, par tous les actes. Il trouve sa véritable expression dans les vertus individuelles par lesquelles l'homme montre qu'il est maître de soi, qu'il se préoccupe de la conservation, du perfectionnement et de la dignité de son être.

D'après une désignation qui remonte aux moralistes de l'antiquité, les principales de ces vertus portent communément les noms de Tempérance, Prudence, Courage ; elles se rapportent aux trois grandes facultés de l'homme, la sensibilité, l'intelligence et la volonté.

Cette distinction est purement théorique, car il est impossible, dans la pratique, d'abstraire une de ces facultés des deux autres. Toute vertu qui met l'une d'elles en branle fait également appel aux autres. Il n'y a pas d'acte vertueux sans l'intervention de la volonté, sans l'action de l'intelligence, sans l'influence du sentiment.

Considérons toutefois, dans l'intérêt de la clarté, ces différentes vertus successivement ; on peut les séparer par le raisonnement ; la pratique doit les réunir.

LA TEMPÉRANCE

La tempérance est le pouvoir que la raison exerce sur les entraînements des sens. La nature a attaché un certain plaisir à la satisfaction des besoins de la vie ; lorsqu'ils sont satisfaits, l'impression de ce plaisir subsiste. Les sens charmés le réclament encore ; peu à peu, si l'homme leur obéit, ils renouvellent plus fréquemment leurs exigences, et ils prennent un tel empire que ce n'est plus lui le maître ; il ne commande plus, il est esclave.

Cela est juste l'opposé du devoir, qui veut que l'homme soit maître de lui-même, que la raison commande aux sens, que l'esprit domine la matière. La soumission aux suggestions des sens entraîne l'homme dans la voie inverse de celle que lui trace la vocation morale ; elle l'affaiblit, elle l'abaisse, elle épaissit, elle émousse ses facultés ; elle l'engourdit, elle l'endort ; elle porte atteinte à son intelligence, à sa volonté, à sa sensibilité morale, à sa sensibilité physique elle-même, qui perd la délicatesse de ses perceptions, et finalement, dans un grand nombre de cas, à sa santé et à sa vie.

Ces dommages, sans doute, ne sont pas les mêmes chez tous ; ils correspondent au degré d'abaissement où l'homme se laisse descendre, au degré de résistance qu'il oppose à la tentation. Mais il n'est jamais indifférent de capituler devant une injonction des sens, de sortir des limites assignées par le besoin, par la raison, de se livrer à un excès ou à la mollesse, d'abuser de ce qui nous est donné pour l'usage.

Au lieu d'en retirer ce qui est le fruit naturel de toute jouissance réglée, de la force, du courage, un repos salutaire, de nouveaux éléments d'action, l'homme ne recueille de l'intempérance que faiblesse, amertume, dégoût. Les premiers abords l'enchantaient ; l'imagination allumée lui dépeignait un éden ; il se heurte à des déceptions ; ses pieds s'enfoncent dans la fange ; ses sens inertes ne s'éveillent plus que de courts instants sous les excitations les plus vives, et ils n'en deviennent que plus impérieux, plus tyranniques, plus absolus.

La pente est des plus glissantes, et l'homme a bientôt fait de tomber des complaisances qu'il croit les plus inoffensives dans les excès les plus hideux. Il faut plus de fermeté d'âme, plus d'énergie de volonté pour se retenir en route que pour se tenir sur la réserve, pour refouler le courant que pour veiller à ne s'y pas engager, et c'est souvent un travail d'Hercule de rompre des liens, de briser des habitudes, de dompter les fauves déchaînés de l'intempérance, lorsque c'eût été un effort facile de résister aux premières tentations.

C'est d'abord l'amour de l'aise et de la bonne chère ; c'est un certain penchant à la gaieté bruyante que procure le vin ; c'est une élégante légèreté de propos et de conduite.

Mais laissez l'habitude et le temps faire leur œuvre : ce sera la gourmandise égoïste et lourde, la paresse et la lâcheté ; ce sera l'ivrognerie, qui ravale l'homme au-dessous de la bête ; ce sera la débauche, avec son cortège de honte et de ruine.

L'amertume et le dégoût même, que procure le

vice, loin d'en guérir, ne font qu'y pousser plus avant. On y cherche un rajeunissement de plaisir, on imagine de nouveaux raffinements, on lutte contre la satiété et l'ennui, on lutte contre le mépris de soi-même et contre le remords. On cherche l'engourdissement, et l'on s'enfonce lentement dans ce fleuve d'oubli chanté par les anciens, dont la surface peut être brillante, mais dont les eaux épaisses sont nauséabondes et mortelles.

Est-ce à dire que dans sa résistance aux entraînements des sens, l'homme doive aboutir à la privation, au jeûne, à la souffrance? Non, la morale ne réclame pas de telles exagérations. Elle ne proscrit pas la recherche des sensations agréables; elle ne veut pas que cette recherche empiète sur l'autorité de la raison et sur la dignité de la vie. Elle ne réprouve pas l'usage des plaisirs que la nature même nous rend aptes à goûter; elle en proscrit l'usage à contre-temps, l'usage passionné, l'usage dégradant.

Les choses les plus innocentes peuvent devenir funestes et coupables par l'abus. Il est bien indifférent de fumer du tabac ou de ne pas fumer; mais si l'on pousse cette habitude jusqu'à ne pouvoir plus la dominer, jusqu'à se rendre malade, nuisible à soi-même et incommode aux autres, c'est un défaut digne de blâme. Le jeu est une récréation innocente, parfois utile; mais s'il devient un besoin impérieux, une passion violente, qui entraîne, qui aveugle, il passe au rang des vices. Les spectacles peuvent être un délassement, un enseignement, un instrument de culture; mais si nous y cherchons un amusement hors de propos, une dissipation, un moyen de nous étourdir, de nous oublier, de passer le temps d'une manière facile et excitante dont nous ne savons plus nous priver, ce passe-temps devient coupable. On peut faire la même remarque pour le manger, le boire, le dormir, pour tous les besoins et pour tous les plaisirs du corps. L'usage en est légitime, l'abus en est funeste et vicieux.

Quelle est donc la règle à suivre? Nous l'avons donnée. Rester maîtres de nous, confier à la raison la conduite de notre vie, fuir tout ce qui trouble l'équilibre de notre volonté, la lucidité de notre esprit, tout ce qui porte atteinte à notre dignité morale, tout ce qui fait de nous des serviteurs, des esclaves de la matière, du plaisir, de l'habitude, tout ce qui ne concourt pas au but que nous assigne notre vocation, le perfectionnement moral.

Les actes cessent d'être indifférents quand ils nous jettent hors de nous-mêmes, quand ils nous arrachent le gouvernement de notre être, quand ils nous rabaissent, nous rapetissent, nous assujettissent à un pouvoir étranger, quand ils s'affranchissent du contrôle de la raison et de la conscience. C'est là que finit l'usage, c'est là que commence l'abus.

Ce ne sont pas seulement les entraînements des sens qui sont contraires à la dignité personnelle et au respect de soi-même; ce sont aussi les mouvements désordonnés de l'âme. Nous devons maîtriser notre sensibilité dans ses emportements.

Les impatiences, qui agitent et qui brûlent, les désirs impétueux, qui si souvent déraisonnent, détruisent l'équilibre de notre être, le troublent et le ravagent.

La colère, la fureur, la rage, qu'on prend quelquefois pour un signe de force et d'autorité, ne sont, au contraire, que des marques de faiblesse, la soumission à des impulsions qui nous dominent. N'eussent-elles aucun témoin, ne fussent-elles suivies d'aucun acte, elles n'en ont pas moins des effets regrettables; elles congestionnent le cerveau, elles aveuglent l'esprit, elles abaissent et dégradent à ses propres yeux celui qui s'y livre; il s'amoindrit dans ces crises qui sont une véritable maladie de l'âme.

LA PRUDENCE

La prudence est la vertu de l'homme qui développe et exerce son intelligence conformément aux lois de la nature, en vue de la justice et de la vérité.

LE SAVOIR.

Il ne faut pas considérer le savoir comme un luxe; il est une nécessité et un devoir. Nous apportons avec nous une curiosité qui ne peut se satisfaire que par la connaissance, et dont on peut même dire qu'elle grandit à mesure que nos connaissances grandissent. Nous devons nous instruire, cultiver notre esprit, profiter de tous les moyens de savoir que la civilisation a accumulés autour de nous et que nous ont préparés les générations antérieures.

Il est indigne de l'homme de croupir dans l'ignorance, de passer indifférent à côté des sciences qui lui ouvriraient les mystères des choses, soit de l'histoire de notre race, soit de la nature. Il ne doit jamais se consoler d'ignorer, jamais prendre son parti des ténèbres. Il est fait pour la lumière.

Nous n'avons pas le droit de mépriser ceux qui ne savent pas, car nous ne sommes pas juges de la mesure dans laquelle ils sont responsables de leur ignorance : le temps, les occasions, les secours ont pu leur manquer. Mais nous devrions nous mépriser nous-mêmes si, pouvant apprendre, nous ne le faisions pas. Celui qui prend sur son plaisir, sur son repos, sur ses veilles, le temps nécessaire à l'instruction, a un juste sentiment de ce qu'elle vaut et ajoute ainsi à sa valeur personnelle; il s'enrichit de trésors que l'adversité ou la violence ne lui pourront ravir.

L'EXAMEN.

Apprendre n'est pas tout; il faut discerner ce qu'on apprend. Il ne manque pas d'erreurs dans les livres et dans l'enseignement des hommes. Nous avons à faire un choix, à appliquer notre raison aux choses qui nous sont dites. A l'étude nous devons joindre la réflexion, l'examen. Nous devons, pour ainsi dire, tâter et éprouver les esprits, ne pas nous livrer au premier venu, ne pas nous abandonner à l'autorité d'autrui, sans défiance et sans contrôle.

Nous sommes entourés de traditions légèrement acceptées, de superstitions qui se passent de main en main et qu'on transmet aux autres parce qu'on les a reçues, de préjugés qu'il est plus commode de répéter naïvement que d'examiner à fond.

La prudence ordonne d'y regarder de près, de ne pas se contenter de sentences vulgaires, de croyances banales et irréfléchies. La crédulité qui reçoit de toutes mains, qui accueille avec avidité tous les bruits, toutes les nouvelles, toutes les opinions qui

courent les rues, qui s'exalte ou s'abat aux sons du
dehors, qui fait et défait en un clin d'œil les héros
ou les saints, qui jette à tort et à travers l'admiration ou le blâme est plus qu'une faiblesse; elle
est un vice. Elle ne fait pas seulement tort aux
autres, elle fait tort à nous-mêmes, elle est indigne
d'une âme droite, elle est tout à la fois la violation
de la justice et de la vérité.

LA SINCÉRITÉ.

Il arrive quelquefois qu'on a le vague pressenti-
ment d'être dans l'erreur, mais on n'ose pas regarder les choses en face, secouer le charme, rompre
avec l'opinion régnante; on se trouve bien sur le
mol oreiller de la coutume; on se repaît d'illu-
sions par paresse d'esprit, par indifférence. C'est
estimer trop peu la vérité et soi-même.

Nous n'avons pas le droit de nous tromper volontairement et de nous endormir dans le mensonge.
Nous devons être sincères avec nous, ne pas admettre
de faux-fuyants, de détours, de parties réservées,
mais aller droit à la difficulté pour la résoudre, à la
vérité pour la saisir et l'embrasser.

La sincérité est la plus haute et la plus précieuse
qualité de l'âme. Elle est le pur cristal où la vérité
se reflète.

LA PRÉVOYANCE.

L'homme prudent se met en souci de son avenir;
il applique son intelligence à le prévoir et à le préparer. Les natures légères vivent au jour le jour,
plus semblables en cela aux animaux qu'aux

numains. Elles gaspillent leur jeunesse, leurs
forces, leurs ressources ; elles mangent leur blé en
herbe, et quand vient le temps de la moisson, le
temps de tirer les réserves du grenier, de traverser
la rude saison, il n'y a plus rien que disette, déso-
lation et regrets.

La prévoyance, fille de la sagesse, est une vertu ;
elle se manifeste par l'ordre, l'économie, l'épargne.
Il suffit souvent d'appliquer son esprit, de faire
attention aux choses pour éviter des pertes
fâcheuses, et pour mettre de côté ce qu'on sera
heureux de retrouver plus tard, en temps opportun.
La prévoyance est plus facile aujourd'hui que
jamais ; la société a établi de nombreuses et ingénieuses institutions qui s'adressent à tous les âges,
à toutes les bourses, à toutes les situations. Elle a
institué des Sociétés de secours mutuels, des
Caisses de retraite pour la vieillesse, des Caisses
d'assurances contre tous les risques, des Caisses
d'épargne qui recueillent, pour les faire fructifier,
jusqu'aux centimes des écoliers.

Ce ne sont pas seulement des sous et des francs
qu'il faut mettre de côté ; ce sont aussi des souvenirs réconfortants, des souvenirs de bonnes
actions, des pensées et des connaissances de tout
ordre qui nous constituent une réserve pour les
jours de la vieillesse. Nous serons prudents en nous
préparant de solides amitiés, en nous ménageant
une conscience exempte de remords. Les folies et
les légèretés de la jeunesse laissent souvent après
elles une amertume qui empoisonne les années de
l'homme mûr. Il est sage d'y penser à temps, de ne
pas se leurrer par la sotte parole : « Il faut que
jeunesse se passe » et d'avoir pitié de soi-même en

ne se condamnant pas d'avance à verser plus tard des larmes inutiles.

LE COURAGE

Le courage a des formes différentes, mais elles proviennent toutes d'une même cause, le sentiment de la dignité personnelle, l'énergie de la volonté.

LE COURAGE HÉROIQUE.

La forme de courage la plus connue et la plus réputée est celle qui oppose une main ferme et un front calme aux dangers qui menacent notre personne ou notre vie. C'est une sorte de courage physique, mais dont la vraie source est au dedans de nous. C'est là le courage des héros, de ces personnages dont l'histoire nous a transmis les noms retentissants, c'est le courage d'un Codrus, d'un Léonidas, d'un Horatius Coclès, d'un Roland, d'un Bayard, d'un Turenne, du chevalier d'Assas, du trompette Escoffier, du préfet Valentin et de tant d'autres.

C'est le courage des héros anonymes qui se font tuer dans les batailles, qui bravent les flammes de l'incendie, la fureur des mers, la colère des foules, qui exposent leur vie comme en se jouant et qui disparaissent en silence.

Rien ne donne de la grandeur de notre race une plus imposante idée que le spectacle de ce courage froid et tranquille qui va au-devant des plus effroyables coups. S'il s'agit de la patrie, de l'humanité, de l'honneur, l'homme courageux est prêt

8

au sacrifice de son existence, parce qu'il sait que
reculer en pareil cas serait de la lâcheté, et que la
vie ne mérite pas d'être conservée à ce prix. Ce
serait en détruire la valeur, et perdre, en gardant
sa vie, les vraies raisons de vivre.

LE COURAGE PHYSIQUE.

Supporter sans cris ni plaintes la douleur physique, les souffrances de la maladie, d'un accident,
d'une opération, c'est aussi du courage, un courage
presque ausssi difficile, et dont les occasions sont
plus fréquentes. L'enfant lui-même, la femme surtout sont souvent appelés à montrer ce genre de
courage, à donner cette preuve de dignité. C'est la
volonté qui se raidit, qui refoule la souffrance, qui
étouffe les cris, qui domine les nerfs, qui commande au corps, qui fait véritablement acte et
démonstration d'autorité.

LA PATIENCE.

Moins visible, le courage est quelquefois fait de
patience; il s'agit de supporter bravement une
situation difficile, des ennuis réitérés, des coups
d'épingle, une longue attente, des déceptions, des
tristesses, des attaques sourdes. On se doit à soi-
même de garder en de telles circonstances la sérénité et la possession de soi. Une volonté forte
résiste à l'irritation dans les menus incidents de la
vie.

L'INITIATIVE.

Une forte volonté n'est pas pour cela passive.
Elle se manifeste par l'énergie de ses résolutions;

Elle n'attend pas d'être entraînée par les événements; elle ne se met pas à la remorque d'autrui; elle ne s'abrite pas derrière une responsabilité étrangère; elle se décide dans les conjonctures critiques; elle prend hardiment l'initiative.

LA PERSÉVÉRANCE.

Mais après avoir commencé, il faut continuer. L'initiative est une forme de courage; la constance en est une autre. Combien sont prêts à se lancer dans une entreprise qui se laissent peu à peu décourager et abandonnent la partie! Le proverbe n'est pas toujours vrai, qu' « il n'y a que le premier pas qui coûte. » Ce premier pas, on le fait délibérément, avec joie; puis viennent les lenteurs, les difficultés du chemin; on s'y accroche à des ronces; le but semble s'éloigner; on se lasse, on s'assied, on renonce.

La persévérance est la vertu des forts; car il ne faut pas confondre la force avec la violence. Une volonté maîtresse tient le corps et l'esprit en haleine, ne perd pas de vue le but qu'elle s'est assigné; quand la raison a vu clair, a prononcé, la volonté courageuse exécute, et exécute jusqu'au bout, sans défaillance.

Elle ne se contente pas de mettre la cognée à la racine de l'arbre; elle défend, quand on a commencé à frapper, de jeter le manche après la cognée et de se reposer avant que l'arbre soit à terre.

LE TRAVAIL.

On peut conclure de là que le travail est une forme de courage. Il est l'application énergique et persévérante de la volonté à une tâche prévue, honorable, qui remplit les journées, qui exerce les facultés, qui a un but prescrit et qu'on a résolu d'atteindre.

Ceux qui se plaignent d'avoir à travailler se plaignent d'être hommes.

Le travail n'est pas seulement une nécessité pour les gens qui sont dans l'obligation de gagner leur vie; il est un devoir pour tous et il est en même temps un bienfait.

Gardons-nous d'envier ceux qui se croient dispensés du travail par la fortune. Parce qu'ils sont riches, parce que le pain quotidien leur est assuré, parce qu'ils peuvent satisfaire leurs fantaisies, ils s'imaginent que le travail n'est pas fait pour eux; ils traînent une existence oisive, décousue, stérile, souvent à charge aux autres et à eux-mêmes. Ce sont les oisifs qui ont inventé l'ennui. Pour chasser l'ennui, que n'inventent-ils pas? Des distractions qui ne parviennent pas à détourner ce triste fantôme, des plaisirs multipliés, raffinés, coupables même, qui finissent par n'être plus une source de plaisir et pèsent bien autrement lourd que le travail.

Ces oisifs vont et viennent, s'agitent, changent de climat, rien ne comble le vide de leur existence. Engourdis par la paresse, n'ayant qu'un vernis d'instruction, parce qu'ils ont appris un peu en voyant beaucoup, mais n'ont rien appris sérieusement, ils sont incapables de prendre goût aux affaires publiques, à l'étude, à l'action, à rien de ce qui donne à l'homme le sentiment de sa force et de sa valeur.

Ce sont des femmes frivoles, des hommes légers,

des êtres inutiles qui peuvent disparaître de ce monde sans laisser plus de trace qu'un souffle qui passe sur la rivière et ride à peine la surface de l'eau.

Le travail est le grand bienfaiteur de l'humanité. C'est lui qui nous a fait sortir de la vie bestiale, et qui a créé la civilisation. Il est la source de la prospérité des peuples et des familles. Il donne au père le moyen d'élever ses enfants, aux enfants les moyens de devenir hommes. Il donne à la vie l'ordre et la régularité. Il est aussi nécessaire au développement de toutes les facultés humaines que l'air respirable à nos poumons. Le travail met en jeu le sentiment de la responsabilité, la volonté, l'intelligence, l'imagination, l'adresse, la vigueur de l'esprit et la vigueur du corps.

Les travaux de l'esprit veulent un corps bien portant, et les travaux du corps sont favorables à la santé de l'esprit.

Quelle que soit la nature du travail, qu'il s'adresse au cerveau, qu'il exige une main habile ou un bras robuste, qu'il produise une œuvre d'art ou un objet d'utilité commune, qu'il soit travail de cabinet, de bureau, d'atelier, de chantier, de caserne, il est bon, il est honorable, il est digne de respect.

On divisait autrefois les travaux en deux catégories : les arts libéraux et les arts illibéraux, les premiers comprenant les occupations de la science, de la guerre, de la politique, les seconds renfermant les métiers manuels et le négoce. Ces distinctions pouvaient convenir à l'antiquité grecque ou romaine qui étaient encore assez arriérées pour posséder l'esclavage, ou au moyen âge féodal qui divisait la société en nobles et en manants; mais

8.

elles n'ont aujourd'hui aucune raison d'être, elles ne reposent sur aucune idée juste.

Le travail est bon en lui-même, il est noble par essence, parce qu'il est la manifestation régulière de l'activité humaine, le triomphe de la volonté sur les entraînements de la matière. Le travail n'abaisse pas ceux qui s'y livrent, il les élève ; il n'est pas la marque d'une condition inférieure, mais un signe de grandeur d'âme ; il n'est pas un châtiment de la nature, il est un honneur et une vertu.

Ce n'est donc pas avec mollesse, par contrainte et par nécessité, sans goût, sans plaisir que nous devons travailler ; mais avec entrain, avec conviction, moins pour le gain pécuniaire que pour le gain moral. Le travail est notre champ de bataille. Comme les armées vont au combat, musique en tête, tambour battant, pour conquérir la gloire des armes, ainsi nous devons aller au travail : vivement, comme de braves gens, pleins de courage et de vaillance, sûrs de nous-mêmes et de la victoire.

LE COURAGE MORAL.

Le courage ne consiste pas uniquement à braver la mort, ou la souffrance, ou la fatigue. Il est un genre de courage que les plus hardis ne pratiquent pas toujours. C'est le courage de l'homme qui ne craint pas de rompre en visière avec l'opinion, d'encourir le blâme des personnes influentes ou qui lui sont chères, lorsqu'il s'agit d'affirmer ses convictions et de conformer sa conduite aux prescriptions de sa conscience.

Tel qui affronterait un feu de peloton ou ne craindrait pas de s'élancer sur l'ennemi la baïonnette en avant, reculé devant les sourcils froncés ou le regard sarcastique des gens dont il contrecarre les vues ou froisse les préjugés. S'il fallait défendre son opinion, son parti, son drapeau contre la violence, il en aurait le cœur. Mais on rit, on se moque; il n'y est plus; l'homme de convictions s'est évanoui; son courage ne tient pas devant le ridicule.

Nous devons lutter contre cette faiblesse. La timidité devient une lâcheté lorsqu'elle nous porte à sacrifier ce que nous considérons comme vrai et juste. Que les hommes parlent bien ou mal de nous, qu'ils rient ou qu'ils se fâchent, nous devons avoir jusqu'au bout le courage de nos convictions, de nos amitiés et de nos actes.

LE SUICIDE.

Le suicide paraissait aux anciens un acte de courage sublime; la dignité personnelle traquée, désespérée, aux abois, trouvait sa plus haute défense et son plus sûr refuge dans la mort. C'est ainsi que Caton d'Utique et Brutus se percèrent de leur épée pour ne pas assister à l'écroulement de la république romaine et à la ruine de la liberté.

Nous serions aujourd'hui plutôt tentés de voir dans le suicide un acte de faiblesse. Sans doute un tel jugement est dur à porter sur des êtres qui ont cherché, par le châtiment suprême qu'ils se sont infligé sans miséricorde, à échapper à la colère des hommes, à une misère sans issue ou au déshonneur. Leur volonté s'est réveillée; une lueur tragique a ébloui leur conscience; ils ont cru qu'ils s'appartenaient, qu'ils pouvaient disposer d'eux-mêmes, se soustraire à la loi commune, et ils ont mis à exécution leur résolution funeste dans un moment d'énergie farouche, mais tardive.

C'est plus tôt, c'est autrement qu'ils auraient dû déployer cette énergie ; c'est pour résister aux tentations qui les ont entraînés, c'est pour se racheter par le repentir, c'est pour subir les conséquences de leurs actes, et non pour les fuir.

Cette énergie, qui ne recule pas devant la mort, si elle avait été mieux appliquée, et à propos, aurait pu tirer le misérable des étreintes de la pauvreté, de la faim, du désespoir, lui refaire une existence tolérable et utile.

Cette énergie, au lieu de la jeter d'un seul coup dans la balance du destin, le malade aurait mieux fait de l'étendre, de la prolonger, de l'employer à supporter humainement, courageusement ses souffrances.

Parlons avec pitié, avec tristesse de ces désespérés ; leur vue s'est obscurcie ; leur raison s'est troublée ; il y a eu chez la plupart, au dernier moment, un accès de folie ; plaignons-les, mais ne les admirons pas.

Nul n'a le droit d'attenter à ses jours, de rompre violemment le fil de sa destinée. Nous avons la vocation de vivre ; nous sommes placés, on l'a dit, à un poste qu'il est honteux de déserter. Quels que soient les événements qui nous attendent, le vrai courage ne consiste pas à fuir, mais à rester. Mourir pour les autres est d'une grande âme, mourir pour soi-même est une défection.

RESPECT DE LA VÉRITÉ

LA VÉRACITÉ.

On pourrait croire que c'est uniquement un devoir envers les autres que de leur dire la vérité. Il s'agit en effet de ne pas les tromper, de ne pas leur faire tort en leur cachant la vérité qu'ils ont intérêt à connaître. Mais c'est aussi, c'est au premier chef, un devoir envers nous-mêmes.

Mentir, c'est moins encore tromper les autres que nous dégrader nous-mêmes. La parole a été donnée à l'homme pour dire la vérité. C'est sur cette confiance instinctive que sont fondés nos rapports avec les hommes. De deux choses l'une. Ou bien cette confiance subsiste, nous ne l'avons pas encore détruite, et nous en abusons odieusement pour donner aux gens le mensonge alors qu'ils attendent naïvement de nous la vérité : c'est une mauvaise action, véritablement basse et avilissante. Ou bien on se méfie de nous ; nous avons affaire à des gens qui ont déjà fait une triste expérience de la dissimulation des hommes, et nous leur donnons raison ; même si nous réussissons à les tromper, nous justifions, vis-à-vis de nous-mêmes, cette humiliante opinion. Qu'on le croie ou non, qu'il parvienne à tromper ou qu'il soit découvert, le menteur n'en est pas moins un être abaissé, avili ; il a commis un acte indigne, il a souillé ses lèvres, flétri sa conscience, dérogé à la noblesse de sa nature.

DIFFÉRENTES SORTES DE MENSONGES.

Sans doute, il y a des degrés dans le mensonge. Il est d'autant plus coupable que l'intention est plus perverse; il avilit d'autant plus que ses motifs sont plus bas. C'est le mensonge d'intérêt; il a pour objet un gain, qui devient malhonnête par le fait seul qu'il est dû à la tromperie. Ce gain peut être de l'argent, une place, un avantage honorifique : peu importe. Ou bien c'est le mensonge par vengeance, par méchanceté; c'est un piège tendu sous les pas d'une victime. Rien de plus odieux et de plus dégradant.

Quelquefois c'est la peur qui dicte le mensonge; on veut échapper à un châtiment, à une violence, à une persécution. Selon les cas, ce mensonge est plus ou moins grave. Il faut distinguer entre celui qui cherche à fuir par le mensonge un châtiment mérité, qui veut décliner la responsabilité et les conséquences de ses actes, et celui qui s'enveloppe de dissimulation pour éviter un injuste traitement. Le premier fait un mensonge que le sentiment de sa faute aggrave, loin de l'atténuer; l'autre se rend coupable d'une faiblesse; il manque de courage encore plus que de sincérité.

Il se rencontre des circonstances tragiques, dans l'histoire des temps troublés, où nous ne pouvons juger une telle faiblesse qu'avec indulgence; mais il est certainement plus digne de l'honnête homme de dire en tout la vérité, quoi qu'il advienne; nous nous inclinons avec admiration et respect devant ceux qui confessent la vérité à tout risque et qui dédaignent de sauver leurs biens, leur liberté ou leur vie au prix d'un mensonge.

Beaucoup de mensonges sont dus à la vanité. On veut paraître plus qu'on n'est; on n'espère pas retirer de cette tromperie un bénéfice matériel; c'est l'opinion des hommes qu'on veut conquérir par fraude. On se fait passer pour riche, pour savant, pour brave, pour spirituel; on raconte des aventures imaginaires, des mots inventés; on veut étonner, forcer l'admiration, tout au moins produire la surprise; on exagère démesurément les faits réels ou l'on en crée de toutes pièces. C'est le Menteur de la comédie de Corneille, qui ment pour le plaisir de mentir; c'est le Marseillais ou le Gascon de la légende, qui a vu des choux gros comme une maison et des marmites vastes comme une église; c'est le berger qui crie au loup pour rire de la frayeur de ses compagnons.

Voilà un plaisir qu'il vaut mieux ne pas se donner; il n'a rien qui relève celui qui le recherche; il place le narrateur qui se bat les flancs au-dessous de l'auditeur de bonne foi; le vaniteux qui se surfait avoue par là-même son infériorité réelle; il y joint le ridicule de sa vanité.

Ce n'est pas à dire qu'il faille ranger dans la catégorie des mensonges blâmables les ouvrages d'imagination, les contes, les fables, les romans, les poèmes, qui ont pour objet d'amuser ou d'instruire le public. Ce sont là des inventions sur lesquelles chacun sait à quoi s'en tenir, dont l'intention n'a rien de coupable, et dont le mérite se mesure tout ensemble à la valeur morale et à la valeur littéraire du récit.

FIDÉLITÉ A LA PAROLE DONNÉE

Quand j'ai pris un engagement, je suis lié non seulement vis-à-vis d'autrui mais surtout vis-à-vis de moi-même. Pourquoi a-t-on exigé de moi une promesse ? Pourquoi m'a-t-on demandé ma parole ? C'est parce qu'on a fait ce raisonnement : « Voilà un homme qui se prend au sérieux, comme il doit le faire, qui se respecte lui-même, qui sait ce que vaut sa parole, qui ne la regarde pas comme un vain bruit dont on peut rire, mais comme l'expression de sa personne, de sa volonté, de sa dignité ; cette parole, il me l'a donnée ; donc il la tiendra, car en ne la tenant pas, il s'infligerait à lui-même un déshonneur dont la seule pensée lui ferait monter la rougeur au front. »

Tel est en effet le raisonnement en vertu duquel les hommes échangent des promesses ; elles sont une marque de confiance réciproque, fondée sur le sentiment de la dignité personnelle. Là où les promesses verbales ne suffisent plus, c'est que les hommes ont appris à se mépriser les uns les autres.

Le serment n'est pas autre chose que la parole donnée solennellement, et qui prend Dieu à témoin de la sincérité et de la fidélité de l'engagement. Il y a une différence de forme, de gravité dans le ton, dans l'accent, dans l'attention prêtée, dans la portée matérielle entre le serment et la parole donnée ; il n'y en a pas dans le fond et dans la portée morale. Le serment et la parole donnée offrent l'un et l'autre en gage les sentiments les plus élevés, les plus profonds de l'âme humaine. Si Dieu est témoin d'un serment, il l'est aussi de la simple promesse. Si notre honneur est lié à tenir un serment juré, il l'est aussi à tenir une parole donnée volontairement. La Bruyère a dit de l'honnête homme : Son caractère jure pour lui.

Le serment implique sans doute de notre part plus de réflexion, plus de maturité et d'énergie dans notre résolution ; mais il est aussi de notre devoir de ne pas prendre d'engagement à la légère, de ne pas donner notre parole en l'air et au hasard, de ne pas promettre sans avoir la volonté et sans nous être assuré les moyens d'exécuter notre promesse. Les promesses imprudentes sont un des fléaux de la vie ; elles peuvent nous embarrasser, nous compromettre, nous ruiner : cela est vrai. Il en est de même de toutes les légèretés et de toutes les folies. C'est une raison pour ne pas s'y engager, pour veiller sur soi, pour ne se laisser guider que par la raison et la justice ; mais ce n'est pas une raison pour ajouter une faute à une autre, pour aggraver sa légèreté par une infidélité, et changer une imprudence en un mensonge, une témérité en une trahison.

On pense quelquefois que le serment est réservé plus particulièrement aux natures religieuses, qu'il est la forme naturelle ou nécessaire de leurs engagements, tandis que la parole donnée doit avoir moins de poids à leur yeux, leur sembler plus banale et plus indifférente. C'est oublier le simple et viril précepte de Jésus : « Ne faites pas de serments ; que votre oui soit oui, que votre non soit non. »

La parole d'un honnête homme est un serment ; elle est sacrée à ses yeux ; il la tiendra quoi qu'il lui en puisse coûter ; il la tiendra parce qu'il l'a donnée,

parce qu'il se mépriserait lui même s'il y manquait:
il la tiendra parce que c'est la plus élémentaire des
vertus, celle des hommes simples, des peuples
primitifs, et que s'abstenir de pratiquer une telle
vertu, c'est se mettre délibérément au dessous des
plus misérables.

Et qu'on ne dise pas : « Je n'ai rien écrit, on ne
peut pas me contraindre ». Il ne s'agit pas ici de ce
qu'on doit aux autres, mais de ce qu'on se doit à
soi-même. Qu'on ne dise pas non plus en certains
cas : « Je n'ai pas pris d'engagement formel; je n'ai
pas fait de promesse directe et précise. » Il y a des
cas où l'on s'est lié sans parler, où les événements
nous ont imposé une promesse tacite, où l'on a laissé
voir, laissé croire qu'on acceptait un engagement,
où l'on s'est en réalité engagé vis à vis de sa propre
conscience.

C'est elle qui réclame, et quand elle ordonne, il
faut obéir ; il faut obéir, même si l'on pouvait se
dégager vis à vis des hommes sans honte apparente.
La vertu consiste non à les contenter, mais à contenter sa conscience, non à être d'accord avec eux,
mais en règle avec soi.

Ce n'est ni par intérêt, ni par crainte, ni par
nécessité, ni par vanité, ni par faiblesse que nous
devons tenir notre parole : c'est par fierté d'âme.
Être fidèle à sa parole, c'est se respecter soi même.

IX. — LA DIGNITÉ PERSONNELLE

Le sentiment de la dignité personnelle se traduit
dans toute la personne, dans la manière de vivre,

dans les habitudes, les allures, la tenue, le langage, jusque dans les vêtements et les soins du corps.

L'homme qui a le sentiment de la dignité personnelle veut se suffire à lui même par son propre travail ; il refuse, à moins d'infirmité, d'incapacité soit passagère, soit durable, d'être à la charge d'autrui ; il consent bien à recevoir des services, mais à condition de les rendre, sous une forme ou sous une autre ; il admet de contracter une dette de reconnaissance, mais il tient à s'en acquitter.

Recevoir toujours, et ne jamais donner, prendre de toutes mains, et ne pas rendre, vivre aux dépens du prochain, mendier, soit en tendant la main, soit en sollicitant avec adresse, soit en subissant ou en attirant des bienfaits qu'on ne peut payer de retour, ce sont des actes indélicats et indignes de l'homme qui se respecte.

Habitué à se suffire à lui même, il n'ira pas se jeter à la tête des gens, il ne s'imposera pas à leur familiarité, il se tiendra sur la réserve.

Il a l'âme fière, mais il sait aussi ce qui lui manque, il connaît ses faiblesses et ses défauts, il se gardera bien de se vanter, de déprécier les autres pour se faire valoir ; il sera vraiment modeste, non par affectation, mais par dignité et par sincérité.

Il évitera les manières qui témoignent un raffinement prétentieux et celles qui dénotent la grossièreté ou la rudesse. Ses vêtements ne seront ni recherchés, ni négligés ; il sait que le mérite ne dépend pas de l'habit, mais il sait aussi que l'intérieur se reflète au dehors. Il prendra pour règle la simplicité et le bon goût. Il tiendra plus encore à la propreté qu'à l'élégance ; la propreté même recherchée, même méticuleuse, est une qualité morale.

L'hygiène, l'exercice, la gymnastique, qui assurent la santé, la force, les justes et gracieuses proportions du corps, font partie de nos devoirs envers nous-mêmes. Nous devons tenir à n'être pour les autres hommes ni un fardeau, ni un objet de pitié.

C'est dans le langage que se manifeste à un haut degré le sentiment de la dignité personnelle. Un homme qui se respecte tient un langage décent et convenable ; il s'abstient de mots grossiers ; il ne considère pas les jurons comme un ornement du discours ; qu'il soit avec ses égaux, ses amis et ses familiers, il ne se servira pas plus volontiers d'expressions triviales et repoussantes que s'il parlait devant des étrangers ; si ses interlocuteurs ne se gênent pas devant lui, il ne les imitera pas pour cela ; il est, lui, de bonne compagnie, et c'est de sa propre dignité qu'il tient compte.

Nos pères, dit-on, usaient dans leurs discours d'une liberté excessive, et quelques uns la regrettent comme l'indice d'un plus franc naturel ; ils se trompent ; les mœurs pouvaient être plus libres sans être meilleures, et la bassesse du langage n'a rien à voir avec la franchise. L'hypocrisie se sert de tous les costumes ; elle emprunte aussi bien la langue verte des ivrognes que le parler mielleux de Tartufe.

Le langage de l'honnête homme n'est pas fardé ; il est simple, juste et vrai.

Il ne repousse pas la plaisanterie ; sa dignité n'est pas farouche ; il sait, comme dit Rabelais, que rire est le propre de l'homme, et qu'il faut faire à la gaieté une bonne place dans la vie. Mais sa gaieté n'est pas brutale, et il sait faire un choix entre les plaisanteries qui dérident et celles qui dégradent. Les unes gracieuses, ingénieuses, décentes, reposent l'esprit, le détendent, le rassérènent ; on n'en rougit pas, on est bien aise d'en avoir ri. Les autres, excessives, hors de propos, immorales dans leur objet, obscènes dans leur expression, laissent après elles un sentiment d'abaissement et de honte.

Rire, se distraire, s'amuser, il n'y a rien là qui soit indigne de l'homme ; le tout est de ne pas dépasser la mesure et de choisir son moment. Un sûr instinct de dignité nous trace les bornes que nous ne devons pas franchir. Nous ne descendrons pas au rôle de bouffon pour amuser les autres ; ce serait déchoir.

DEVOIRS GÉNÉRAUX DE LA VIE SOCIALE

RAPPORTS DES PERSONNES ENTRE ELLES

L'homme n'est pas seul dans ce monde. Il vit au milieu d'autres hommes. S'il a des devoirs envers lui-même, il en a aussi envers ses semblables. C'est justement parce qu'ils sont ses semblables qu'il a des devoirs envers eux. Qu'y a-t-il d'important et de respectable en lui? c'est sa dignité d'homme, c'est sa nature humaine. Elle lui est commune avec l'humanité tout entière.

Ce qui est digne de respect en lui est digne de respect chez les autres hommes. Il se respecte, il veut être respecté. Il a des droits par conséquent vis-à-vis des autres. A leur tour, ils ont les mêmes droits sur lui; ils se respectent, ils veulent être respectés. De là des devoirs et des droits réciproques, qui constituent la morale sociale.

Nos premiers devoirs envers les hommes viennent de l'égalité même entre les personnes humaines. Ce sont des devoirs de justice. Les hommes sont égaux par la naissance, par la qualité d'homme, par les facultés générales de la race, par les besoins, par les misères, par les grandeurs de leur nature, par la mort qui nivelle tout.

Entre le plus riche et le plus pauvre, entre l'en
fant qui aborde la vie et le vieillard qui va en sortir, entre l'homme le plus robuste et la femme la
plus débile, entre l'héritier de la civilisation la
plus avancée et le sauvage le plus arriéré, il y a un
lien commun, un caractère commun, aussi bien
qu'entre deux personnes de même valeur et de
même rang. Ils sont hommes, ils se doivent mutuellement la justice.

La justice est la condition absolue, le fondement
indispensable de la société humaine. Sans justice,
il n'y a entre les hommes que des rapports de violence; le plus fort l'emporte; le faible périt; les
plus forts se déchirent; c'est l'état de guerre. Une
telle société n'a pas d'avenir, car la force ne suffit
pas à tout; elle ne préserve pas les forts eux-
mêmes quand ils sont en croissance, ou quand ils
sont en déclin.

Tous ont besoin de tous ou peuvent en avoir
besoin. Il y a connexité d'intérêts, il y a solidarité
entre les membres du corps social. La justice doit
être accompagnée d'un sentiment de sympathie
naissant de cette solidarité elle-même.

L'esprit de solidarité, le sentiment de sympathie
doivent régler nos rapports avec les hommes en
dehors et au delà de la seule justice. Ils nous imposent des devoirs de respect, d'obéissance, de
protection, de dévouement, prescrits par les relations diverses dans lesquelles nous pouvons nous
trouver vis-à-vis des autres hommes.

Par l'effet des circonstances, par suite d'accidents de toute nature, durables ou passagers, il
s'établit entre les hommes des rapports d'inférieur
à supérieur. Ce sont les rapports des enfants avec

les parents, des jeunes avec les aînés, des écoliers avec les maîtres, des apprentis et des ouvriers avec les patrons, des citoyens avec les magistrats, des soldats avec les chefs, et ainsi de suite.

C'est là que trouvent place les devoirs de respect, d'obéissance, de confiance, de soumission, d'attention, de reconnaissance.

A l'inverse, ceux qui se trouvent dans un état de supériorité, transitoire ou permanente, ont des devoirs vis-à-vis leurs inférieurs Ceux-ci sont inférieurs par l'âge, par la faiblesse, par la position sociale, par la santé, par la fortune, par l'intelligence, par les fonctions. Ce sont les enfants, les femmes, les vieillards, les malades, les infirmes, les indigents, les écoliers, les apprentis, et à certains égards les serviteurs, les subordonnés, dans la mesure et dans le temps où dure cette subordination.

Les devoirs de cet ordre sont la protection, la sage surveillance, la bienfaisance, l'affection, le dévouement jusqu'au sacrifice.

Ces deux ordres de devoirs prennent un caractère plus impérieux et plus intime quand il s'agit de nos relations avec les personnes qui sont plus étroitement liées à notre personne par les liens du sang ou par le choix de notre cœur : la famille, les amis, la patrie.

On pourrait donc diviser ainsi les devoirs sociaux :

1° Devoirs envers tous les hommes, sur le fond d'égalité qui est la nature humaine commune à tous et digne chez tous du même respect et des mêmes égards;

2° Devoirs envers ceux qui se trouvent vis-à-vis de

nous dans un état, passager ou permanent, de supériorité;

3º Devoirs envers ceux qui se trouvent vis-à-vis
de nous dans un état, passager ou permanent, d'infériorité.

A tous nous devons la justice, à quelques-uns le
respect et l'obéissance; à d'autres la protection et
la charité.

On peut, si on le préfère, diviser tous ces devoirs en deux grandes catégories :

1º Devoirs de justice, qu'on pourrait presque
appeler devoirs négatifs, et qui sont exprimés par
cette grande parole : « Ne fais pas aux autres ce
que tu ne veux pas qu'ils te fassent. »

2º Devoirs de charité, qu'on pourrait appeler devoirs positifs ou actifs, et qui sont exprimés par
cette autre parole, plus grande encore que la précédente : « Fais aux autres ce que tu veux qu'ils te
fassent. »

On peut également, si l'on veut, résumer tous
les devoirs sociaux dans un seul mot, les enfermer
dans une catégorie unique, qui les contient et les
justifie tous, et les appeler : devoirs de solidarité.

L'humanité n'est qu'une seule et même famille;
nous sommes tous au même titre ses enfants; nous
sommes tous frères; et nous nous devons mutuellement, par ce seul fait, justice et charité, respect et
bienveillance, protection et dévouement.

———

DEVOIRS DE JUSTICE

Respect de la personne dans sa vie. — Condamnation de l'homicide; examen des exceptions réelles ou prétendues; cas de légitime défense, etc.

Respect de la personne dans sa liberté. — L'esclavage, le servage, liberté des enfants mineurs, des salariés, etc.

Respect de la personne dans son honneur et sa réputation. — La calomnie, la médisance.

Respect de la personne dans ses opinions et ses croyances. — L'intolérance.

Respect de la personne dans ses moindres intérêts, dans tous ses sentiments. — Menues injustices de toute sorte; l'envie; la délation.

Respect de la personne dans ses biens. — Le droit de propriété. Caractère sacré des promesses et des contrats.

1. — RESPECT DE LA PERSONNE DANS SA VIE

LE MEURTRE.

S'il est un devoir sur lequel il soit inutile d'insister, parce qu'il apparaît à tous dans son évidence, c'est de ne pas tuer. La vie de l'homme est sacrée. Et pourtant les peuples dans l'enfance, les sociétés primitives, s'en font un jeu. L'histoire des temps anciens ou même des âges plus rapprochés du nôtre, mais encore enveloppés des ombres de la barbarie, nous montre que l'on répandait le sang humain comme de l'eau. Il y a dans le meurtre une affirmation de la force qui fait jouir certaines natures d'une sorte de volupté sauvage à laquelle elles ne renoncent pas volontiers.

A mesure que les mœurs sont devenues plus policées, le meurtre s'est fait plus rare ; mais il est loin d'avoir disparu, et nous le rencontrons, hélas ! bien fréquemment encore au milieu des civilisations les plus raffinées, dans les paisibles campagnes et dans les villes les plus brillantes de notre propre pays.

Le plus hideux des meurtres, si l'on peut tracer des degrés dans le crime, c'est l'assassinat par inté-rêt. Les journaux sont pleins de récits de ce genre qui montrent la nature humaine ensauvagée et redevenue bestiale. Ce sont des misérables qui assassinent une vieille femme, un voyageur, des gens inoffensifs, dans leur lit, dans leur maison, au coin d'un bois, par ruse, par violence, pour voler des bijoux, de l'argent, parfois une somme insi-gnifiante.

On recule d'horreur en écoutant ces faits mons-trueux ; on se demande si l'on a encore affaire à des hommes. C'est déjà trop de prêter à de tels récits une oreille attentive, d'en scruter les détails, de s'y arrêter avec curiosité.

D'autres meurtres ont pour mobile la haine, la jalousie, la vengeance. Ils sont prémédités, pré-parés plus ou moins froidement. Notre société ne les réprouve pas avec assez d'indignation. On s'est habitué à jouer avec le revolver, le couteau, le poison, le vitriol. Il est tel de ces assassinats qui passionne le public léger et oisif ; on en étudie les causes et les péripéties avec intérêt, on y trouve des circonstances atténuantes, on les couvre d'une sorte de complaisance qui finit par prendre un caractère de connivence. On ne se dit pas assez que rien, rien au monde ne justifie de tels attentats ; que nul n'a le droit de se faire

ainsi justice à soi-même, d'enlever la vie à autrui ;
qu'il n'y a à de tels crimes ni raison, ni prétexte
aux yeux d'une conscience droite. Ni une femme
abandonnée, ni un époux outragé, ni un homme
qui se croit lésé dans ses intérêts ou son honneur,
ne sont excusables de recourir à l'assassinat. La
faute de l'un n'excuse pas le crime de l'autre.

Parfois, c'est l'emportement de la colère qui
pousse la main au meurtre. On passe d'une parole
à une autre, on accumule les injures, on se laisse
griser par le bruit de ses reproches, on s'irrite de
l'attaque, de la résistance, on ne voit plus clair,
on voit rouge, et un moment de folie, qui a la
durée d'un éclair, consomme l'irréparable.

Qui aurait dit, au début de la querelle, qu'elle
finirait dans le sang ; que des paroles, vain bruit
que le vent emporte, seraient un instrument de
meurtre ; que des sentiments tumultueux, qu'il est
encore facile d'étouffer avant de leur donner issue,
mèneraient si vite, d'étape en étape, jusqu'au coup
fatal que la vie tout entière ne suffit plus à expier ?

Un grand nombre de ces drames naissent de
l'ivresse elle-même. Le vin est doux à boire, l'alcool
chatouille et irrite agréablement le palais, l'absinthe
produit l'engourdissement et l'oubli. Est-il rien,
dit-on, de plus gai et de plus inoffensif que le
buveur ? Descendez au fond du verre : vous n'y
verrez pas seulement les grelots de la folie, mais
souvent, trop souvent, la fureur meurtrière.

C'est aux débuts qu'il faut veiller ; ce sont les
premières étincelles qu'il s'agit d'éteindre. N'at-
tendez pas que l'incendie ait produit ses ravages,
que la convoitise, la haine, la colère, l'ivresse,
l'ébranlement de l'être tout entier aient changé

une nature honnête en nature criminelle, l'homme de bon sens en assassin.

Ce n'est pas du premier coup, au premier jour que cette transformation s'opère. Les meurtriers ne sont pas des scélérats de naissance. Ils ne voient pas le terme du chemin quand ils font le premier pas. Il est invisible, ce premier pas. C'est un mauvais sentiment auquel on ouvre trop facilement son cœur, qu'on y nourrit avec satisfaction, auquel on aime à revenir, qui grandit peu à peu; c'est un désir immodéré, c'est une faiblesse de caractère, c'est une faiblesse de conduite, c'est une existence sans ordre, sans règle, c'est une série de petits incidents, c'est une habitude de livrer sa vie au hasard, au caprice, au plaisir, de négliger le devoir, de se faire l'esclave de ses entraînements et de ses passions.

Puis l'explosion arrive. Il y avait longtemps que la mine était chargée; un accident quelconque y a mis le feu.

Voilà pourquoi ce ne sont pas seulement nos actes, mais nos intentions et nos sentiments qui doivent faire l'objet de notre vigilante surveillance. Il y a des sentiments aussi coupables que les actes, dussent-ils même ne pas aboutir à des actes. L'honnête homme ne tue pas, même en esprit; il ne désire la mort de personne; il ne l'appelle pas de ses vœux; il n'ouvre son cœur ni à la colère, ni à la vengeance, ni à la convoitise, ni à la haine, semences de meurtre.

Cette défense de tuer souffre-t-elle des exceptions?

On en signale plusieurs.

LA LÉGITIME DÉFENSE.

D'abord le cas de légitime défense. Un homme est attaqué par un autre, il est en danger de mort ; il se défend et tue son agresseur. On ne peut pas dire qu'il ait commis un meurtre. Il a usé d'un droit, il a préservé sa vie. L'homme a le droit de se défendre aussi bien contre un animal féroce que contre un être à face humaine dont la férocité est déchaînée. Et pourtant il y a une différence ; on peut se défendre en tuant à tout hasard l'animal qui n'était peut-être pas un danger réel. Avec un homme, il faut plus de certitude ; il faut être sûr que l'on est réellement en danger, qu'on n'a pas d'autre moyen de se protéger que le meurtre.

Celui qui cède à une impression nerveuse, qui écoute la peur, qui exagère le danger, qui tue par irréflexion, par poltronnerie, celui-là est coupable. Ils sont rares les cas où l'on soit bien réellement en état de légitime défense. Un homme courageux, de sangfroid, bien résolu à se défendre, mais décidé à ne pas faire bon marché de la vie d'autrui, impose à l'agresseur et le tient en respect. Un moment de réflexion de part et d'autre, de la fermeté d'un côté, une juste appréhension de l'autre suffisent souvent à écarter le danger et à prévenir un malheur, car c'en est toujours un que la mort d'un homme.

L'ASSASSINAT POLITIQUE.

Mais on n'a pas le droit de tuer pour prévenir un danger futur, pour se débarrasser de gens que

l'on redoute. Les Grecs ont élevé des autels à
Harmodius et à Aristogiton qui avaient péri en
voulant tuer les fils de Pisistrate, tyrans de leur
patrie. A Rome, on a glorifié les Brutus, meurtriers
de Tarquin et de César. Au siècle dernier, Char-
lotte Corday s'est immortalisée en poignardant
Marat dans son bain. Ravaillac et Jacques Clément
ont cru sauver leur pays par l'assassinat d'un roi.
De nos jours, on a vu se produire des assassinats
et des tentatives d'assassinat dirigés contre des
chefs d'État ou des hommes publics, sous prétexte
de défendre une cause politique contre des ennemis
qui la mettaient en péril.

Quelque généreux et désintéressé que semble le
motif qui armait le bras du coupable, il n'en est
pas moins un coupable. Il a versé ou voulu verser
le sang, il a attenté à la vie d'autrui, il a commis
un crime, il est un meurtrier.

Ce n'est pas par de tels moyens que les causes
justes se défendent; c'est plutôt par là qu'elles se
compromettent et se perdent. Tous les partis en
ont usé dans le cours de l'histoire; tous ont mal
fait. Poltrot tuant le duc de Guise, les Verdets
massacrant le maréchal Brune, Louvel égorgeant
le duc de Berry, Booth tuant le président Lincoln,
les nihilistes faisant sauter l'empereur Alexandre,
et tant d'autres qu'on pourrait citer, appartenant
à tous les camps, à toutes les doctrines, ont cru
user du droit de légitime défense contre des
oppresseurs ou prévenir de grands maux par un
acte héroïque; ils se sont trompés; ils ont reculé,
par un acte de violence, l'avènement de la justice
et de la liberté; ils ont prolongé l'ère des repré-
sailles; ils ont autorisé, par leur exemple, les par-

tisans de la cause adverse, bonne ou mauvaise, à user, dans l'occurrence, de semblables moyens.

L'assassinat politique, qui pouvait, dans des temps d'usurpation et de violence, passer pour de l'héroïsme, ne saurait plus, dans notre société démocratique, se colorer du moindre prétexte; il ne serait plus qu'un assassinat de haine et de vile vengeance, le fait d'un fou à enfermer ou d'un simple scélérat.

LE DUEL.

Le duel passe, auprès de beaucoup de gens, comme une de ces occasions où il est permis, en tout bien tout honneur, sans scrupule ni remords, de tuer son prochain. C'est là un des préjugés tenaces qui ont survécu aux temps barbares où, la justice sociale étant absente, il ne restait d'autre recours que de se faire justice à soi-même.

On dit, pour excuser le duel, que toute injure reçue doit être vengée. C'est un principe qui ne peut être admis sans éclaircissement.

Ou l'injure reçue est de telle nature qu'elle porte réellement tort à celui qui en est la victime, et alors il y a des tribunaux pour en connaître et pour dicter la réparation. Les tribunaux sont une institution des peuples civilisés, un progrès sur la barbarie, un instrument d'ordre et de justice. Il appartient au législateur d'étendre, s'il le faut, et d'aggraver la réparation judiciaire des injures, s'il est avéré que les lois sont insuffisantes ou inefficaces. Mais le particulier ne peut pas, ne doit pas se substituer, de sa personne et de son autorité privée, à l'action des lois.

Ou l'injure est de celles qui n'atteignent pas réellement l'homme à qui elles s'adressent; elle n'est qu'une vilenie, qu'une grossièreté, qu'un bas outrage, et alors elle rejaillit tout entière sur celui qui s'en est rendu coupable. L'honneur n'est pas à la merci du premier aboyeur venu; il ne dépend pas d'une accusation jetée au hasard, d'un mot violent ou malheureux. L'honnête homme est vengé par sa vie tout entière; elle le défend suffisamment contre de vulgaires injures qui dénotent des gens mal élevés, des esprits jaloux, étroits ou légers.

Le duel ne prouve absolument rien. Il ne détruit d'aucune manière l'accusation portée, l'injure lancée. Au moyen âge, le duel avait sa raison d'être dans les croyances générales; il était un jugement de Dieu. Entre l'accusateur et l'accusé, Dieu était l'arbitre; il sauvait la vie de l'innocent, il faisait périr le coupable. Qu'on eût recours à l'épreuve de l'eau, à l'épreuve du feu, ou à celle du combat en champ clos, le résultat devait être le même. La victoire restait à qui elle devait revenir; le vaincu avait tort : Dieu le voulait ainsi.

Ce n'est pas sous cet aspect que l'on envisage le duel aujourd'hui. C'est le plus fort, le plus habile, le plus adroit, le plus exercé à l'escrime ou au tir qui a tout l'avantage. Il peut être un menteur, un calomniateur de profession, peu importe; il tuera son adversaire, l'honnête homme injurié, dont l'œil est moins sûr, dont la main est moins ferme, qui n'a peut-être jamais eu, dans sa laborieuse carrière, le moyen ou l'occasion d'étudier le maniement des armes.

Le duel, heureusement, est souvent sans conséquence ; il a lieu au premier sang ; on se contente de l'échange d'une balle qui n'atteint personne. Alors est-ce vraiment sérieux ? Peut-on se représenter, sans tristesse, deux hommes graves se donnant la peine d'aller sur le terrain, d'amener l'attirail de leurs témoins et médecins, de se déshabiller, de s'aligner, de s'escrimer, de tirer la gâchette d'un pistolet, pour se serrer la main la minute d'après, et rentrer chez eux persuadés qu'ils ont fait une belle action ?

Quelle conclusion tirer de cet exploit ? Lequel avait tort ou raison ?

Et si l'issue est grave, si elle est mortelle, quel jeu barbare ! Quel défi au bon sens et à la justice ! Le spadassin a eu raison de l'honnête homme, ou ce sont deux braves gens dont l'un a égorgé l'autre. Quelle lumière en tirer sur le fond de la querelle ? Et comment peut-on dire que l'honneur du vainqueur sort intact d'une pareille rencontre ?

Qui sait si le duel n'a pas été provoqué par un homme justement accusé, qui trouve cette justification plus facile et plus sûre qu'une sérieuse démonstration d'innocence ? Dans tous les cas, et sous quelque face qu'on l'examine, le duel est un jeu de dupes et un retour en arrière.

Il a, dit-on, pour effet de maintenir entre les hommes des relations de courtoisie, en retenant le flot des diffamations et des outrages. On ne se douterait guère, par le temps qui court, de cet heureux effet de l'habitude du duel. Jamais la presse, qui est le miroir de la société, n'a été plus fertile en outrages et en diffamations. C'est la monnaie courante des polémiques, et si l'on voit des publications honorables dont les rédacteurs se respectent et respectent la vérité, combien d'autres, en revanche, semblent-elles faire métier et marchandise de la violence, de l'injustice et de la grossièreté des attaques !

Non, la véritable école de la courtoisie, c'est le respect de soi-même. Le duel n'arrêtera jamais une basse et misérable agression. C'est au mépris public à en faire justice. L'insulteur qui n'aura plus en perspective l'auréole d'un duel, mais le dédain et l'abandon de l'opinion, sera moins prompt à lâcher la bride à ses sarcasmes.

Du moins, objecte-t-on, le duel exige du courage. Cela est vrai. C'est vraiment le seul côté par lequel il a pu être maintenu dans nos mœurs sans les déshonorer. Oui, il faut du courage pour aller, de sangfroid, exposer sa poitrine nue au fer aigu ou à la balle de son adversaire ; il faut du courage pour prendre temps et heure, lieu et armes avec un autre homme dans la pensée de le tuer ou d'être tué par lui. Ce courage est sans doute plus facile à ceux qui sont relativement sûrs d'eux-mêmes et qui savent qu'ils ont le plus de chances de leur côté ; il est plus facile à ceux qui sont seuls dans la vie et qui n'exposent que leur personne ; mais on ne peut nier que ce soit du courage.

C'est du courage mal employé. Il ne manque pas dans la vie d'occasions de déployer du courage, d'affronter le danger, de montrer qu'on ne craint pas la mort. Il faut du courage pour sauver un homme qui se noie, se jeter dans un incendie, arrêter un cheval emporté, soigner une maladie contagieuse. Il en faut parfois davantage pour accomplir obscurément un de ces dévouements de la vie de chaque jour, que pour préparer les élé-

ments d'un de ces procès-verbaux de témoins, que
la presse expédie le lendemain aux quatre coins du
monde.

Mais s'il s'agit de courage, combien n'en faut-il
pas plus encore pour rompre en visière à l'opinion
régnante, pour affronter le malentendu, le blâme,
pour résister à la pression de la mode ! Oui, certes,
ceux qui se battent en duel font preuve de bravoure ;
mais ceux qui refusent de céder à ce préjugé d'un
autre âge, par devoir, par raison et par conscience,
sont des braves aussi !

Le duel, au reste, est parfaitement déplacé dans
notre société moderne ; il affecte un caractère aristo-
cratique qui trahit ses origines. On ne voit pas les
ouvriers se battre en duel. Cette façon de régler les
querelles privées est goûtée surtout des journalistes,
des hommes politiques, des militaires, des « gens du
monde ». Il y a là un certain air de chevalerie qui
ne leur déplaît pas, qui rehausse les gens... Quand
la vanité s'en mêle, il n'y a plus à raisonner.

Aux gens qui raisonnent on peut dire : la vie
humaine est inviolable ; nul n'a le droit d'y attenter
pour sa satisfaction personnelle, pas plus en guet-
apens qu'en loyale rencontre, pas plus au nom de
l'honneur qu'au nom de l'intérêt ; l'homme qui, en
dehors du cas de légitime défense, d'exécution judiciaire ou de guerre, en tue volontairement un autre,
est et reste un meurtrier.

LA PEINE DE MORT.

La société s'attribue le droit de donner la mort
après jugement régulier.

Jadis, la peine de mort était appliquée avec prodigalité. On punissait de mort non seulement le meurtre, mais presque toute violence sur les personnes, la rapine, le vol, la fraude; bien plus, la mort était le châtiment de simples paroles, regardées comme blasphématoires, ou même d'opinions religieuses, philosophiques ou politiques, contraires à la doctrine officielle.

On tuait légalement pour crime de lèse-divinité, de lèse-majesté, d'hérésie, de sorcellerie, de magie, de complot, même pour de simples délits de chasse.

A la peine capitale se joignaient des tourments atroces, tranquillement prescrits par des magistrats. Quant à la mort elle-même, tout a été employé pour la donner : la croix, la hache, le feu, l'eau, le poison, la roue, la corde; le gibet, le bûcher, la roche tarpéienne, l'échafaud se profilent sinistrement à l'horizon de l'histoire. L'humanité semblait prendre plaisir à se baigner dans le sang par arrêt de justice, la conscience sauve.

Elle dépassait son droit. La peine de mort pure et simple, sans mutilation ni torture, ce châtiment de l'assassinat volontairement perpétré, est déjà à l'extrême limite du droit. En face d'un scélérat qui a osé le plus odieux des crimes, la société est en état de légitime défense.

Elle le fait disparaître pour s'abriter elle-même, pour préserver ses membres de nouvelles attaques de cet être dénaturé. Elle n'exerce pas une vengeance, elle n'en a pas le droit; la vengeance est un sentiment passionné que la société régulière, représentée par ses magistrats, ne connaît pas. Elle n'impose pas une expiation : la mort n'est pas une expiation. Ce serait plutôt une longue vie de

remords, de travail, d'efforts et de relèvement moral
qui serait expiatoire.

Les défenseurs de la peine de mort ajoutent
qu'elle sert encore à intimider ceux qui pourraient
être tentés de commettre un crime. Il est certain
que la crainte du châtiment retient le plus souvent
l'homme sur la pente du mal, et que la pensée du
bourreau peut étouffer plus d'un sinistre projet.

Il n'est pas nécessaire pour cela que les exécutions
capitales soient offertes en spectacle à la curiosité
publique.

Lorsqu'on promenait les condamnés dans une
charrette, que le peuple pouvait les voir au pilori,
assister longuement à leur supplice, les crimes ne
s'en multipliaient que plus. Dans la foule qui se
presse autour de la guillotine pour se procurer une
forte émotion, il se trouve des êtres que ce spectacle
intéresse, endurcit, excite, et qui en tirent une sorte
de leçon à rebours et de bravade contre la mort.

Aussi les lois tendent-elles à dérober de plus en
plus aux yeux du public le spectacle des exécutions
capitales; si elles doivent produire un effet d'intimidation, le silence même dont elles seront enve-
loppées y contribuera plus que la mise en scène qui
risque de séduire les fanfarons du crime.

La pudeur qui porte à cacher ce dernier acte de
la justice humaine, les circonstances atténuantes si
souvent reconnues par les jurés, le droit de grâce
exercé par le chef de l'État, la rareté des exécutions,
les lenteurs de la procédure, les garanties multiples
accordées à l'accusé, l'émotion qui accueille toute
condamnation capitale, les discussions et les pro-
testations que soulève la peine de mort, tout
démontre combien le respect de la vie humaine a

fait de progrès dans notre temps. On peut même prévoir le jour où la société renoncera à la peine du talion et trouvera dans l'arsenal de ses lois d'autres moyens de préservation et d'intimidation que la mort.

LA GUERRE.

La guerre est une grande tuerie d'hommes : état violent pendant lequel les lois ordinaires de la morale semblent bouleversées. Faire du mal devient un droit, détruire et brûler, un devoir, tuer et se faire tuer, une vertu. Pendant la guerre, un peuple est en état de légitime défense. Envahi, il tue les envahisseurs; vainqueur, il les envahit à son tour pour les réduire et assurer son salut.

Là doit se borner son effort. C'est dire que la guerre n'est légitime que si elle a pour cause et pour objet la défense du sol de la patrie, de son intégrité, de son indépendance et de son honneur.

Un peuple humilié dans son honneur est un peuple menacé dans son indépendance. De là, la nécessité de guerres qui ne paraissent pas toujours défensives à l'observateur superficiel. Mais les guerres de pure conquête, les agressions de peuple à peuple, les annexions de populations violentées sont réprouvées par la morale, et laissent peser une lourde responsabilité sur ceux qui les entreprennent.

D'abominables paroles ont été quelquefois prononcées sur la nécessité des guerres. Les uns ont prétendu qu'elles sont des « saignées nécessaires » pour diminuer l'excès de population ou débarrasser la société de ses éléments turbulents. C'est un vrai langage de cannibale.

D'autres ont voulu voir dans la guerre une sorte d'institution providentielle qui trempe les courages, qui fortifie les caractères, qui donne le mépris de la mort et arrache les peuples au culte exclusif des intérêts grossiers et matériels.

Que la guerre puisse produire de tels résultats, c'est une chose certaine : mais elle en produit d'autres encore, et des plus lamentables : le deuil, les ruines, la mort, la solitude, la suspension des lois, l'adoration de la force, le goût de la violence, la cruauté. La guerre est un fléau, un épouvantable fléau; malheur à ceux qui le déchaînent sur le monde d'un cœur léger, pour obéir à des intérêts de dynastie, à des combinaisons politiques, à des ambitions personnelles! Malheur à ceux qui, par des paroles ou des démarches inconsidérées, imprudentes, jettent entre les peuples des ferments de discorde ou se font un jeu et un panache des sentiments sacrés du patriotisme!

Quand la guerre est déclarée, quand les armées sont en présence, chacun doit faire son devoir tout entier; mais jusque-là, chacun doit avoir à cœur de reculer le plus loin possible l'heure fatale qui sonnera le glas de tant de milliers d'êtres humains.

MAUVAIS TRAITEMENTS.

Le respect de la vie d'autrui n'interdit pas seulement de tuer, il interdit tous les mauvais traitements; il défend de mutiler, de blesser, de frapper grièvement soit par des jeux brutaux, soit dans des accès de colère stupide, soit même sous prétexte de correction.

Le fort n'a pas le droit d'infliger des coups au

faible. Un camarade plus âgé, ou plusieurs réunis
contre un seul, commettent un acte de lâcheté et un
attentat à la personne en frappant qui ne peut leur
résister. L'instituteur, le patron, le père ne doivent
battre, sous aucun prétexte, l'enfant qu'ils ont sous
leur autorité.

On peut, dans une grande mesure, porter atteinte
à la vie d'autrui en portant atteinte à sa santé, non
pas seulement par des coups dangereux et de mauvais traitements, mais encore par une mauvaise
hygiène, une nourriture insuffisante ou malsaine.
Faire coucher des ouvriers ou des enfants dans des
chambres sans air ou humides; les faire travailler
dans des locaux étroits, mal éclairés; nourrir ceux
dont on a charge sans être assuré que les aliments
sont vraiment en quantité et en qualité suffisantes;
lésiner sur la santé d'autrui par avarice, par négligence ou par cruauté, c'est faire bon marché de la
vie humaine et violer une des lois fondamentales de
la morale.

II. — RESPECT DE LA PERSONNE DANS SA LIBERTÉ

La liberté est au moins aussi précieuse que la vie.
Chez les peuples primitifs, quand un guerrier était
vainqueur de ses ennemis, il se considérait comme
autorisé également à leur ôter la vie ou la liberté, à
les tuer ou à les réduire en esclavage. Et pour un
homme de cœur ce dernier sort était pire que le
premier.

L'ESCLAVAGE.

L'esclavage fait de l'homme la chose de celui qui s'en est rendu maître; il le dépouille donc de sa vraie qualité d'homme. L'esclave dépend de la volonté d'autrui; c'est une bête de somme, un instrument passif; ses facultés ne sont plus à lui, mais à un autre; c'est pour un autre et au commandement d'un autre qu'il vit, qu'il travaille, qu'il boit, qu'il mange, qu'il dort; s'il a femme et enfants, sa femme et ses enfants ne sont pas à lui; il ne possède rien en propre; il mourra sans avoir vécu.

On peut s'étonner qu'un crime comme celui qui consiste à réduire l'homme à cet état ait pu être approuvé par les mœurs et régularisé par les lois; que des peuples civilisés comme les Grecs, comme les Romains, comme les nations modernes dans leurs possessions coloniales, Espagne, Portugal, France, Angleterre, comme la république elle-même des États-Unis, aient pu admettre, légitimer, consacrer et perpétuer un si abominable attentat, une institution si odieuse et si antihumaine.

Il faut que l'intérêt, le préjugé, l'habitude aient une singulière prise sur l'esprit, pour que tant de peuples et tant de siècles aient admis et sanctionné l'esclavage. Les plus grands philosophes de l'antiquité, les Platon, les Arist   , les orateurs et les moralistes comme Cicéron, Caton, Sénèque; les fondateurs d'Églises, comme l'apôtre Paul; les livres sacrés de l'ancien et du nouveau Testament, l'acceptent sans protestation. Il faisait à ce point partie de la vie commune, des habitudes séculaires et presque des nécessités de l'existence, telle qu'elle était alors organisée, qu'il n'apparaissait plus que comme une condition malheureuse, dépendante, créée par la naissance même, comme les autres conditions sociales. Il formait une classe d'hommes à côté des autres classes. Il était la forme de la domesticité.

Et pourtant quelle horrible domesticité ! Le maître pouvait tuer et martyriser son esclave, le jeter au cachot, le mutiler, le battre, le condamner aux plus durs travaux pour les fautes les plus légères, ou même sans cause, arbitrairement. Cette institution a survécu jusqu'à notre époque ; il y a des esclaves dans les pays musulmans ; il y en a encore au Brésil, dans cet empire dont le souverain passe pour un des hommes les plus éclairés et les plus libéraux qui aient jamais occupé un trône !

C'est exclusivement la race noire qui a subi l'esclavage dans les temps modernes.

Pendant plus de trois cents ans, les nations européennes ont pratiqué la traite des nègres, ont capturé, vendu, acheté des noirs. En France même, en 1789, dans le mois qui vit la prise de la Bastille, le Conseil d'Etat maintenait les immunités séculaires en faveur de cet odieux trafic. Si la Convention l'abolit en 1793, le premier consul le rétablit en 1802.

Les efforts de la civilisation moderne n'ont pu réussir dans notre siècle à le supprimer complètement. Il y a des marchands de chair humaine sur différents points de la terre d'Afrique ; s'ils n'écoulent plus leurs malheureuses victimes sur l'Occident, ils trouvent encore des acheteurs en Orient.

LE SERVAGE.

Si l'esclavage proprement dit a disparu de notre sol depuis la chute de l'empire romain, et s'il a été réservé aux noirs dans les possessions coloniales, nos pères ne l'ont pas moins connu, quoique sous une forme mitigée. Il s'appelait, dans la vieille France, le servage.

Du reste le mot est le même dans son étymologie : servage vient de servitude, et serf est la traduction du mot *servus*, qui veut dire esclave. Il est le même aussi, quant au fond des choses : il implique la confiscation de la liberté des uns au profit des autres.

Les habitants des campagnes étaient dans la pleine dépendance des seigneurs, nobles, évêques ou prieurs de couvents. Ils ne pouvaient disposer de leur temps, de leurs biens, de leur personne sans la permission de leurs maîtres. Ils appartenaient à la glèbe, c'est-à-dire au sol, dont ils suivaient la fortune, changeant de maîtres quand le sol changeait de propriétaire.

C'est la Révolution de 1789 qui a aboli le servage en France. Les derniers serfs connus sont ceux de l'abbaye de Saint-Claude (Jura), qui ont dû leur émancipation aux efforts de Voltaire et de l'avocat Christin.

En Russie, les serfs ont été émancipés, de nos jours, seulement par l'empereur Alexandre II.

LE DESPOTISME.

Le despotisme est une confiscation de la liberté des peuples. L'homme dont l'ambition ne recule

pas devant les coups d'État qui doivent lui assu-
jettir ses concitóyens, les hommes qui consentent
misérablement à se faire ses complices et ses instruments, sont des criminels. La liberté politique
est sacrée comme toutes les autres, dont elle est le
couronnement et la garantie.

La liberté individuelle est atteinte quand les
libertés publiques sont opprimées; le particulier
est lésé dans son droit d'aller et venir, de parler,
d'écrire, de manifester ses opinions, de faire des
entreprises ; il est atteint dans sa dignité quand il
subit un maître que la force lui impose.

Il faut savoir, il faut dire que de tels attentats
sont coupables ; coupables ceux qui les préparent,
ceux qui les aident et ceux qui les exécutent.

On peut ajouter que ceux-là aussi sont coupables
qui, pouvant secouer le joug, ne le font pas, qui
n'ont pas l'énergie et la persévérance nécessaires
pour s'affranchir ; car s'il n'est pas permis de confisquer la liberté d'autrui, il n'est pas non plus
permis d'aliéner la sienne.

La liberté est un bien inaliénable, parce qu'elle
est l'expression même de la personnalité. Ceux-là
ont tort qui, sous prétexte de perfectionnement, ou
pour préserver d'autres personnes des dangers
qu'elles peuvent courir dans le monde, les excitent
à faire un vœu perpétuel d'obéissance ou qui reçoivent un tel vœu.

L'abdication de la volonté, même entre les mains
du plus sage, n'est pas un degré en avant dans la
voie du progrès ; elle est un arrêt et un recul. La
loi civile, qui ne reconnaît pas les vœux perpétuels,
qui refuse de les sanctionner, qui les déclare illi-
cites, est en pleine harmonie avec la loi morale.

L'EMPRISONNEMENT.

La loi civile ordonne dans certains cas la confiscation de la liberté ; elle l'ordonne après jugement régulier des tribunaux. Autrefois on jetait des hommes en prison de la façon la plus arbitraire et sans condamnation, soit pour un temps, soit à perpétuité. Et quelles prisons ! Des bouges infects, des culs de basse-fosse, des trous noirs où les prisonniers croupissaient dans l'ordure et dans la fièvre, des galères où l'innocent et le coupable mouraient pêle-mêle sous le bâton du garde-chiourme.

Les « lettres de cachet », capricieusement distribuées, en secret, sans débat contradictoire, sans jugement, disposaient de la liberté des gens au gré des puissants du jour, pour satisfaire des craintes, des ambitions, des haines particulières.

Aujourd'hui, la loi a minutieusement réglé les motifs et la durée de l'emprisonnement, le proportionnant aux fautes commises.

L'emprisonnement a un triple but.

Il a d'abord pour objet de préserver la société des malfaiteurs. On les enferme pour les empêcher de recommencer leurs méfaits. La prison, dans ce cas, est perpétuelle ou de longue durée ; la société se trouve en état de légitime défense ; elle pourvoit par l'emprisonnement prolongé de quelques-uns à la sécurité de tous. Il faut une aussi grave raison pour justifier une mesure aussi grave.

En second lieu, l'emprisonnement a pour but de punir ceux qui ont violé les lois, de les intimider pour l'avenir et d'intimider ceux qui seraient tentés de suivre leur exemple. Là où la conscience, le respect de soi-même et des droits d'autrui ne suffisent pas à retenir sur la pente du mal, la crainte du châtiment agit souvent avec efficacité. Il est clair que, pour atteindre ce but, le châtiment doit être proportionné au délit, et que la privation de la liberté sera bien plus courte pour un acte d'importance médiocre que pour une faute de sérieuse conséquence.

Enfin l'emprisonnement doit viser l'amélioration du coupable. La société n'est pas quitte envers lui quand elle l'a renfermé; elle ne doit pas aggraver sa peine par des traitements brutaux et dangereux; elle ne doit pas l'abandonner à une promiscuité qui risquerait de le dépraver davantage. En privant un homme de sa liberté, en le réduisant à l'état de mineur, elle a pris charge de lui.

La prison doit être dure, car elle est une peine; mais elle doit être saine et moralisante. Elle le sera par l'isolement, par le travail, par une sage et ferme intervention des gardiens, par une échelle habilement graduée de châtiments et de récompenses, d'aggravations et d'allégements qui peuvent aller jusqu'à la liberté conditionnelle. Certes, il n'y a pas lieu de se montrer sensible et tendre vis-à-vis des coupables; mais il ne faut pas oublier que le triomphe de la société bien organisée consiste moins à les punir qu'à les ramener dans la voie du bien.

LES ENFANTS.

Les enfants, les mineurs, ne peuvent pas jouir de leur entière liberté. Pourquoi cela? Parce qu'ils n'en sont pas encore capables, parce que la liberté est le plein épanouissement de l'être, qu'elle suppose la complète possession de la raison et de la

volonté, qu'elle a pour conséquence la responsabilité. Si ce sont là les attributs de l'homme, ce ne
sont pas ceux de l'enfant. Sa tâche, pour ainsi dire,
est de grandir en vue de la liberté ; il est un
apprenti, il n'est pas un maître.

Au début de la vie, la liberté de l'enfant est
presque nulle ; il ne peut rien par lui-même ; tout
le domine et l'écrase ; il a besoin des autres pour
les moindres actes ; livré à lui-même, il mourrait
bien vite. Ses forces grandissent, et il est plus libre
de ses mouvements ; mais comme la raison ne les
dirige pas encore, comme l'instinct, qui suffit aux
animaux, ne lui suffirait pas à se guider, à se préserver des mille dangers qui le menacent, il faut que
d'autres prévoient pour lui, le dirigent, le commandent ; il doit obéir.

Peu à peu, à mesure que ses facultés se développent, la liberté croît aussi, la responsabilité augmente. L'éducation a pour but de les mener l'une et
l'autre au plus haut point compatible avec l'âge de
l'enfant. C'est pour devenir libre qu'il doit obéir ;
l'obéissance est le chemin de la liberté.

Il y a un double écueil à éviter : tenir l'enfant
dans une tutelle qui l'écrase ; lui accorder une
liberté prématurée, trop lourde pour ses épaules.
Il s'agit de l'amener progressivement à se conduire
lui-même. Le devoir de l'éducation est donc de mesurer la liberté de l'enfant à ses forces morales, de
l'émanciper peu à peu de commandements inces-
sants, de défenses minutieuses, d'élargir devant ses
pas le champ de sa responsabilité, quitte à le resserrer s'il y fait des chutes trop nombreuses.

Il ne faut pas s'imaginer qu'on ait le droit de
confisquer et d'étouffer arbitrairement la liberté du

mineur, par plaisir, par esprit de domination, par abus de pouvoir, à tort et à travers. C'est son intérêt seul, le souci de l'ordre et d'une bonne éducation, qui doivent présider aux ordres qu'on lui donne. Il faut le diriger d'abord sans raisonner avec lui, et peu à peu lui faire comprendre la raison des actes qu'on exige.

Le devoir du mineur, d'autre part, est tout à la fois la soumission aux personnes qui ont autorité sur lui, et l'usage raisonnable de la part de liberté qu'il conquiert.

L'OBÉISSANCE CIVILE.

La vie sociale exige une sorte de hiérarchie, de subordination des fonctions. Les uns doivent commander, les autres obéir, non par hasard ou par force, mais parce que la bonne administration des affaires communes le veut ainsi. Les hommes ont besoin les uns des autres, et un contrat librement consenti distribue entre eux le travail selon les ressources, les facultés et les aptitudes de chacun. Tout travail mérite salaire, mais tout salaire impose des obligations. Ceux qui reçoivent salaire, sous une forme quelconque, doivent obéissance à qui les salarie. Leur liberté est limitée par le règlement écrit ou purement moral qui a présidé à leurs engagements.

On n'a pas le droit de tout exiger de ceux que l'on paye. On ne dispose de leur liberté que dans la mesure nécessaire à l'œuvre pour laquelle on les emploie. Les fonctionnaires de l'État, les employés d'une administration, les commis d'un magasin, les domestiques d'une maison, les ouvriers d'une entreprise, sont subordonnés à une direction, doivent leurs efforts, leur intelligence, leur temps, leur soumission aux ordres qui concernent la tâche qu'ils ont acceptée et pour laquelle ils reçoivent un salaire. On ne peut entreprendre sur leur liberté au delà de cette limite. Il y a abus de pouvoir si l'on cherche à profiter de l'état de subordination et de dépendance des salariés, pour peser sur leurs relations de famille, sur leurs opinions, pour resserrer le cercle de leurs actes légitimes, pour les asservir, les pressurer, les annihiler.

Quelque pauvre et dépendant que puisse être un salarié, c'est un homme; sa liberté est respectable. Le réduire à l'état de simple machine, de rouage impersonnel et sans âme, d'instrument passif de tous les caprices d'autrui, c'est manquer gravement à l'humanité.

Le correctif de tels abus dans notre société moderne, c'est la rupture du lien de subordination. La loi civile qui n'admet pas les vœux perpétuels, n'admet pas non plus les engagements illimités. Tout engagement réciproque peut être rompu, moyennant légitime indemnité de la part de celui qui a manqué à ses engagements.

L'OBÉISSANCE MILITAIRE.

L'obéissance militaire a un caractère spécial qui tient à la position exceptionnelle qu'occupe l'armée destinée à la défense du pays. Nous avons déjà vu que la guerre est un état violent qui modifie les lois ordinaires de la vie; même en temps de paix, l'armée est un instrument de guerre, et elle participe en une large mesure des conditions de la guerre. Un pays sans armée est un pays sans défense ; il n'y a pas d'armée sérieuse et capable de remplir son office sans une forte discipline.

La discipline militaire entraîne la suppression momentanée de la liberté des citoyens ; elle veut une pleine harmonie des mouvements ; elle fait des hommes les éléments d'une vaste unité où rien ne doit gêner la manœuvre commune ; l'individualité disparaît devant l'intérêt général.

De là, la nécessité d'un commandement fort, échelonné du haut en bas, où chacun obéisse rigoureusement à ses supérieurs. Cette abdication de la volonté personnelle est justifiée et ennoblie par la grandeur du but.

Sans doute, là encore, la liberté humaine ne perd pas tous ses droits ; le commandant ne doit viser que ce qui est de l'intérêt militaire ; il peut aussi bien envoyer des hommes à la mort que s'occuper du fourniment et des boutons de guêtres ; mais il s'arrête devant la conscience ; il respecte les convictions individuelles ; il doit s'abstenir d'ordres inutiles, scandaleux, ou purement vexatoires.

Il n'appartient pas aux soldats d'en juger. Le salut de la patrie veut qu'ils obéissent ; ils lui font le sacrifice passager de leur liberté, comme ils doivent être prêts à lui faire le sacrifice de leur vie. S'ils discutaient et réfutaient les ordres qu'ils reçoivent, la discipline serait morte, il n'y aurait plus d'armée. Ils reprendront leur pleine indépendance d'hommes et de citoyens quand ils déposeront l'uniforme.

On ne conçoit qu'une seule résistance possible ; ce serait le cas où des chefs impies voudraient tourner leurs armes contre la patrie et égorger les libertés publiques. Mais on peut penser que l'indignation nationale aurait vite raison de tels attentats, et qu'ils ne sont plus à craindre après les expériences que la France a traversées.

III. — RESPECT DE LA PERSONNE DANS SON HONNEUR ET SA RÉPUTATION

Nous devons respecter l'honneur et la réputation du prochain. Ce sont des biens délicats, fragiles, qui sont fondés sur l'opinion des hommes, et qui se flétrissent et disparaissent aussi facilement que le duvet des fruits mûrs maniés par des mains inhabiles.

Il y a sans doute un honneur personnel, intime, que l'injustice ou la brutalité d'autrui ne peuvent atteindre. Quoi qu'on nous fasse et quoi qu'on dise de nous, nous ne valons pas moins si notre conscience reste intacte. L'honnête homme n'est pas déshonoré à ses propres yeux aussi longtemps qu'il n'a pas manqué au devoir, fût-il diffamé, accusé, condamné même, soit par l'opinion, soit par des juges égarés.

Mais il tient néanmoins, et il a raison de tenir à ce que les autres hommes le jugent pour ce qu'il est réellement. Il tient à la bonne opinion des autres. Elle est précieuse, en effet, à conserver à travers toute la vie. Elle en est un des charmes les plus sensibles ; elle est la récompense légitime de nos efforts, de nos travaux, de nos victoires morales.

Une bonne réputation nous vaut l'estime, le respect, la confiance, l'affection de nos semblables ; elle nous console de l'adversité, de la pauvreté, de la maladie, de la vieillesse. Elle est un héritage que les parents sont heureux et fiers de transmettre à leurs enfants, et qui vaut plus que l'argent et l'or.

Elle est un aiguillon pour la vertu, un préservatif contre les chutes ; elle encourage les natures élevées ; elle soutient et excite les faibles ; elle nous rehausse devant notre propre jugement et nous permet de mesurer les progrès que nous avons pu faire ; elle nous stimule à mieux faire encore et à nous rendre plus dignes de l'estime qu'on nous témoigne.

LA CALOMNIE.

Aussi est-ce un véritable crime que de ravir injustement à autrui cet honneur de l'estime publique et d'une bonne réputation. Ce crime porte le nom de calomnie.

Il y a la calomnie consciente, voulue, imaginée de toutes pièces pour nuire. Celle-là est réellement abominable. Elle équivaut à un guet-apens, à un assassinat moral.

Quelquefois ce n'est pas le fait lui-même qui est inventé, ce sont des circonstances aggravantes qu'on y ajoute ; ce sont des insinuations ou des commentaires malveillants qui l'accompagnent ; ce sont les intentions qu'on suppose, qu'on dénature.

La calomnie procède tantôt par exagération, tantôt par omission et sous-entendus. Elle est habile et variée dans ses moyens ; un mot, un geste, une intonation, un coup d'œil suffisent à glisser une perfidie.

Ce n'est rien en apparence. En réalité c'est un incendie qui commence. Celui qui jette une allumette en passant peut causer les plus grands malheurs. C'est une étincelle imperceptible, une flammèche qui gagnera de proche en proche, sans qu'on sache comment, et tout à coup le feu monte, la fumée envahit, le vent souffle, les flammes dévorent ; il ne reste bientôt plus qu'un brasier noirci.

C'est qu'à côté des misérables qui inventent la calomnie, il y a les gens légers qui l'accueillent avec satisfaction, qui la grossissent, qui la répètent, qui la propagent : êtres inconscients parfois, comme les eaux contaminées qui répandent, partout où elles coulent, les germes du typhus ou du choléra.

L'inconscience n'est pas entière ; on ne doit pas accueillir facilement les mauvais bruits, les accusations fâcheuses ; on doit moins encore s'en faire l'écho. Il y a au fond de la calomnie prétendue involontaire un mauvais sentiment, une jalousie plus ou moins secrète, une vanité personnelle, un mépris de l'honneur et de la réputation des autres.

L'une des sources les plus abondantes de la calomnie, en dehors de l'intérêt personnel ou des haines privées, c'est l'esprit de parti. Des gens qui passent pour honnêtes, qui le sont, qui tiennent leur parole, qui se feraient scrupule de dérober le bien d'autrui, ne craignent pas, dans les querelles de partis, de diffamer, de calomnier, de noircir leurs adversaires, ou quiconque tient, de près ou de loin, à leurs adversaires. Il n'y a méchant bruit qu'ils n'inventent ou qu'ils ne répandent ; les actes les plus naturels sont dénaturés ; les paroles les plus simples sont détournées de leur sens ; les inten-

tions les plus perverses sont attribuées; les vérités
les plus évidentes sont niées; les mensonges, les
plus audacieux sont accrédités. La haine fait naître
ces calomnies, et ces calomnies enfantent la haine.
Les hommes ne se voient plus les uns les autres tels
qu'ils sont, mais tels que les représentent les cari-
catures de la calomnie.

Jamais l'œuvre de la calomnie n'a été aussi rapide
que de nos jours. Grâce aux voies innombrables de
communication, à la fréquence et à la vitesse des
voyages, à la multiplicité des journaux, une calomnie peut faire, en quelques jours, le tour du pays,
et, s'il est facile de la répandre, il l'est moins de la
réfuter. Il y a toujours quelque coin où elle a pénétré, où elle a germé, où elle a pris racine, et où
la vérité n'arrive plus à temps, si même elle y
arrive.

Les conséquences de la diffamation peuvent être
terribles. Elle peut porter le trouble dans les familles, ruiner la paix des ménages, détourner du
travailleur son gagne-pain, réduire l'ouvrier à la
famine, désigner l'homme public à l'inimitié de ses
concitoyens, dénoncer le fonctionnaire fidèle, jeter
la suspicion sur les meilleurs et les plus purs des
hommes, causer des désastres et des désespoirs qui
dépassent de beaucoup la portée des traits qu'on a
voulu lancer.

Les larrons d'honneur font plus de mal que les
coupeurs de bourse et que les banqueroutiers, et
pourtant le monde, qui souffre tant de leurs coups,
a pour eux plus d'indulgence que pour des criminels
moins dangereux. Il s'amuse de leurs inventions; il
prend plaisir à voir renverser des statues, abattre
des piédestaux, démolir des réputations, rabaisser

ceux qui émergent, ramener à la condition vulgaire
toutes les supériorités, toutes les honnêtetés, tout ce
qui semblait échapper à la tare commune.

LA MÉDISANCE.

Cette disposition jalouse et malicieuse fait aussi
tout le succès de la médisance. On sait que la médisance se distingue de la calomnie en ce que l'une est
mensongère, tandis que l'autre se borne à raconter
les méfaits ou les défauts réels du prochain. A dire
vrai, la limite précise est difficile à tracer entre les
deux ; qui se livre à la médisance risque fort de
rencontrer la calomnie sur sa route et de lui faire
bon accueil. Si la matière n'est pas riche, on est
tenté de l'enrichir ; on glisse volontiers quelque
détail plus ou moins hasardé ; on ne s'arrête pas
toujours faute de renseignements précis ; on ren-
chérit sur son interlocuteur ; la langue a pris sa
course, on ne la retient pas facilement.

Sans doute, dira-t-on, il ne faut pas sortir de la
vérité et dépasser la mesure. Mais ne peut-on dire la
vérité sur autrui, lui fût-elle même fâcheuse ? Et la
franchise est-elle un vice ?

Non certainement. Nous nous devons la vérité les
uns aux autres, et la franchise est une vertu qui
parfois même exige du courage et de l'abnégation.
Il n'est pas bon de se flatter mutuellement, de vivre
dans une atmosphère de flagornerie et de dissimulation. Dire hardiment aux gens leurs vérités, c'est
une marque d'indépendance et souvent d'amitié
véritable.

Mais la médisance n'est pas la franchise. La franchise parle haut et en face ; la médisance chuchote

par derrière. La médisance cherche le mal, s'y complait, se délecte quand elle découvre une faute, un travers, un ridicule, le raconte aussitôt à qui veut l'entendre, sauf à celui qui est la victime de ses traits acérés.

C'est qu'en effet la médisance n'a pas pour objet de lui ouvrir les yeux, de lui rendre service, de corriger les mœurs ; elle est un simple amusement. C'est l'occupation des méchants, ou simplement des oisifs. Occupation facile, qui consiste à répéter des caquets frivoles, qui distrait de l'ennui, qui remplace les pensées sérieuses, et qui, en absorbant l'attention dans les faits et gestes d'autrui, remplit le vide des heures languissantes.

La médisance est nuisible, par son caractère même. Elle est malveillante d'intention ; elle aggrave le mal en le divulguant ; il lui arrive de rendre irréparables des fautes d'étourderie, des accidents passagers ; elle peut irriter, aigrir les caractères, créer une sorte de prévention morale contre des gens qu'il eût été facile de ramener et qui, exposés au pilori de la médisance, s'enfoncent plus avant et pour toujours dans la mauvaise voie.

Elle pénètre dans les secrets des familles, dans la vie privée, et ne jouit jamais autant que lorsqu'elle a mis au jour ce qui était destiné à demeurer dans l'ombre et le mystère ; elle est sans pudeur et sans pitié. Que de cœurs elle a blessés profondément, et quelquefois d'une manière irrémédiable !

L'honnête homme tient la médisance pour méprisable ; ses chuchotements lui font honte ; fût-elle inoffensive, elle est indigne de lui ; si elle est malfaisante, il s'en détourne avec horreur.

IV. — RESPECT DE LA PERSONNE DANS SES OPINIONS
ET SES CROYANCES

Il faut toujours partir de ce point en morale que nous devons respecter en autrui ce que nous voulons qu'on respecte en nous-mêmes. Or, s'il est une chose à laquelle nous tenions, ce sont nos idées, nos opinions, nos croyances. Cela, c'est notre bien, c'est notre propriété personnelle, c'est nous-mêmes. Faire violence à un homme, pour lui arracher ses convictions, ou pour les refouler, pour l'obliger à en changer ou à les démentir, c'est s'attaquer à ce qu'il y a de plus intime et de plus sacré en lui, c'est commettre une injustice qui peut aller jusqu'au crime.

Cette vue, qui paraît aujourd'hui si juste, qui fait partie des règles les plus élémentaires de la morale moderne, n'a pas toujours été acceptée. Il a fallu le progrès des siècles et des luttes aussi longues qu'acharnées pour arriver à l'idée si simple de la tolérance ; l'on peut dire que, même à présent, elle a encore à lutter contre les habitudes et les prétentions d'autres âges.

On estimait autrefois que le prince, ou l'État, ou l'Église avaient le droit d'imposer l'uniformité des opinions et des croyances. Quiconque s'écartait du type reçu devait y être ramené. On se représentait la société intellectuelle comme une haie bien taillée où les ciseaux du jardinier retranchent tout ce qui fait saillie.

Rien n'était assez énergique pour soumettre ou écraser les récalcitrants ; les tourments, la prison, le bannissement, la mort sous toutes les formes devaient avoir raison des opinions individuelles qui ne s'accordaient pas avec la croyance officielle et collective. Socrate a bu la ciguë, Jésus a été crucifié, Jean Huss a été brûlé, les Juifs ont été persécutés, les protestants exterminés. On regardait comme un ennemi public quiconque manifestait des convictions philosophiques, religieuses ou politiques différentes de celles de la majorité ou des maîtres du moment.

Dioclétien ne pensait pas là-dessus autrement qu'Innocent III ou Philippe II, ni Louis XIV autrement que Cromwell ou Robespierre.

L'intolérance en matière religieuse s'est toujours montrée plus impitoyable que toute autre. C'est qu'aux raisons d'intérêt d'État se joignaient des sophismes d'un ordre particulier. Le fanatisme colorait sa cruauté du prétexte de couvrir la majesté divine, de défendre la vérité en danger, de préserver les âmes du péril d'hérésie, et de sauver les coupables eux-mêmes de la damnation éternelle, au prix de souffrances passagères.

Tous ces sophismes dérivent de l'erreur colossale où vivent les gens qui se croient en possession exclusive de la vérité absolue. Ignorant les conditions réelles de la connaissance et les bornes de l'esprit humain, imbus de préjugés qu'ils n'ont pas le courage ou la force de contrôler, aveuglés par l'orgueil, ils se figurent qu'ils sont les dépositaires uniques d'une vérité authentique et immuable, et ils prennent leurs propres conceptions ou celles qui leur ont été léguées par des devanciers pour le dernier mot de la révélation de tous les mystères.

C'est une opinion, et, à ce titre, elle peut figurer dans le catalogue des opinions humaines; mais ce

n'est pas davantage. Nul homme n'est ici-bas le
champion de la majesté divine ; la vérité ne court
de danger que de la contrainte et du silence ; elle
ne vit que de contradiction, de discussion, de liberté
et de lumière ; elle jaillit peu à peu de l'erreur ;
elle revêt, avec les siècles, des vêtements différents ;
elle subit le reflet des intelligences qu'elle tra-
verse ; nul ne la possède tout entière, nul n'en est
entièrement privé.

Nous n'avons pas le droit d'imposer par la force
nos opinions à autrui, et même nous n'en avons
pas le moyen. C'est là ce qui fait la folie de l'intolérance. Si elle ne se borne pas à supprimer la
résistance, si elle veut encore gagner l'adhésion,
elle prend juste le chemin opposé au but.

La conviction se forme par l'évidence ; il n'y a
qu'un moyen de la faire pénétrer dans les esprits,
c'est la persuasion.

Nulle œuvre n'est plus délicate que de persuader ;
il faut avant tout désarmer les préventions, inspirer
la confiance, prévoir ou réfuter les objections,
donner des preuves, gagner l'esprit, gagner le cœur.
S'il s'agit de convictions qui touchent aux intérêts
les plus élevés de l'homme, aux doctrines de l'ordre
social, religieux ou philosophique, elles exigent le
don spontané de soi-même, une adhésion libre et
sans arrière-pensée.

Rien d'aussi impuissant que la force brutale pour
produire un pareil résultat.

Rien non plus n'est plus impie et plus criminel.
La consc' ice est la retraite suprême et inviolable,
et il n'appartient ni à un homme ni à l'État d'y
porter la main. Chacun n'est responsable de sa foi
que devant lui-même ; juste ou erronée, elle a droit

au respect de tous. Ce respect mutuel est le solide fondement de la paix sociale.

Si l'on ne peut plus aujourd'hui persécuter ostensiblement pour cause de croyances, l'intolérance ne trouve pas moins cent occasions de se manifester. On retire à des ouvriers leur travail, à des marchands leur clientèle; on pèse sur les familles pauvres ou gênées; on entrave, par les moyens d'influence dont on dispose, la libre manifestation des opinions; on exploite la misère de ceux-ci, les embarras ou les besoins de ceux-là pour obtenir des actes contraires à leurs convictions.

Ce sont de coupables manœuvres qui témoignent chez les uns le mépris de la conscience, qui provoquent chez les autres l'hypocrisie.

Nous devons nous abstenir de traiter en termes violents et injurieux les opinions et les croyances des autres, pour deux raisons : l'une c'est que l'injure n'est jamais une raison, l'autre c'est que nous serions offensés nous-mêmes d'être traités de la sorte.

Rire et se moquer ne vaut pas davantage. C'est encore une forme de l'intolérance, trop souvent familière à des gens qui n'ont pas assez d'anathèmes contre l'intolérance. Accabler de railleries, tourner en dérision des opinions sincères est un mauvais moyen de les corriger si elles sont fausses; c'est, en tout cas, la marque d'un esprit malveillant et étroit.

Nous ne sommes pas tenus, cela va sans dire, de nous incliner en silence devant toute opinion ou toute croyance. Le silence n'est pas toujours une preuve de respect; il peut n'être que du dédain. Discuter avec gravité, contredire avec bienveillance,

11.

chercher à s'éclairer ou à convaincre son interlocuteur, user même, à l'occasion, de véhémence ou d'ironie, rétorquer des arguments, apporter des preuves, se rendre sur les points où l'on est convaincu, et maintenir fermement son opposition tant qu'on la croit juste, c'est manifester du respect tout ensemble pour la vérité et pour les opinions et croyances d'autrui.

V. — RESPECT DE LA PERSONNE DANS SES MOINDRES INTÉRÊTS, DANS TOUS SES SENTIMENTS

L'INJUSTICE.

Les hommes, au milieu desquels nous vivons, ne sont pas des jouets pour nos fantaisies ou des instruments pour notre bénéfice. Chacun d'eux est une personne et nous devons avoir égard à ses intérêts et à ses sentiments.

Il y a des gens qui se figurent que le monde est fait pour eux, qu'il faut que tout leur cède, qu'on doit se gêner pour leur être agréable et qu'il est inutile qu'ils se gênent à leur tour. Ils vont leur chemin sans se préoccuper d'autrui ; ils parlent à tort et à travers sans prendre garde si, par des propos légers, railleurs ou inopportuns, ils ne blessent pas les sentiments des personnes présentes.

Leurs paroles ou leurs actes risquent de froisser des souvenirs de famille, de légitimes susceptibilités, des amitiés, des sympathies, des goûts, des habitudes qui méritent qu'on les ménage, que les autres ont le droit d'avoir et qu'on a le devoir de respecter.

Si l'on fait queue à la porte d'un théâtre, d'une gare, d'une exposition, ils s'arrangent pour couper la file, se substituer à d'autres qui attendent depuis plus longtemps qu'eux.

Entrent-ils quelque part, ils prennent sans hésiter les places que d'autres se sont réservées.

S'ils mettent la main au plat, ils choisissent le meilleur morceau, sans égards pour les convenances ou les droits d'autrui, pour les vieillards, les femmes ou les malades.

Dans une voiture publique, ils encombrent tout de leurs bagages, de leurs mouvements, de leurs repos, de leur conversation bruyante ou malséante.

Arrivent-ils tard dans une maison où l'on dort, dans une auberge, dans un hôtel, ils causent à haute voix, jettent les objets avec bruit, ne ménagent le repos de personne.

Ils abusent de la faiblesse ou de la timidité des gens pour leur extorquer des avantages, pour fouler aux pieds leurs droits, les priver de ce qui leur revient, les traiter en sujets de pays conquis.

Ce sont des bagatelles, dira-t-on; mais c'est de ces bagatelles que la plupart du temps la vie est faite; les menues injustices ne sont pas moins des injustices; le droit doit être respecté dans les petites choses comme dans les grandes.

D'ailleurs, ce n'est pas toujours l'indifférence, l'inattention, l'égoïsme naïf qui inspirent une telle conduite. Elle est plus odieuse encore quand c'est le sentiment de l'envie qui la dicte.

L'ENVIE.

On est irrité de voir les autres jouir d'avantages dont on est exclu, exercer des droits qu'on voudrait avoir et qu'on n'a pas; on s'efforce de les en priver, dût-on n'en pas jouir soi-même; on éprouve le besoin de faire de la peine, de faire du mal, de nuire pour le plaisir de nuire.

Ce sont des ennuis que l'on crée, des coups d'épingle, des vexations de toute nature.

On est jaloux de ceux qui réussissent; leur char roule trop bien; on leur jette des bâtons dans les roues.

LA DÉLATION.

Ce sentiment, l'un des plus bas du cœur humain, peut mener loin. Pour nuire à ceux qu'on envie, dont on veut troubler l'existence, on peut aller, de vilenie en vilenie, jusqu'à la délation. On se fait leur espion, on leur tend des pièges, on guette avec vigilance leur moindre écart, on s'empresse de les dénoncer à ceux dont ils dépendent, on se fait l'exécuteur des basses œuvres de la jalousie.

Il peut être honorable, dans certains cas, vertueux et patriotique de dénoncer des fautes et des abus, des dénis de justice, des prodigalités coupables, des agissements dangereux; mais il faut le faire hautement, à visage découvert, pour la délivrance des victimes, pour le redressement des torts. La délation, au contraire, est haineuse, secrète, presque toujours anonyme; elle vise la personne et non l'acte; elle a pour but de nuire et non de redresser; elle n'est pas œuvre de courage, mais de lâcheté.

Même dans la vie de l'écolier cette mauvaise action peut trouver sa place ; les enfants, doués du sens de la justice et de l'honneur, flétrissent du nom de cafards ceux d'entre eux qui croient se faire bien venir du maître en lui rapportant les actes de leurs camarades, ou qui les dénoncent pour les faire punir.

Un bon maître, loin d'encourager de tels agissements, loin surtout de les provoquer et d'en profiter, doit les réprimer avec indignation. Il faut qu'au son même de sa voix, au regard de ses yeux, les enfants comprennent l'odieux d'une telle conduite, et en gardent l'impression toute leur vie. Il vaut mieux qu'un maître, qu'un père ignorent à jamais le nom d'un coupable que d'en devoir la connaissance à la délation d'un camarade ou d'un frère.

Vous pouvez être sûr que si vous élevez vos enfants dans ces sentiments de délicatesse et d'honneur, ils seront plus prompts à se dénoncer eux-mêmes en cas de faute qu'enclins à laisser peser le soupçon sur des innocents.

VI. — RESPECT DE LA PERSONNE DANS SES BIENS

Le droit de propriété. — Caractère sacré des promesses et des contrats.

LE DROIT DE PROPRIÉTÉ.

C'est pousser loin l'amour du paradoxe que de contester le droit de propriété ; ceux même qui, par plaisir d'esprit et par défi au bon sens s'amusent à le contester, sont les premiers à le soutenir dans la pratique et à en profiter.

Le droit de propriété est fondé dans la nature des choses; il est la condition de toute société humaine. Ses origines légitimes sont la première occupation et le travail. Le premier homme qui a mis la main sur un coin de terre et qui l'a défriché s'est acquis des droits sur ce champ; le premier qui a creusé une grotte, élevé une cabane pour s'y abriter s'est acquis des droits sur cette demeure.

Il est vrai que de plus forts que lui ont pu l'en chasser par violence et s'emparer des fruits de son travail; le seul fait que nous déclarons cette violence injuste est une attestation du droit de propriété. Ces violents, ces plus forts n'ont pu à leur tour garder leur prise qu'à la condition de l'entretenir, d'y consacrer leur force, leurs soins et leurs peines. Même mal acquise, la propriété ne se conserve que par le travail.

Nul ne peut nier qu'il y ait eu, dans le cours des âges, d'innombrables actes de violence, de rapt, de dépossession brutale et inique. Ce sont autant d'atteintes qui ont été portées au droit de propriété; elles ne prouvent pas que ce droit n'existe pas; elles en ont été la violation coupable et trop souvent impunie.

Aujourd'hui les lois protègent l'individu contre de telles entreprises; elles établissent la propriété sur des bases régulières; elles en règlent la possession et la transmission.

L'HÉRITAGE.

Le droit de propriété a pour conséquence nécessaire le droit de tester et d'hériter. Celui qui possède ne possède pas pour lui seul ; il possède aussi pour les siens, pour sa famille. Il acquiert pour eux autant que pour lui ; eux, c'est lui ; il se retrouve et il revit dans ses enfants ; il se priverait de pain pour leur en donner. Son bien n'est pas à lui s'il ne peut le leur partager et le leur transmettre. Quand il travaille, ce n'est pas seulement pour l'heure présente et pour ses propres besoins, c'est pour ses enfants et pour l'avenir. Otez-lui cette préoccupation, cette espérance, ce droit, et vous brisez en lui l'aiguillon du travail, l'esprit de prévoyance et d'économie.

Ce n'est pas la législation des hommes, c'est la volonté même de la nature qui a établi l'hérédité. Les enfants héritent des pères leurs traits, leur caractère, leur nationalité, le fruit de leur travail. L'hérédité est, de plus, une condition de progrès. Il est bon que tout ne soit pas à reprendre de fond en comble à chaque génération, qu'il y ait des biens acquis par le père, par les aïeux, qui permettent certains travaux et certaines entreprises auxquels ne peuvent se livrer ceux qui ont tout à faire, qui ont à commencer par le fondement l'édifice de leur fortune.

Qu'il vienne de notre travail ou du travail de nos aïeux, qu'il soit le produit d'une longue économie ou de circonstances fortuites, notre bien est à nous ; nul n'a le droit d'y porter la main ; nous pouvons en user et en abuser, à notre profit et à notre détriment, en toute liberté et sécurité ; nous pouvons le donner, le transmettre, le léguer après nous à qui il nous plaît.

Dans l'intérêt de la communauté sociale, la loi a apporté certaines conditions et restrictions à l'héritage ; mais le droit de propriété individuelle n'en est pas atteint. Et il ne doit pas l'être. Car il est une condition et une garantie du libre développement de la personnalité.

LE COMMUNISME.

Quelques esprits ont considéré le communisme comme un degré supérieur de la société ; ils l'appellent une idée avancée. Erreur profonde. C'est une idée arriérée. La promiscuité des biens est un état d'enfance. A mesure que l'homme se développe, progresse, avance, il entend que sa personnalité se dessine ; il veut avoir son chez lui ; il veut marquer de son cachet personnel ses œuvres, sa demeure, tout ce qui l'entoure et tout ce qui lui sert ; il veut des instruments qui soient à lui, un espace qui ne soit pas banal, mais où il se meuve comme il lui plaît et où il jouisse de la sécurité et de l'indépendance.

La propriété est nécessaire à la liberté, à la dignité de l'homme ; elle étend, elle prolonge, elle agrandit son être et son influence. Il n'est pas nécessaire qu'elle soit considérable ; il suffit qu'elle soit sûre. Si elle est médiocre, l'effort de l'homme tendra à l'accroître ; à la consolider, si elle est importante ; mais dans l'un et dans l'autre cas, elle est une condition d'énergie morale et un instrument, un levier pour l'action.

Nous sommes tenus de respecter la propriété d'autrui comme nous voulons qu'on respecte la nôtre, qu'elle soit grande ou petite. Car personne n'a le droit de décider ce qui nous est nécessaire ou non, utile ou non. Nous en sommes les seuls juges.

LE VOL.

Il y a bien des manières de porter atteinte à la propriété d'autrui. Le brigandage à main armée, la rapine par violence, le vol avec effraction, le vol simple sont des crimes et des délits que la loi punit et que l'opinion flétrit sévèrement.

Le maraudage, enlèvement furtif des fruits de la terre, le braconnage, chasse prohibée, sont souvent regardés comme des actes indifférents ou de peu d'importance ; ils sont des vols. Ceux qui en sont en quelque degré les victimes le savent bien, si les auteurs le contestent ou en rient. On ne doit traiter légèrement aucune espèce de vol ; ce n'est pas la valeur des objets dérobés, mais le fait même de s'approprier le bien d'autrui qui fait la gravité de la faute.

Il y a des gens qui se feraient scrupule de voler une somme considérable et qui ne craignent pas de mettre la main sur de petites choses. On respectera l'argent, on dérobera un livre ; on ne pénétrera pas dans une maison fermée, on ramassera un objet qu'on trouve sur sa route et on le gardera sans rien dire.

LA FRAUDE.

La fraude, sous ses formes multiples, n'est pas autre chose que le vol. C'est voler que de tromper un client sur la marchandise vendue, soit qu'on lui donne une qualité inférieure à celle qu'il a demandée, soit qu'on lui donne une quantité inférieure à celle qu'il paye. Donner sciemment de la fausse monnaie ou livrer sciemment des denrées falsifiées, c'est un vol de même nature.

C'est voler encore que de ne pas faire consciencieusement l'ouvrage auquel on s'est engagé, de soustraire pour son plaisir ou sa paresse des heures de travail qu'on se fera payer, de se faire rembourser plus qu'on n'a dépensé. Depuis la cuisinière qui fait danser l'anse du panier jusqu'à l'usurier qui s'enrichit de la détresse ou de l'ignorance des gens, depuis le manœuvre ou l'employé qui abuse de la bonne foi du patron jusqu'au spéculateur qui fonde sa fortune sur la crédulité publique, l'échelle peut compter bien des échelons, mais c'est le vol sur toute la ligne. L'escroquerie grossière ou la tromperie raffinée ne diffèrent que d'apparence; elles sont de la même famille et visent au même but : voler le bien d'autrui.

De tous temps l'amour de l'or a poussé les hommes à mille infamies, grandes ou petites; ils ne se contentent pas du gain légitime que procure le travail; il leur faut des satisfactions plus promptes et plus étendues, et ils les cherchent dans le gain malhonnête. Nous ne saurions trop résister à cette tentation, qui nous enveloppe de toutes parts, et que fortifient les milliers d'exemples placés à tout instant sous nos yeux.

Il faut y résister dans les petites choses comme dans les grandes, ne jamais rechercher, ni accepter, ni désirer de l'argent mal acquis. La pente est glissante, et qui y met une fois le pied ne sait jusqu'où il descendra.

L'homme qui emprunte et qui ne rend pas ne manque pas moins à la probité que celui qui dérobe. Il semble même, contrairement à l'opinion générale, qu'il ait commis une faute plus grave; car non seulement il s'approprie indûment le bien d'autrui, mais il se montre ingrat envers l'homme qui l'a obligé et il viole une promesse qu'il avait librement faite.

Cette promesse peut-être n'avait pas été écrite; on s'était contenté de sa parole; on l'avait traité en homme d'honneur, en honnête homme. Cette confiance le liait encore davantage, s'il est possible.

LES PROMESSES ET CONTRATS.

C'est bien là ce qui fait le caractère sacré des promesses. Elles sont un lien moral entre deux hommes. Celui qui les fait, les fait librement, de son plein gré; il sait à quoi il s'engage. Celui qui les reçoit les tient pour une parole certaine, leur accorde une valeur réelle; elles sont devenues son bien.

C'est le frustrer que de lui manquer de parole.

Le contrat est, lui aussi, une promesse, la plupart du temps une promesse réciproque: c'est un accord en vertu duquel deux ou plusieurs personnes s'engagent mutuellement à faire ou à ne pas faire

certaines choses, soit pour l'avantage d'un seul,
soit pour l'avantage de plusieurs.

Quand le contrat a été fait en forme légale, passé
devant un notaire, revêtu des signatures des con-
tractants, il devient une obligation à laquelle on ne
peut se soustraire sans encourir les pénalités du
code. Mais, pour l'honnête homme, il n'y a pas
besoin de l'obligation légale; il se sent aussi bien
et mieux lié encore par l'obligation morale. Il
n'essaiera pas de se soustraire à ses engagements, il
ne rusera pas avec eux, il ne cherchera pas des
finesses pour y échapper, il ne profitera pas d'une
lacune, d'un oubli, d'une négligence pour violer
le contrat. Il l'exécutera honnêtement, fidèlement,
dans le sens et dans l'esprit où il s'est engagé.

Il faut certaines conditions pour que le contrat
soit moralement valable; il faut qu'il n'ait pas été
arraché par la violence ou extorqué par la fraude,
que celui qui s'est engagé jouisse de sa raison, ne
soit ni un enfant ni un fou, qu'il ait compris la
valeur de son engagement, que le contrat ne con-
tienne rien d'impossible ou d'illicite. Des engagements pris en dehors de ces conditions seraient
caduques et ne tiendraient ni devant la loi ni devant
la conscience.

DEVOIRS DE CHARITÉ

Obligation de défendre les personnes menacées — dans leur vie — leur liberté — leur honneur — leurs biens. — La bienfaisance proprement dite. — Le dévouement et le sacrifice. — Devoirs de bonté avec les animaux.

Nous n'avons pas fait tout ce que nous devons quand nous nous sommes abstenus de faire du mal. Ne pas tuer, ne pas violenter, ne pas diffamer, ne pas voler, ce sont des vertus d'un ordre inférieur, si ce sont même des vertus. Il suffit de suivre les simples indications de la nature, de se tenir à l'écart des entraînements grossiers et des passions brutales. D'ailleurs, les sanctions de la loi, la crainte de l'opinion et de ses rigueurs, la mode, le bon ton, l'amour-propre, l'habitude préservent la plupart du temps de ces actes coupables.

Le respect de soi-même préserve de fautes moins graves, moins visibles, moins réprouvées de l'opinion, et qui sont néanmoins nuisibles au prochain.

LA CHARITÉ.

Un autre sentiment doit nous inspirer dans nos relations avec les hommes : c'est celui de la charité. Ce sentiment nous est inné. Nous éprouvons de la tendresse pour ceux qui nous tiennent de près, de la bienveillance pour les petits, de la pitié pour ceux qui souffrent. Bien plus, nous avons de la sympathie pour tout ce qui appartient au genre humain. Sans doute, dans la vie de chaque jour, au milieu

de la foule qui nous environne, le plus grand nombre
nous laisse indifférents. Mais si nous étions, par
suite de circonstances exceptionnelles, jetés dans
une solitude absolue, avec quelle joie ne verrions-
nous pas arriver auprès de nous un homme ? Nous
fût-il inconnu, il cesserait bien vite de l'être, il ne
nous paraîtrait pas un étranger. Ce serait pour
nous un homme, un ami, un frère, tant la seule
qualité d'homme nous touche.

Cette sympathie, nous désirons qu'on l'éprouve
pour nous ; nous voulons n'être pas étrangers et
indifférents aux autres ; nous voulons que dans
leurs rapports avec nous, ils apportent des sentiments de bienveillance qui inspirent leur conduite
à notre égard.

Ce que nous demandons aux autres, ce qui fait
vraiment la grandeur et le charme des relations
humaines, nous le leur devons à notre tour.

Il ne suffit pas de respecter la vie du prochain ;
nous devons la défendre si elle est menacée.
L'égoïste qui, voyant un homme en danger de mort
et pouvant le sauver, s'enfuirait lâchement pour
échapper lui-même au danger, aurait commis une
mauvaise action. Il ne pourrait se justifier ni aux
yeux de la conscience publique ni à ses propres
yeux, en alléguant qu'il n'a fait aucun mal, qu'il se
serait bien gardé d'attenter à la vie d'autrui, qu'il
fallait subir des ennuis, déployer de rudes efforts,
courir un danger personnel. Une voix intérieure
nous dit que ces excuses sont misérables, insuffisantes, inacceptables. Nous devons défendre la vie
de notre prochain contre les ennemis qui l'atta-
quent, essayer de la sauver de l'incendie, de l'inon-
dation, du naufrage, de la maladie.

Sans doute il faut, pour accomplir ces actes, plus d'énergie que pour s'abstenir de faire du mal. C'est là justement que l'honnête homme se reconnaît. Il ne se croit pas quitte de son devoir à si bon marché; il sait que la vertu est un effort.

Il sait aussi qu'elle ne se borne pas aux actes, mais qu'elle doit présider à nos sentiments. C'est pour cela qu'il aura souci de ceux que la misère expose à des dangers mortels, des enfants abandonnés qui risquent de périr faute d'appui et de secours, et qu'il éprouvera de la compassion pour tous les misérables. Il ne se lavera pas les mains en disant : «Je n'y puis rien, que la société fasse son œuvre. » Mais il pensera qu'il fait lui-même partie de la société, et qu'il a des devoirs individuels à remplir envers tous ceux dont la vie est menacée par l'inclémence du temps ou par l'incurie des hommes.

Comme il connaît le prix de la liberté, comme elle leur est à lui-même plus chère que la vie, il se fera à l'occasion le défenseur de la liberté d'autrui. De quel respect l'histoire entoure aujourd'hui le nom de tous ceux qui ont lutté pour l'affranchissement du genre humain ! En prodiguant leurs forces, leurs talents, leurs sueurs et leur sang pour cette noble cause, ils ne croyaient pas accomplir une œuvre extraordinaire, mais simplement faire leur devoir. Et pour ne parler que de l'esclavage proprement dit, qui a pesé si longtemps comme une honte sur les nations modernes, la postérité n'oubliera jamais les Montesquieu, les Voltaire, les Wilberforce, les Channing, les Parker, les Arago, es Schœlcher, les Lincoln et tant d'autres qui ont utté de leur personne et de leur parole pour en mener l'abolition. En défendant la cause sacrée de la liberté individuelle, ils n'ont pas fait plus que leur devoir, mais ils l'ont fait tout entier.

L'honnête homme ne fera que son devoir en s'opposant à toute tentative d'oppression, de tyrannie, d'abus de la force, en prenant la défense des petits et des faibles, en revendiquant leurs droits, fût-ce au détriment même de ses propres intérêts.

L'honneur des autres lui tiendra à cœur. Il ne se contentera pas d'écarter de ses lèvres la calomnie, il la réduira à l'impuissance. C'est trop souvent par la complicité de notre silence, de nos sourires, de notre inattention que la calomnie fait son chemin. Nous devons l'arrêter au passage, lui montrer un visage sévère, la forcer dans ses retranchements, lui imposer la preuve de ses allégations ; bien plus, nous devons la combattre, la détruire, prendre parti pour les diffamés.

Si les honnêtes gens se montraient moins complaisants, moins faibles, disons le mot, moins lâches en face des audaces des larrons d'honneur, ceux-ci s'arrêteraient dans leur coupable métier.

Un proverbe dit que les absents ont toujours tort. C'est notre faute. Nous ne devons pas souffrir qu'on attaque les absents devant nous. Leur honneur doit nous être aussi précieux que le nôtre. Mettons-nous à leur place, supposons qu'il s'agisse de notre personne, de notre réputation, et demandons-nous si nous ne serions pas heureux qu'un ami, connu ou inconnu, prît notre cause en main. L'absent est livré aux bruits de la méchanceté comme l'homme nu, désarmé, enchaîné, que de sauvages assaillants cribleraient de leurs armes : nous ne pouvons le souffrir sans protester, sans essayer de détourner les coups.

Nous ne pouvons pas dire : cela ne me regarde

pas. C'est souvent faire le mal que le laisser faire.

Le meilleur moyen de protéger et de sauver l'honneur d'autrui est de nourrir pour les hommes des sentiments de bienveillance, de relever le bien qu'ils font, d'interpréter leurs actes et leur langage dans le sens le plus favorable, de parler d'eux avec bonté, avec sympathie, avec estime. Que de fois les hommes deviennent meilleurs par l'estime qu'on leur témoigne, et comme ils sont plus soucieux de leur honneur à mesure qu'on leur montre le prix qu'on y attache ! Même quand un homme est tombé dans une faute, ce n'est pas en l'accablant qu'on le corrigera. Une bonne parole fera plus qu'une amère raillerie ; le repentir naît plus souvent d'une bienveillante tristesse que de jugements acerbes et désespérants. Montrez au coupable que le chemin de l'honneur est encore ouvert devant lui, et il y reviendra plus sûrement que si vous l'accablez de vos orgueilleuses sévérités.

La loi ne frappe pas seulement le voleur, elle atteint aussi ses complices. Celui qui met la main sur le bien d'autrui n'est pas seul coupable ; il y a aussi celui qui lui tient l'échelle, celui qui lui ouvre la porte, celui qui fait le guet, celui qui recèle le produit du vol. La morale ajoute : celui qui reste simple spectateur, celui qui aurait pu empêcher le vol et qui est resté coi.

C'est être moralement complice d'un vol que de ne pas s'y opposer, non seulement du vol brutal qui consiste à enlever violemment ou à dérober furtivement, mais encore de toute spoliation, de quelque nom qu'elle se déguise et sous quelque forme qu'elle se présente.

Nous devons notre appui et notre secours à ceux

qui ne sont pas en état de se protéger eux-mêmes contre la fraude, soit par faiblesse, soit par ignorance. Nous devons les éclairer, les guider, les défendre. Et ce ne sera pas pour nous un effort pénible, mais une véritable satisfaction, si nous avons au cœur l'amour de nos semblables. Nous serons heureux, non de ce qui nous est utile, mais de ce qui est utile aux autres, non d'augmenter nos biens, mais de préserver et d'accroître le bien-être d'autrui.

LA BIENFAISANCE.

Nous le ferons, s'il le faut, en sacrifiant du nôtre. Car ce n'est pas assez de ne pas prendre, ce n'est pas assez de protéger, il faut aussi savoir donner. La bienveillance doit aller jusqu'à la bienfaisance.

La forme la plus connue et la plus simple de la bienfaisance, c'est l'aumône. C'est aussi la plus facile et la moins féconde. Trop souvent l'aumône est un moyen rapide de nous acquitter de nos devoirs envers l'humanité. On rencontre un mendiant, il est déguenillé, hâve, amaigri, il se plaint, il insiste, il vous harcèle. On lui jette une pièce de monnaie, autant par pitié que pour se débarrasser de lui.

Ce n'est pas réellement de la bienfaisance. L'aumône ainsi comprise risque de devenir une prime à la paresse, un encouragement à la mendicité. La vraie bienfaisance s'assigne pour but de diminuer le nombre des mendiants, de secourir les pauvres en leur donnant d'abord le pain nécessaire, les vêtements, le logement, mais surtout en leur procurant une vie régulière, des moyens de travail et d'indépendance.

La bienfaisance doit être active, intelligente, respectueuse de la liberté et de la dignité de ceux qu'elle secourt. Elle n'est pas dupe des fausses misères, mais elle n'est pas dure aux malheureux ; elle n'est pas hautaine, intolérante ; elle ne se borne pas à des dons matériels ; elle compatit aux souffrances, elle accompagne ses secours de paroles de consolation et de relèvement ; elle sait placer un bon conseil, ouvrir un espoir, sécher les larmes, calmer les irritations et les impatiences, donner non seulement de sa bourse, mais de son cœur.

Son vrai nom, c'est la charité : la plus haute vertu, la plus humaine, la plus féconde, celle qui contient en elle, qui inspire, qui éclaire, qui facilite tous nos devoirs envers les hommes.

LE DÉVOUEMENT.

Dans les situations graves, la charité s'élève jusqu'au dévouement et au sacrifice. Ces sentiments ne se raisonnent pas, ils s'imposent. Ils emportent l'homme hors de lui-même, au-dessus de lui-même. Ils l'amènent à donner son temps, ses biens, sa sécurité, sa vie pour le bien et le salut des autres. Le froid raisonnement demande s'il en vaut la peine, si l'objet est toujours à la hauteur du sacrifice, si la liberté ou le bonheur d'une foule ignorante, la vie d'un enfant, d'un vieillard, d'un être obscur et insignifiant équivalent à la mort d'un héros.

L'honnête homme ne se pose pas. de pareilles questions, et ne connaît pas ces calculs. Il se dévoue par un élan spontané, il obéit à sa conscience, il fait son devoir. Et le genre humain qui applaudit, qui admire, qui glorifie les grands dévouements et les héroïques sacrifices, témoigne qu'ils ne sont pas une folie, mais la plus haute expression du devoir et le dernier mot de la vertu.

DEVOIRS DE BONTÉ POUR LES ANIMAUX.

La bonté marque partout son empreinte, dans les petites choses comme dans les grandes. Si elle enseigne la prévenance et la mansuétude envers les hommes, si elle dicte la bonne grâce et la politesse, si elle inspire la bonne humeur, qui aplanit tant de difficultés, elle va jusqu'à commander la douceur envers les animaux, comme envers des êtres faibles et qui dépendent de nous.

L'homme a le droit de se défaire des animaux dangereux ou nuisibles; il règne sur la création et emploie à son usage le monde animal; mais il n'a pas le droit d'user de cruauté envers les bêtes.

Maltraiter les animaux domestiques, les frapper, les blesser par impatience, par légèreté, par dureté d'âme, prendre plaisir à faire souffrir un être vivant, c'est se dégrader soi-même et s'habituer à la cruauté, dont la seule pensée doit nous faire horreur.

Le charretier qui roue de coups le pauvre cheval accablé d'un lourd fardeau, le boucher qui torture par avance les bêtes auxquelles il va donner la mort, l'enfant qui martyrise les chiens, les chats, les oiseaux, les hannetons, les mouches, qui met sa joie au spectacle de la douleur, commettent des actes répréhensibles, manquent à leur devoir d'êtres humains, font preuve de brutalité, de méchanceté, tout au moins d'irréflexion qui trahit un cœur sec.

Il ne faut pas confondre la bonté avec la faiblesse. Celle-ci ne résiste pas plus au mal qu'au bien; elle cède à toute pression, à toute instance, à toute tentation. L'homme faible paraît bon, parce qu'il plie toujours ; mais sa bonté ne se traduit pas par de vigoureux efforts pour combattre ou réparer l'injustice. La véritable force d'âme, celle qui se manifeste avec la même énergie pour le bien que contre le mal, s'allie seule avec la véritable bonté, et elle ne rougit pas d'étendre sa compassion jusqu'aux plus infimes créatures.

DEVOIRS DE FAMILLE

Devoirs des parents entre eux. — Devoirs des enfants envers leurs parents. — Devoirs des enfants entre eux. — Le sentiment de la famille.

I. — DEVOIRS DES ENFANTS ENVERS LEURS PARENTS

Le lieu du monde où il fait le meilleur vivre, où l'on se trouve le plus heureux, le plus à l'aise, c'est sa famille, le chez-soi, la maison (*domus*). Il fait bon y être, mais à une condition, c'est que l'ordre y règne. Une maison sale, désordonnée, bruyante, pleine de poussière ou de querelles, ce n'est plus le chez-soi, le bon nid bien doux et bien sûr, c'est un lieu de supplice ; on a hâte de le fuir.

L'ordre règne, non seulement quand chaque objet est à la place qui lui convient, mais quand chaque

membre de la famille remplit ses devoirs vis-à-vis
des autres. C'est dans la famille en effet que commence l'échelle des devoirs ; c'est là que l'homme
en fait le premier apprentissage ; c'est là que la
violation des devoirs réciproques est le plus douloureuse et le plus funeste.

Ce qui apparaît avec une entière évidence, c'est
que les enfants ont des devoirs vis-à-vis de leurs
parents. Les parents sont les chefs et les maîtres de
la famille. C'est d'eux, de leur volonté, de leur tendresse, de leurs ressources, de leur travail que
dépendent et vivent les enfants. Les enfants doivent
tout à leurs parents ; ils en ont tout reçu : la vie, la
nourriture, les soins les plus délicats et les plus
constants, l'abri de leurs jours et de leurs nuits, les
vêtements qui les couvrent, la chaleur du foyer, le
nom qu'ils portent, la langue qu'ils parlent, la place
petite ou grande qui leur est faite au milieu des
hommes.

L'OBÉISSANCE.

Le premier devoir des enfants vis-à-vis des parents,
comme c'est aussi leur première nécessité, c'est
l'obéissance. Le petit enfant, si la main de ses parents
l'abandonnait, serait fatalement voué à la souffrance
et à la mort. Il ne peut rien par lui-même ; il n'a
ni la force, ni l'expérience, ni la raison suffisante.
Dans ses premières années, obéir est la condition
même de son existence. S'il n'obéit pas de lui-même,
il faut l'y contraindre : sa vie même en dépend. Plus
il se soumet docilement aux volontés de ses parents,
plus il est dans l'ordre et dans la sécurité.

A mesure qu'il grandit, l'enfant sent croître ses

forces et sa volonté ; il cherche à s'affranchir de l'obéissance; il se croit capable de se conduire lui-même ; il résiste aux ordres de ses parents ; il préfère ses caprices à leur direction.

Son erreur est grande. Il n'a jamais eu plus besoin d'obéir qu'au moment où ses actes ont plus d'importance. Ses parents savent mieux que lui la portée de ce qu'il fait, de ce qu'il doit faire. Il a la vue courte ; il ne voit que le moment présent ; ils ont l'expérience de la vie ; ils voient son avenir ; ils le contrarient pour son bien. Ce que l'enfant juge agréable lui peut être funeste ; ce qu'il estime ennuyeux, pénible, mauvais, peut lui être salutaire.

Ne fût-ce qu'au point de vue de l'ordre et du bien-être, une maison où les enfants désobéissent aux parents, s'affranchissent de la règle, mettent leur caprice, leur obstination, leur propre agrément au-dessus de la volonté paternelle, n'est bientôt plus tenable ; un ver rongeur s'y est glissé ; les fondements ne tardent pas à s'ébranler ; la famille se disloque ; il y a encore des gens qui vivent ensemble, que la nécessité réunit ; il n'y a plus de foyer domestique.

Tant que l'enfant est petit, l'obéissance est sa sauvegarde. Ses parents veillent pour lui. Il faut qu'il obéisse, pour ainsi dire, les yeux fermés, aveuglément. A mesure que les années s'écoulent, son obéissance est plus éclairée, plus volontaire. Il obéit parce que c'est son devoir, parce que l'obéissance au père, à la mère, est une vertu. Un grand garçon, une grande fille sont souvent tentés de se croire plus sages que leurs parents ; ils désapprouvent les ordres qu'ils reçoivent, ils les discutent ;

quand ils ne peuvent ou n'osent les enfreindre, ils
cherchent à les tourner, à les éluder.

C'est un mal. Toute vertu coûte un effort. Si
l'obéissance était toujours agréable, elle ne serait
plus la marque d'une conscience victorieuse de
l'instinct. L'enfant doit obéir même quand l'obéissance lui est pénible, même quand il doit sacrifier
un projet qui lui est cher, une partie concertée, un
jeu qui le passionne, une occupation agréable, un
plaisir favori, une lecture commencée. Il n'est pas
le juge des ordres de ses parents : il doit les exécuter.

Il doit les exécuter promptement, en leur entier,
sans arrière-pensée, sans ruses ni détours. Il doit
les exécuter de bon cœur, avec entrain, comme
étant son affaire, son occupation principale, exclusive. A ce prix, l'obéissance perd toute amertume ;
elle devient facile, agréable, joyeuse même. Elle
donne le sentiment du devoir accompli, elle allège
le cœur, elle contente l'esprit. Elle n'est plus une
corvée, mais une satisfaction morale.

Ce n'est pas seulement en présence de ses parents
qu'il doit leur obéir, pour ne pas encourir leur
colère, pour fuir un châtiment, c'est aussi quand
ils ne sont plus là et que sa conscience les remplace. Il est pour ainsi dire leur chargé de pouvoirs ;
il veille lui-même à l'exécution de leurs ordres ; il
fait pour le mieux, d'autant plus scrupuleux et
attentif qu'il n'a personne pour le surveiller. Il se
surveille, et cela suffit. Telle est la véritable obéissance filiale.

Elle n'abaisse pas, elle ne dégrade pas, elle n'hu-
milie pas. Elle relève au contraire, elle ennoblit
celui qui la pratique de la sorte. Il n'est pas une

nature timide et courbée; il est un être moral, conscient de sa tâche, et qui l'accomplit par devoir, par vocation, parce que c'est l'œuvre et la vertu de son âge, parce qu'il s'honore lui-même en faisant honneur à la parole, à l'ordre, à la confiance de ses parents.

Sans doute, il peut se rencontrer des parents corrompus qui commandent à leurs enfants des actes contraires à la justice, à la vérité, au bien. Même pour obéir à son père, l'enfant ne doit pas se résoudre à voler, à mentir, à violer les lois, à faire du mal à autrui. Il devrait décliner de tels ordres, doucement, mais avec fermeté, et sa généreuse résistance rallumerait probablement la flamme éteinte de la conscience chez le père assez malheureux pour s'être laissé aller à de tels excès. Mais ces faits sont rares. Alors même qu'ils sont oublieux pour eux-mêmes des règles de la justice, les parents ambitionnent pour leurs enfants le bonheur de ne les point transgresser et ils se réjouissent, à travers tout, de les voir honnêtes, bons et loyaux.

Laissons donc de côté d'affligeantes exceptions, pour revenir à la vérité naturelle des rapports entre les enfants et les parents.

LE RESPECT.

Les parents, ne voulant que le bien de leurs enfants, ont droit non seulement à leur obéissance, mais aussi à leur respect. Une parabole de l'Évangile montre deux fils auxquels leur père donne un ordre. Le premier dit « oui, j'y vais, » et il n'y va pas. Le second dit « non, je ne le ferai pas, » et il le fait.

Lequel des deux a accompli la volonté de son père?
Le second, certainement. Mais ni lui ni l'autre n'ont
témoigné à leur père le respect qu'ils lui doivent, le
premier en le trompant, le second en lui résistant.

Soit par mutinerie, soit par gentillesse, les enfants
se croient trop souvent dispensés de respect. Ils
sont si habitués à vivre avec leurs parents, ils les
voient dans une telle intimité, ils en reçoivent tant
de marques de tendresse, ils ont reconnu en eux
un fonds si inépuisable d'indulgence, qu'ils finissent par oublier la distance qui les sépare.

Les uns, revêches, insolents, boudeurs, emportés,
se laissent aller à des expressions grossières ou
inconvenantes; ceux-là, quels que puissent être
d'ailleurs les sentiments affectueux qu'ils gardent
au fond du cœur, sont de mauvais fils. Non seulement la morale les condamne, mais la société les
réprouve. La tendresse réciproque ne résiste pas
toujours à de tels assauts, et qui manque ainsi de
respect à ses parents donne à craindre qu'il ne
manque aussi un jour aux lois de la délicatesse, de
la probité et de l'honneur. Le mauvais fils n'est pas
celui qui affiche l'ingratitude, qui trompe ou qui
frappe ses parents, c'est aussi celui qui n'a pas
honte de les souffleter de sa parole, sous le vain
prétexte qu'il n'a obéi qu'à un mouvement passager
de colère ou que les mots ne tirent pas à conséquence.

Les mots tirent à conséquence. Une parole malheureuse, insolente, échappée à l'emportement,
pénètre dans le cœur comme une flèche empoi-
sonnée et y fait parfois des blessures incurables.
Plus est profond l'amour des parents, plus aussi il
est sensible; et pendant que le gamin, retourné à

ses jeux, oublie le trait qu'il a lancé, il reste une
mère qui pleure, un père qui saigne et qui pendant
des années retournera en lui-même le mot cruel
dont il ne parviendra pas à éteindre la brûlure.

D'autres enfants, caressants, étourdis, familiers,
traitent leurs parents en camarades, s'imaginent
que tout leur est permis, plaisantent à tort et à
travers, usent, sans y prendre garde, de toutes sortes
d'expressions vulgaires, ne se gênent pas, comme
on dit, appliquant à la famille le dicton : « où il y
a de la gêne, il n'y a pas de plaisir. »

Ceux-là gâtent le vrai plaisir ; ils enlèvent à la
famille son caractère sacré ; ils se privent des joies
profondes qui accompagnent les relations douces et
constantes avec les personnes qu'on respecte. Ils
font de leurs parents des camarades ; ils ne pourront
faire de leurs camarades des parents, c'est-à-dire
les êtres aimés, honorés, respectés, auxquels il fait
bon s'appuyer, se confier, à l'abri desquels il fait
bon vivre, sous la haute et chère tutelle desquels
on aime à se réfugier, dont le contact élève, rassure
et apaise.

Les enfants doivent respecter leurs parents, leur
parler avec politesse, avec déférence, même dans
les épanchements du cœur. Ils doivent leur témoigner du respect par leur attitude, leur langage,
leurs gestes, leurs actes. La présence d'un père,
d'une mère doivent étouffer toute parole, toute
manière dont on aurait à rougir devant un maître
ou un étranger. Cette habitude du respect est facile
à prendre ; elle honore également les enfants qui
l'ont contractée et les parents qui en sont l'objet ;
elle resserre les liens de l'affection, bien loin de les
relâcher ; elle ajoute une douceur nouvelle à l'amour

filial ; elle le rend plus pénétrant, plus efficace sur la vie tout entière ; elle répand un charme de plus et comme un parfum exquis dans la maison paternelle, dont elle rend le souvenir plus touchant lorsqu'une fois on l'a quittée.

Les enfants doivent respecter leurs parents, non seulement quand ils leur parlent, mais aussi quand ils parlent d'eux. Il est de mauvais goût, d'un esprit léger et d'un cœur douteux de se servir, en parlant entre frères ou entre camarades, d'expressions irrévérencieuses pour désigner ses parents ou s'entretenir de ce qui les touche. Un digne fils ne permet pas plus aux autres de traiter devant lui ses parents sans respect, qu'il ne doit se le permettre à lui-même devant les autres. S'ils sont pauvres, d'humble condition, malheureux dans leurs entreprises, disgraciés, en quelque point, de la fortune ou du monde, c'est une raison de plus pour les envelopper d'un respect plus visible et plus soutenu.

LA RECONNAISSANCE.

La reconnaissance suffirait seule à inspirer cette conduite. L'enfant n'a qu'à se rappeler les longues veilles de sa mère, le labeur incessant de son père, les soins, les soucis dont il n'a cessé d'être l'objet, les bienfaits innombrables qu'il a reçus, dans les petites choses et dans les grandes, les sacrifices de toute nature dont il a profité, pour se sentir au cœur une vive et chaude gratitude. La reconnaissance est un devoir. Tous les devoirs ne se bornent pas aux actes ; ils s'adressent aussi aux sentiments. Il y a des sentiments qu'il est criminel de nourrir ; il y a des sentiments qu'il est criminel de ne pas ressentir.

L'homme peut commander à ses sentiments, il
peut les refréner, les exciter, les entretenir. La
reconnaissance est un de ceux qu'on peut le plus
facilement éveiller, nourrir, fortifier. Le souvenir
est son aliment. Il faut repasser sa vie, revivre les
jours de son enfance, se reporter à ses premiers pas,
à ses premiers balbutiements, à ses premières joies.
On voit surgir, dans la brume des plus lointains
souvenirs, la figure aimante et anxieuse de ses
parents ; on entend de nouveau leurs caresses, leurs
réprimandes, leurs encouragements ; on retrouve
leurs conseils, leur appui si nécessaire à la faiblesse
de l'enfant ; on se rappelle maint trait de patience,
de bonté, d'abnégation qui avait pu échapper à la
légèreté du jeune âge, mais qui revit fortement sous
le coup de la réflexion.

C'est de tous ces traits, de mille impressions fortes
et fugitives que se constitue la reconnaissance, cette
mémoire du cœur, qui ne peut faire défaut qu'aux
âmes viles, et que les animaux eux-mêmes connaissent dans une certaine mesure.

LA CONFIANCE.

La reconnaissance pour le passé, pour les bienfaits du présent doit provoquer la confiance. Comment les parents pourraient-ils utilement aider,
conseiller, diriger leur enfant, si celui-ci se tient sur
la réserve, a des secrets pour eux, leur cache ce
qu'il fait, ce qu'il pense, ce qu'il sent, ce qu'il veut
ou ce qu'il désire ? Comment l'enfant se défierait-il
de ceux qui ne lui ont fait que du bien, ne lui
veulent que du bien, le connaissent à fond, l'ont vu

naître, grandir, se développer de corps et d'esprit?

Nous avons besoin de confidents; il nous faut un cœur dans lequel notre cœur se décharge, à qui nous confessions nos petites misères, nos plus secrètes pensées, nos projets d'avenir. C'est à ses parents que l'enfant doit avoir recours; ils sont ses premiers et ses plus sûrs confidents. Si l'on commence une fois à avoir des secrets pour eux, il devient de plus en plus difficile de rompre le silence et le malheur entre souvent dans la vie par cette porte. A défaut de ses parents, on trouve des amis parfois dangereux, qui sont de mauvais conseil, qui égarent, qui poussent sur la pente, qui détournent de la famille, et c'en est fait de l'intimité et de la sécurité du foyer domestique.

La confiance envers les parents est un devoir; elle fait partie intégrante de l'amour filial, elle est la conséquence naturelle de l'obéissance, du respect, de la gratitude. Qu'y a-t-il de plus doux que d'ouvrir son âme à sa mère, de lui raconter ses chagrins et ses joies, de lui confesser ses fautes, d'essuyer ses tendres gronderies, de fortifier sa propre conscience à la sienne? Qu'y a-t-il de plus sûr que de tout dire à son père, de recueillir précieusement ses conseils, ses directions, les fruits de son expérience, de le prendre pour témoin de son travail, de ses efforts, de ses chutes même, de ses chutes surtout, pour apprendre de lui à se relever, à lutter, à devenir un homme?

Il en coûte quelquefois de tout dire; le père est préoccupé, a la mine sévère; la mère est distraite par les soins du ménage; on craint de n'être pas écouté, de n'être pas compris, de recevoir quelque parole dure. Qu'importe? Il faut faire effort, il faut choisir son heure, il faut vaincre sa répugnance; le résultat en vaut la peine.

A travers les rebuffades et les reproches, c'est encore l'amour qui transperce; la confiance des enfants appelle la confiance des parents. On vit mieux ensemble quand on ne se cache rien; on s'aime davantage quand on se connaît plus.

L'AMOUR FILIAL.

Car au fond, le devoir qui prime tous les autres, le devoir le plus impérieux et le plus doux, le vrai et suprême devoir des enfants, c'est d'aimer leurs parents. L'enfant doit aimer ses parents, quand il est petit, quand il grandit, quand il devient adulte. Il doit les aimer quand ils le caressent, quand ils le réprimandent, quand ils le punissent. Il doit les aimer quand ils sont tristes, fatigués, malades, mécontents, quand la vie leur est dure, quand ils sont impatients, irrités, difficiles. Son amour filial est leur droit, leur bien, leur consolation, leur richesse.

C'est l'amour filial qui dicte l'obéissance, qui impose le respect, qui inspire la confiance; c'est l'amour filial qui est la source de tous les autres devoirs domestiques.

Quand l'enfant aime ses parents, les aime plus que toute chose au monde, il n'y a pas besoin de lui dire que son devoir est de leur rendre tous les services, petits ou grands, dont il est capable. Il le fait spontanément.

Les enfants regardent parfois comme au-dessous d'eux de se rendre utiles dans le ménage, de faire les commissions, d'abréger la tâche de leur mère;

ils ont tort. Ces modestes travaux font partie de leur devoir. Ils doivent aider leurs parents dès qu'ils le peuvent, ménager les ressources de la famille, user d'économie dans leurs vêtements, dans leurs fournitures scolaires, dans les menues dépenses de leurs plaisirs. Les sous employés mal à propos représentent une partie des sueurs des parents; le gaspillage d'argent alourdit leur fardeau, alors que le devoir d'un enfant est de l'alléger autant qu'il le peut.

On l'envoie à l'école pour s'instruire, pour se préparer à la vie, pour devenir, le plus tôt possible, capable de prendre sa part de travail et de s'en acquitter pour le plus grand bien de tous. Le gaspillage de son temps est un manquement envers la famille; il néglige des ressources qui pourraient un jour servir aux siens; non seulement il afflige ses parents, mais il leur nuit.

Les services qu'il rend à ses parents, l'enfant doit les rendre de bonne grâce, non comme une contrainte ennuyeuse qu'il subit, non comme un esclave attaché à la chaîne, mais avec empressement, avec douceur, avec la ferme résolution de s'en bien acquitter.

Le moment vient où les parents vieillissent, où leurs forces les abandonnent, où ils n'ont plus besoin seulement de menus services et de menues complaisances; ils ne peuvent plus vaquer à leurs affaires; ils ne sont plus en état de continuer leurs travaux; l'âge et la maladie les accablent; peut-être leur subsistance est-elle compromise. C'est l'heure pour les enfants de témoigner leur reconnaissance et leur amour par des faits et des actes. Sans doute, à ce moment-là ils travaillent pour eux-mêmes, ils songent à s'établir, à se marier, ils peuvent avoir, eux aussi, déjà des charges de famille ; mais rien, rien ne peut être un motif, rien ne peut servir de prétexte à l'abandon de leurs parents.

Après avoir été nourris par eux, ils doivent les nourrir à leur tour ; ils en ont reçu aide et protection, ils leur doivent aide et protection. C'est une admirable loi de la nature que cet échange de services. L'enfant arrive dans le monde nu, chétif, incapable de se mouvoir, désarmé, exposé à la faim, au froid, à toutes les misères de la vie : il trouve des bras qui le reçoivent, un sein qui le nourrit, un foyer qui le réchauffe et l'abrite, des cœurs dévoués qui veillent sur chacun de ses pas, de ses cris, de ses soupirs, qui subviennent à tous ses besoins, qui président au développement de ses facultés, lui procurent les joies de l'existence, l'instruisent, l'élèvent, le guident jusqu'à ce qu'il puisse prendre librement son essor.

Les parents se sont usés à ce travail ; leurs cheveux ont blanchi, leurs membres se sont fatigués, des vides se sont faits autour d'eux, ils chancellent vers la fin de la longue route qu'ils ont laborieusement poursuivie. Encore un peu, et ils auront besoin de repos, de soins assidus, il leur faudra le secours d'êtres plus forts qu'eux. Qui sera-ce ? Des étrangers ? La charité publique ? La pitié des voisins ?

Non, leurs enfants sont là, qui doivent les recueillir, les soigner, les entourer des mêmes prévoyances, des mêmes tendresses, des mêmes sacrifices dont ils ont jadis recueilli le fruit. Le fils, la fille, dignes de ce nom, ne trouveront jamais que leurs parents leur sont à charge, qu'ils sont trop exigeants, trop

difficiles à soigner, qu'ils vivent trop longtemps.
De telles pensées sont d'un parricide. Ils seront
heureux au contraire de rendre un peu ce qu'ils
ont reçu au centuple, d'adoucir les dernières années
de ceux à qui ils doivent tout ; ils entoureront leur
vieillesse de respect et d'amour. Ils leur donneront
la meilleure place au foyer, les meilleurs morceaux
à la table de famille. Ils apprendront à leurs
propres enfants à vénérer et à chérir leurs grands-
parents. La présence de l'aïeul est l'honneur de la
maison.

II. — DEVOIRS DES FRÈRES ET SŒURS

Le premier devoir des frères et sœurs est de vivre
en paix entre eux. Ils ne sont pas des ennemis
appelés à se disputer des avantages, mais des êtres
égaux par leur naissance, ayant les mêmes droits et
les mêmes devoirs, se partageant également la tendresse et la sollicitude des parents. La loi de justice doit régler leurs rapports ; nul ne doit réclamer,
exiger, chercher à obtenir de force un privilège sur
les autres. La violence, les cris, les querelles, l'état
de guerre ne sont nulle part plus déplacés que
dans la famille.

Les coups, les bourrades, les injures, les habitudes de brusquerie qui passent souvent pour chose
indifférente et naturelle entre frères, les injustices
du plus fort, les ruses et les vengeances du plus
faible ne servent qu'à empoisonner les rapports de
famille, troublent le charme de la maison, la rendent pénible aux parents, aux enfants eux-mêmes.

Ceux qui devraient vivre unis, vivent divisés, et ne fût-ce même qu'à la surface, qu'en apparence, c'est déjà trop.

L'union est une condition nécessaire de la vie en commun. Rien de plus beau et de plus fort que des frères unis entre eux. On ne saurait fuir avec trop de vigilance tout ce qui peut, de près ou de loin, tendre à rompre cette union. S'il est des frères qui n'attachent pas d'importance aux manières rudes et aux petits abus qu'ils commettent ou qu'ils subissent, il en est d'autres qui en sont froissés et qui en gardent une secrète rancune.

Loin d'abuser de ses avantages, le plus fort doit sa protection au plus faible; il la lui doit dans la famille, il la lui doit au dehors. Ce frère, qu'il serait tenté d'opprimer, c'est son sang, c'est lui-même. S'il est plus vigoureux, s'il est plus âgé, il doit étendre sur ses frères et sœurs plus jeunes ou plus débiles une sorte de tutelle qui le rehausse à ses propres yeux. L'enfant maladif, au lieu d'être rebuté, doit être traité par les robustes avec mille ménagements; l'exemple du père, de la mère est là pour dicter aux frères leur conduite.

Les sœurs aînées font pour ainsi dire apprentissage de la maternité dans les soins qu'elles donnent à leurs frères plus jeunes; elles ne les repoussent pas lorsqu'ils les dérangent dans leurs occupations ou leurs plaisirs; elles les aident dans leur toilette, dans leurs devoirs d'écoliers; elles ont une caresse pour adoucir leurs chagrins.

Les frères aînés ne traitent pas dédaigneusement leurs jeunes sœurs, du haut de leur dignité d'homme; ils ont pour elles des délicatesses de langage, des attentions et des bontés qu'on n'at-

tendrait pas de leurs allures de garçons. Ils se
sentent émus devant la faiblesse et la grâce de ces
gentilles créatures, dont la garde leur est en partie
confiée. Ils éloignent d'elles tout mauvais exemple,
toute mauvaise parole, toute offense qui pourrait
atteindre ces précieux trésors de la famille.

Si ce n'est pas toujours ainsi que les choses se
passent, c'est du moins ainsi qu'elles doivent se
passer.

En échange, les jeunes doivent avoir pour leurs
aînés des sentiments de déférence, se rendre à leurs
bons avis, éviter avec eux le ton arrogant, l'air de
défi et de révolte. Ce n'est pas le signe d'un caractère fort, et indépendant que de se soustraire à
l'ascendant moral de ses frères et sœurs plus âgés ;
c'est le plus souvent une marque de vanité et de sot
entêtement.

Ce qui doit régner tout naturellement entre les
frères, c'est une bienveillance réciproque. Chacun
est heureux du bien qui arrive aux autres ; les
succès de l'un sont la joie de tous, et tous se sentent atteints par les coups ou les épreuves dont un
seul est frappé. L'un des sentiments les plus bas et
qui dégradent le plus la nature humaine, c'est celui
de la jalousie entre frères. Quand une fois elle
s'allume dans les cœurs, elle y produit les plus
affreux ravages, l'intimité même les aggrave, et le
souvenir de la même origine, le sentiment de
l'égalité fraternelle, au lieu d'écarter et d'apaiser
cette passion, donnent de nouveaux aliments à sa
violence. Il faut veiller sur ses plus imperceptibles
débuts, sur ses premières étincelles, et les étouffer
immédiatement.

Le meilleur moyen de combattre la jalousie, c'est

de s'appliquer à aller au devant des désirs de ses frères, de leur faire à l'occasion, sans ostentation, discrètement, le sacrifice de quelque avantage, de quelque objet qu'ils souhaitent et auquel on tient. Ces dons, ces abandons, ces sacrifices qui peuvent coûter d'abord, finissent par attacher plus étroitement les cœurs et deviennent plus doux encore à celui qui donne qu'à celui qui reçoit.

Du reste, ici encore, tous les devoirs sont résumés dans un seul mot, dans un seul sentiment : l'amour fraternel. Le frère se retrouve lui-même dans son frère : c'est la même voix, le même port, les mêmes allures ; un étranger peut les confondre ; à certains âges de leur vie, ils se ressemblent par l'aspect, par les goûts, par la conformation physique et intellectuelle ; le même sang coule dans leurs veines, ils portent le même nom, ils ont hérité des mêmes traditions, ils constituent ensemble la même famille. Dans ces conditions, rien de plus naturel que de s'aimer réciproquement, et tout le reste en découle sans peine.

III. — DEVOIRS DES ÉPOUX

Si les parents, si les frères sont donnés par la nature, les époux se donnent l'un à l'autre par choix. Il savent ce qu'ils font, ils se connaissent d'avance, ils s'aiment avant de s'épouser, ils jurent de s'aimer toujours. Ce n'est pas la volonté d'autrui, ce ne sont pas des combinaisons d'affaires, ce n'est pas l'appât du gain qui a déterminé leur alliance, c'est une affection réciproque.

La première conséquence de cette affection mutuelle et des engagements qui l'ont consacrée, c'est de tenir ces engagements, c'est de se garder l'un à l'autre une entière fidélité. C'est parce que la jeune fille aimait son fiancé plus que tous les autres hommes qui auraient pu prétendre à sa main, c'est parce que le jeune homme aimait sa fiancée au-dessus de toutes les autres femmes dont il aurait pu briguer l'alliance, qu'ils se sont unis légalement. C'est avec l'assurance qu'il en serait toujours de même, qu'ils ont échangé leurs serments et leur foi.

Si par malheur l'affection devait disparaître, la parole donnée subsisterait. Mais il ne faut pas que l'affection disparaisse ; elle a été l'origine du mariage, elle en restera le charme et la force.

Elle se transforme avec le temps, elle perd sa fougue première, elle gagne en profondeur, elle s'ennoblit, elle s'élève, elle s'affermit. Les peines endurées ensemble, plus encore que les joies goûtées en commun, l'estime et souvent l'admiration que le commerce de la vie a fait naître, les responsabilités communes, qui ont confondu comme dans une seule âme les devoirs, les souvenirs, les espérances, les fautes et les bonnes œuvres, l'entretiennent jusqu'à la dernière heure.

C'est l'affection réciproque qui règle les rapports des époux ; des articles de loi ne sauraient les définir. Le Code dit que le mari doit protection à sa femme, qu'il doit la nourrir et l'entretenir, que la femme doit obéissance à son mari, qu'elle doit le suivre partout où il juge à propos de résider.

Ces termes, pris à la lettre, impliqueraient une sorte d'autorité despotique, d'une part, et d'obéis-

sance passive, de l'autre, qui ne correspondent pas à
la réalité. Le fait seul que le mari n'a qu'une femme
et la femme un seul mari, cette unité dans le mariage,
place les deux époux à un rang d'incontestable
égalité. Dans les civilisations antiques ou rudimen-
taires qui admettent la polygamie, l'infériorité d'un
sexe vis-à-vis de l'autre est flagrante. C'est l'égalité
au contraire qui est affirmée par la loi moderne du
mariage.

Egalité dans la dignité personnelle et dans les
droits moraux de l'un sur l'autre, inégalité dans les
forces et dans les fonctions, telle est la vérité.

Il est évident que les époux sont appelés à des
fonctions différentes. L'homme, plus vigoureux, fait
pour les occupations du dehors, gagne la vie de la
famille, en administre les intérêts, bâtit la maison ;
la femme, préparée aux occupations du dedans,
veille sur le ménage, embellit la demeure, entretient
le feu du foyer. A l'un le bras qui lutte, les travaux
rudes, les lourds soucis, les relations avec le monde,
les grandes responsabilités ; à l'autre le travail
intime, la sollicitude inquiète et clairvoyante, la
patience inaltérable, le bon conseil, la main qui
apaise et qui console.

Chacun, dans son domaine, a son indépendance,
parce que chacun a sa responsabilité. Il est également fâcheux que la femme s'interpose dans les
actes de son mari relatifs à sa vie publique, à ses
fonctions extérieures, et que le mari porte une main
tatillonne sur la conduite du ménage. Il faut de part
et d'autre une entière confiance, un respect absolu
de la liberté, de la conscience, de la responsabilité
de celui, de celle à qui l'on a associé son existence.

Si l'indépendance de chacun reste entière dans

les choses ordinaires de la vie, il est bien clair que
les décisions importantes, desquelles peut dépendre
l'avenir ou l'honneur de la famille, ne doivent être
prises qu'en commun, après délibération sérieuse,
intime, où chacun des deux époux pèse du même
poids, car ils y ont même intérêt.

Tout est en effet commun entre eux ; les joies et
les deuils, l'aisance et la pauvreté, l'honneur et
l'humiliation, les succès et les revers ; ils ont même
nom, même foyer, même destin. C'est entre eux à
la vie, à la mort. Ils ne font plus qu'un.

Cette unité de vie, cette union absolue de deux
êtres condamnent donc sans appel la brutalité, les
mauvais traitements, la grossièreté des actes ou du
langage, l'esprit de querelle, de contradiction, la
suspicion, la cachoterie, l'indifférence. Bien loin de
là, elles ne sont possibles que par le respect, la
sympathie, l'appui mutuel, l'amour enfin, l'amour
conjugal, qui n'est pas seulement une flamme de
jeunesse, mais un sentiment durable, croissant avec
les années, fait à la fois de tendresse, de confiance
et d'habitude.

L'union conjugale est sanctionnée par la loi, qui
prend le peuple à témoin de la loyauté des engagements réciproques, et qui établit les garanties
sociales qu'exigent le bon ordre et la sécurité des
familles. Par sa nature même, l'union conjugale est
indissoluble; ceux qui la contractent, la contractent
pour la vie entière. C'est la règle. Il y a des excep·
tions. Quand l'un des deux époux, violant audacieu-
sement les lois de la morale, manque à ses devoirs,
aux égards qu'il doit au compagnon de sa vie, aux
engagements qu'il a pris, à la parole qu'il a donnée,
se livre à l'infidélité, à l'injure, à la violence, fait

délibérément un enfer du domicile commun qui doit être un asile de paix, de concorde et d'honneur, la loi tutélaire intervient et rompt officiellement un pacte qui est déjà moralement et virtuellement rompu. Le divorce est prononcé.

C'est un remède nécessaire à un mal reconnu irréparable, remède suprême, qui peut être considéré à la fois, par celui qui y a recours, comme l'une des plus grandes délivrances et l'une des plus grandes tristesses de sa vie.

IV. — LES BONNES MŒURS

Le pire fléau des familles, le mal qui les empoisonne à la source, qui porte le plus sûrement atteinte à la dignité et à la sainteté du foyer domestique, c'est le libertinage, c'est l'adultère, qui en est la triste et fatale conséquence.

Le monde flétrit ces écarts quand la femme s'en est rendue coupable ; il n'a pas pour elle assez de mépris, et il a raison. Il se montre plus indulgent pour l'homme, et il a tort. Les suites, dit-on, peuvent n'être pas aussi graves, et, en outre, pour que la femme, élevée dans la modestie et la réserve, brave les lois de la pudeur, il faut qu'elle ait atteint un plus haut degré de corruption.

C'est un faux raisonnement. La gravité des fautes ne se mesure pas à leurs conséquences, et le vice reste le vice, quels que soient ses effets visibles.

La décence et la réserve ne sont pas l'apanage d'un sexe et font partie de toute éducation honnête. C'est bien parce que, sur ce point, l'éduca-

tion de nos jeunes gens est trop souvent défec-
tueuse, qu'on est tenté de marquer une différence
dans la culpabilité. Ce n'est pas dans la faute qu'est
la différence, c'est dans l'éducation, dans l'opinion,
dans les habitudes d'esprit et de langage.

On fait trop bon marché des bonnes mœurs; on
traite avec trop d'indifférence, sinon même avec
complaisance, les actes d'inconduite que le monde
regarde trop souvent comme peccadilles et qui laissent au cœur une souillure ineffaçable.

Tout conspire pour détourner l'honnête homme
du désordre : le respect de soi-même, de la haute
dignité de l'âme que le vice dégrade; le respect de
la famille, de la sienne qu'il déshonorerait par ses
désordres, de celle où il introduirait la honte; le
respect de la femme, quelle qu'elle soit, qui appartient au sexe auquel il doit sa mère, son épouse, sa
fille, et qu'il ne doit ni entraîner ni entretenir dans
le mal; c'est, dans les deux cas, lâcheté et igno-
minie.

Ces prescriptions d'une droite conscience sont
tellement de l'essence même de la morale qu'elles
en portent le nom d'une façon toute particulière,
et que leur violation s'appelle purement et simplement « l'immoralité ». Elles s'adressent à tous sans
distinction : à la femme, dont la pureté ne souffre
point de tache, au jeune homme qui entre dans la
vie sous la bénédiction de sa mère, à l'époux responsable de l'honneur et du bonheur de sa maison,
à l'homme de tout âge et de toute condition, qui a
conservé le sentiment et le respect de sa nature
morale.

V. — DEVOIRS DES PARENTS ENVERS LES ENFANTS

Que les parents doivent nourrir, vêtir, soigner, élever leurs enfants, c'est un précepte qu'il est inutile de donner. Qu'ils aient de l'amour, du dévouement pour ces petits êtres frêles qui dépendent entièrement d'eux, on n'a pas à le leur commander. L'amour paternel, maternel n'attend pas d'ordres ; il naît spontanément ; il jaillit du cœur au premier cri qui jaillit des lèvres du nouveau-né.

On ne peut presque pas dire que ce soit un devoir d'aimer ses enfants, tant la chose est naturelle. Où le devoir commence et la vertu, c'est où commence l'effort. Le devoir des parents gît dans l'éducation, dans les soins intelligents et assidus qu'ils donnent à cette noble et difficile tâche. Là, il ne suffit pas toujours d'écouter son cœur, de se laisser aller à ses sentiments instinctifs ; il faut de la réflexion, du discernement, souvent de l'effort et de la lutte envers soi-même.

Les enfants veulent être traités avec justice. S'il y a des frères, qu'ils sentent chez leurs parents un amour égal. Parfois l'un d'entre eux, plus gentil, plus câlin, ou au contraire plus fort et plus pétulant, prend ou semble prendre une plus grande place dans le cœur des parents ; il devient le préféré, le favori. Il reçoit plus de caresses, on lui passe plus de fautes ; c'est l'aîné, ou c'est le dernier venu, ou il flatte davantage les goûts ou la vanité de l'un des parents. Peu importent les causes, l'effet est détestable. Les parents doivent réprimer

en eux toute velléité de ce genre. Il ne leur est
permis ni de montrer ni de ressentir une préfé-
rence.

L'égalité de tendresse ne suppose pas forcément
des moyens identiques d'éducation. Il est des natures
qui ont besoin de quelque ménagement, d'autres
veulent être tenues et conduites avec plus de
vigueur.

Il faut en tout cas de la vigueur dans l'œuvre de
l'éducation. Elle ne se fait pas toute seule. Le
devoir des parents est d'user de fermeté vis-à-vis
de leurs enfants. Il serait plus doux de les laisser
vivre, de ne chercher qu'à leur faire plaisir, de les
« gâter », en un mot. L'expression est caractéristique. Une inépuisable complaisance pour les volontés et les caprices des enfants n'a d'autre résultat
que de les corrompre. C'est dans le jeune âge que
les défauts doivent être corrigés, qu'une bonne
direction doit être imprimée aux esprits et aux
caractères. Elle est bien connue et bien juste, la
comparaison avec l'arbre qui, jeune, peut être
redressé, et qui, plus tard, quand il a pris une
forme irrégulière, quand il a mal poussé, ne peut
plus être que brisé.

La fermeté se tient à égale distance de la faiblesse qui souffre tout et de la sévérité implacable.
Des parents fermes savent néanmoins sourire à
l'enfance, fermer les yeux sur des peccadilles, discerner les intentions, attendre le moment favorable ; ils ne se buttent pas contre une résistance ;
ils ne luttent pas d'opiniâtreté. Ils laissent se calmer
les colères enfantines ; ils n'y répondent pas par la
violence ; ils savent qu'ils auront leur heure, et
qu'une réprimande, froidement adressée, une puni-

tion appliquée avec calme, font plus d'effet que les plus bruyantes explosions.

La colère est mauvaise conseillère ; elle ne convient pas du père au fils. Un châtiment infligé par la colère dépasse le but, ne l'atteint pas.

Rien ne paralyse les effets de l'éducation comme des alternatives de rigueur et de mollesse, des soubresauts d'un excès à l'autre, des variations de système et d'humeur. La principale vertu d'un éducateur, c'est la constance. Il faut qu'il s'arme de patience dès le premier jour, qu'il soit résolu à persévérer dans ce qu'il entreprend, qu'il commande à ses nerfs, qu'il garde la même allure, le même calme, la même méthode, en se conformant au progrès de l'âge. Nous n'avons pas nos enfants pour passer sur eux nos colères, pour leur faire éprouver le contre-coup de nos impressions bonnes ou mauvaises. La sphère de l'éducation doit être plus haute et plus sereine.

Il n'est pas bon de multiplier les ordres et les défenses ; c'est multiplier les tentations et les occasions de désobéir, c'est affaiblir l'autorité paternelle.

Il n'est pas bon de multiplier les rigueurs et les punitions ; ou bien elles aigrissent l'enfant, et c'est un grand mal ; ou bien elles s'émoussent et elles n'agissent plus sur lui ; il se blase, il s'endurcit ; c'est un mal aussi grand que le premier.

Il n'est pas bon de multiplier les paroles, les gronderies, les sermons ; ils ennuient ; ils deviennent un son auquel l'enfant ne prend plus garde, un bourdonnement qui tout au plus le gêne et le fatigue.

Il est des gens qui croient agir beaucoup en par-

lant beaucoup ; tout leur est prétexte à lamentations, à exhortations. Ils noient leurs enfants sous
le flot de leur éloquence. Parlons peu, mais juste ;
disons le nécessaire, et rien de plus.

Les parents diront le nécessaire, quand ils auront
distingué nettement quels sont les mobiles d'une
bonne éducation. Ils ne s'épuiseront plus à exciter
la vanité des enfants, à faire luire à leurs yeux le
mirage de la fortune, à les pousser au succès quand
même et par-dessus tous les camarades ; ils ne leur
proposeront pas sans cesse et à tout propos les
usages du monde, les mesquines convenances, auxquelles tout doit céder, le « qu'en-dira-t-on », le
« comme il faut », qui sont si souvent les ennemis
de la droiture et de la simplicité.

Ils les habitueront à écouter la voix intime du
devoir et de l'honneur. Ces guides intérieurs parlent peu, mais avec netteté et d'un ton de commandement. Les parents qui s'en font les interprètes
seront sobres de discours, mais leurs paroles
porteront.

Ce qui portera surtout, ce sera leur exemple.
Voilà le devoir capital des parents. C'est à eux, plus
qu'à personne au monde, qu'il serait funeste d'appliquer le mot fameux : « Faites ce qu'ils disent,
ne faites pas ce qu'ils font. » Les paroles s'envolent,
les exemples restent. Les paroles sans l'exemple
risquent de laisser au fond du cœur de l'enfant un
secret mépris. L'exemple sans les paroles serait à
lui seul une suffisante leçon.

Il y a des parents qui ne sont pas propres à
déduire les principes de leurs actes, qui ne savent
ou qui n'osent professer la morale devant leurs enfants. Mais qu'importe, si leur vie parle d'elle-même ?

La mère est simple dans sa mise, appliquée aux soins du ménage, dévouée à son mari, à ses enfants, modeste, réservée, industrieuse, économe; elle se plaît au logis; elle aime les bonnes lectures; elle répand autour d'elle une atmosphère d'ordre, de paix, d'harmonie.

Le père est actif, le premier et le dernier au travail, sobre, rangé, courageux; il a horreur de la ruse, du mensonge, de la dissimulation sous toutes ses formes; l'œil est franc et la parole sûre; il est désintéressé, généreux, bon citoyen, dévoué à son pays, épris de la justice, passionné pour la liberté, respectueux des bonnes mœurs.

Ne sont-ce pas là les meilleures leçons, les plus instructives, les plus pénétrantes et les plus durables? C'est le devoir des parents de donner de pareilles leçons, de s'appliquer à la vertu pour y former leurs enfants, et de leur laisser l'héritage enviable d'un nom sans tache, d'un exemple digne d'imitation.

VI. — DEVOIRS DES MAITRES ET DES SERVITEURS

Les domestiques, leur nom le dit, appartiennent à la famille, font partie de la maison. On les a pris parce qu'on a besoin d'eux; leur fonction est de remplacer, sur certains points, le père ou la mère. C'est, par nature, par nécessité, une fonction de confiance.

On leur confie des enfants à garder, la maison à entretenir, des intérêts à ménager, la cuisine, le magasin, la cave, la ferme, les animaux; le bien-être et la prospérité de tous dépendent d'eux en grande partie. Ils sont à la fois des serviteurs, des associés, des membres de la famille.

Les maîtres doivent les traiter avec équité, avec politesse. Parce qu'ils sont pauvres, puisqu'ils ont dû se mettre en condition, ils ont droit à plus d'égards ; il faut respecter en eux leur dignité personnelle, leur juste susceptibilité. C'est mal comprendre les relations de maître à serviteur que de leur parler avec rudesse ou dédain.

Le commandement doit être simple, net, précis, exempt de bourrasques et d'impatiences.

Le maître doit veiller à ce qu'il ne leur manque rien, à ce qu'ils soient logés et nourris selon les lois de l'hygiène, à ce qu'ils ne soient pas accablés de travail au-dessus de leurs forces, à ce qu'ils aient leurs heures de liberté, à ce que ses enfants ne soient avec eux ni grossiers ni intimes, mais polis et réservés, car à moins d'une entière confiance fondée sur un long usage, il y a danger à livrer ses enfants à des influences de hasard. Le maître, s'il n'a pas charge de la conscience de ses domestiques, a du moins charge de leur moralité ; il leur doit ses conseils, sa vigilance ; il évitera tout ce qui pourra les induire à tentation, leur servir de pièges.

Cette vigilance est dans son intérêt comme dans le leur, et fait partie des devoirs d'un maître de maison soucieux de sa responsabilité.

Il leur doit aussi sa bienveillance, car ils habitent sous son toit, partagent son pain, lui rendent des services, exécutent ses ordres, dépendent de sa volonté. Leur sort le touche, leur avenir l'intéresse ; ils ne sont pas pour lui des étrangers. La sympathie

les aidera à mieux remplir leur office; et, en la leur
témoignant, avec tact et discrétion, il remplira
mieux lui-même son office d'homme de bien.

Les devoirs des domestiques sont prescrits par
leur condition même. En entrant en service, ils ont
aliéné une grande partie de leur liberté. Ils doivent
à leurs maîtres l'obéissance, et il faut que cette
obéissance soit prompte, exacte, sans récrimination
ni mauvaise humeur. Ils doivent leur temps, leur
travail, non seulement quand ils sont vus, mais à
toute heure, jusqu'à ce que leur besogne soit faite,
et bien faite.

Leur probité ne consiste pas seulement à ne rien
dérober des objets qui les entourent, et qui ne leur
appartiennent pas, mais aussi à n'en pas mésuser, à
ne les point gaspiller, à être économes pour le
compte du maître comme pour le leur, à se regarder
comme des dépositaires, dont la première qualité
est d'être fidèles.

L'âne de La Fontaine a pu dire :

> Notre ennemi, c'est notre maître;

un serviteur intelligent et consciencieux ne le dit
ni ne le pense. Il est solidaire de la famille où il
est reçu; il s'attache aux personnes; il veille à leurs
intérêts; il se montre complaisant, et même dévoué,
si les circonstances l'exigent. Si la maladie, le deuil,
l'épreuve viennent fondre sur la maison, le bon
serviteur redoublera de zèle; il ne calculera point
ses pas et ses démarches; il ne marchandera pas ses
soins; il se multipliera pour alléger, dans la mesure
de ses moyens, le fardeau qui s'est abattu sur les
épaules de ses maîtres.

En agissant ainsi, il rapproche les distances, il grandit en valeur morale; il n'obéit pas à une consigne, mais à son cœur; il gagne plus que de l'argent; il gagne l'estime et la reconnaissance de ceux qui l'entourent; à leur défaut, sa propre estime et la satisfaction de sa conscience, la plus précieuse richesse de ce monde.

VII. — L'ESPRIT DE FAMILLE

L'association la plus naturelle et la plus étroite de toutes, c'est la famille. La nature elle-même donne à tous ses membres des traits communs, une disposition commune. Cette ressemblance s'étend des parents aux enfants, des petits-enfants aux aïeuls, des frères aux sœurs, des oncles et des tantes aux neveux et aux nièces, et jusqu'aux cousins entre eux.

Tous descendent d'une même souche, ont le même sang, se rattachent aux mêmes souvenirs et aux mêmes habitudes d'esprit.

Ils ont généralement les mêmes idées, les mêmes sympathies et antipathies, les mêmes tendances. On se connaît, on se cherche, on se fréquente. Les alliances amènent dans la parenté d'autres personnes, qui prennent vite le ton et les goûts de la famille.

Pour peu que l'âge ait épargné l'un des vieillards qui ont fondé la famille, que l'antique maison où les grands-parents ont vécu subsiste encore, les liens semblent plus étroits. Il y a là comme un autel et un sanctuaire de la famille, un lieu sacré où l'on se rencontre et où l'on retrempe ses souvenirs et ses affections.

L'esprit de famille est cet ensemble de traditions, cette disposition à les entretenir et à les continuer, cette affinité pour ceux dont on porte le nom et dont on partage les origines, ce respect pour les parents vivants ou morts, cette tendresse pour ses enfants, ses frères, ses neveux, les frères et sœurs de son père ou de sa mère, cette déférence pour les aînés, cette sollicitude pour les jeunes, ce plaisir d'être ensemble, cette satisfaction de tout ce qui réjouit ou rehausse un membre de la famille, ce culte de l'honneur attaché au nom des ancêtres et cette horreur de tout ce qui pourrait le souiller.

L'esprit de famille n'est pas l'apanage des grands seigneurs, des vieilles races féodales, des hauts barons et des maisons blasonnées. Il vit partout où vivent de nobles cœurs, des natures élevées et délicates. S'il conserve la tradition des vieilles maisons, il fonde la tradition des plus modestes foyers. Il est le plus solide ciment de notre société démocratique.

Où il n'y a pas d'esprit de famille, il y a désagrégation, isolement et faiblesse. L'esprit de famille préserve de bien des tentations et des fautes; il console de bien des revers; il relève de bien des chutes. L'enfant prodigue quitte son père, s'égare au loin, mange le pain de misère. Il serait perdu s'il ne lui revenait au cœur le souvenir de la maison paternelle, si l'esprit de famille ne le ramenait au logis. Qu'il revienne, et, malgré toutes ses erreurs, il trouvera chez les siens un accueil que ne lui feraient jamais des étrangers.

L'esprit de famille peut se dénaturer. Il devient

parfois une sorte d'égoïsme de race, une âpre
jalousie de tout ce qui n'est pas de la famille, une
cupidité collective, une habileté extraordinaire à
pousser les siens à tous les gains, à tous les postes,
à tous les avancements, un népotisme scandaleux,
qui s'exerce au détriment des autres et au mépris
de la justice.

Ainsi entendu, l'esprit de famille perd sa moralité; il devient une association d'intérêts, un instrument d'iniquité. L'esprit de famille n'a de valeur
que s'il contribue à nourrir la vie de famille, à soutenir les individus contre l'isolement, à les arracher
à l'égoïsme, à les fortifier de l'affection des leurs,
à les aider, en un mot, dans l'ascension vers le
progrès.

DEVOIRS PROFESSIONNELS

Professions libérales. — Fonctionnaires. — Industriels. —
Commerçants. — Salariés et patrons, etc.

Les devoirs communs à tous les hommes ont des
applications particulières selon la situation où chacun d'eux se trouve placé. Au fond, c'est le même
devoir pour tous; le respect de soi et des autres,
l'obéissance aux ordres catégoriques de la conscience, la justice, la droiture, la charité constituent
l'ensemble des impulsions morales qui forment la
vertu. Mais la position qui nous est assignée dans le
monde, la carrière que nous suivons par choix ou

par nécessité nous imposent des devoirs spéciaux qui correspondent à notre genre d'occupations. C'est ce qu'on appelle les devoirs professionnels. Il est évident qu'ils ne sont pas identiquement les mêmes pour l'avocat ou le maçon, pour le marchand ou le médecin.

Il est difficile d'établir une classification exacte des professions. On les divise quelquefois en professions libérales et en professions manuelles, les unes relevant davantage du travail intellectuel, et les autres exigeant le travail des mains. Cette distinction n'est pas juste en ce sens qu'il n'y a pas de métier où l'intelligence ne soit en jeu, et qu'il n'y a guère non plus de profession où il ne faille se servir de la main, ne fût-ce que pour coucher ses idées par écrit. On dit aussi que les uns tirent surtout leurs matériaux de l'intelligence, tandis que les autres s'appliquent à des objets visibles et tangibles. Ce n'est vrai qu'en partie; le médecin a bien embrassé une profession qui passe pour libérale, et l'objet de sa profession est pourtant loin d'être immatériel.

Il en est de même des artistes, peintres, sculpteurs ou musiciens.

Ils exercent un métier manuel, à prendre les choses au pied de la lettre; ils se servent d'instruments matériels, le pinceau, l'ébauchoir, l'archet, mais c'est l'inspiration intérieure qui leur conduit la main.

Sous ces réserves, et sans établir une hiérarchie entre les diverses professions, parlons d'abord des professions dites libérales.

On peut placer à l'un des premiers rangs ceux qui ont la charge d'enseigner les autres, tant cette charge

est importante. Leur premier devoir est de bien
savoir ce qu'ils enseignent, d'étudier sérieusement,
d'étendre et d'approfondir leurs connaissances, de
ne pas se borner au strict nécessaire, de cultiver
leur esprit, de poursuivre la vérité, de ne pas se
traîner dans les sentiers battus de la routine.

Un maître qui dirait : j'en sais toujours assez pour
mes élèves, qui regarderait son diplôme comme un
bâton de maréchal, et qui s'endormirait dans la
paresse, manquerait à son devoir professionnel.

Il ne suffit pas de savoir, il faut aussi savoir enseigner. Il faut préparer ses leçons, les rendre intéressantes pour qu'elles soient utiles, chercher les
bonnes méthodes, éveiller la curiosité, laisser des
traces durables dans les esprits. Un bon maître est
toujours en quête de ce qui donnera à ses leçons
plus de force, plus de vie, plus de lumière.

Il ne cherchera pas à briller aux dépens de la
solidité de son enseignement; il ne chauffera pas
quelques élèves comme des plantes dont on force la
floraison dans une serre, en négligeant les autres; il
ne méprisera et ne délaissera pas les plus faibles,
les plus attardés, les plus modestes.

L'instituteur primaire, qui a plus spécialement
que les autres professeurs une tâche d'éducation, a
pour devoir d'étudier avec soin les diverses natures
qui lui sont confiées, d'agir prudemment sur elles,
de ne pas se désintéresser des enfants quand ils ont
quitté la classe, de les conseiller, de les guider, de
s'efforcer d'en faire des gens de bien.

Plus que personne, il a le devoir de donner
l'exemple d'une conduite régulière, honorable, de
sentiments élevés et généreux, de simplicité, de
bonté, de courage; car il doit servir de modèle aux

jeunes générations qui se succèdent sous son autorité.

Les écrivains, les journalistes ont une grande part dans l'instruction et l'éducation du public, et l'influence qu'ils peuvent exercer leur impose des devoirs qu'il est coupable de méconnaître. On dit parfois que le but réel de la littérature n'est pas d'instruire et de moraliser, mais d'intéresser et d'émouvoir, et que l'écrivain ou l'artiste qui se proposerait directement de donner des leçons à ses lecteurs serait un détestable auteur, que l'art est son but à lui-même, qu'il n'est ni moral ni immoral, mais qu'il doit être vrai.

Ce sont des sophismes. Quiconque écrit, publie sa pensée sous forme de livre, de journal, de poésie, de roman, ou même sous forme de tableaux ou de statues, a par cela même la prétention d'agir sur l'esprit, sur le cœur, sur la conscience de ses contemporains. Il ne peut dégager sa responsabilité des effets que produira son œuvre. Si, sous prétexte de vérité, de réalité, il n'a fait qu'ouvrir la voie au vice, que multiplier les tentations, que souiller les imaginations et corrompre les mœurs, il a commis une mauvaise action. L'art, qu'il a compromis, ne l'absout pas, et la morale le condamne.

Rechercher la solidité du fond, la beauté de la forme, avoir souci des conséquences de sa parole, de l'influence de son œuvre, respecter la justice, aimer la vérité, s'honorer soi-même et honorer sa plume, son art, en puisant ses meilleures inspirations dans sa conscience, ce sont des devoirs pour l'homme de lettres, pour l'artiste, pour quiconque, par vocation ou par occasion, assume la responsabilité de s'adresser à la foule.

Les écoliers, grands et petits, ont leurs devoirs spéciaux; ils sont tenus de travailler, de se préparer par l'étude aux examens, aux diplômes, aux fonctions et occupations qui leur incomberont plus tard. L'étudiant qui prendrait à la légère ses années d'études, qui penserait que la jeunesse est faite pour être gaspillée et qui réserverait à plus tard le travail sérieux, manquerait à son devoir professionnel, à son devoir d'étudiant, en perdant un temps qu'il ne retrouvera plus, des loisirs studieux que la vie active ne lui tiendra plus en réserve et que rien ne remplacera.

Les avocats, les médecins ont des obligations particulières, qui naissent du genre même de leurs occupations, des engagements qu'ils ont pris, de la responsabilité qui pèse sur eux, de la confiance'qui leur est témoignée, des suites graves que pourraient avoir pour la fortune, les droits, l'honneur, la santé ou la vie de leurs clients, des fautes de négligence, d'indiscrétion, d'inattention, d'ignorance, de mauvaise foi.

Souvent des actes qui, de la part de tout autre, seraient du dévouement et du sacrifice, ne sont pour l'avocat, pour le médecin, que l'accomplissement strict et sévère de leur devoir professionnel.

Les fontionnaires publics, à tous les degrés de l'échelle, sont des agents de l'État; ils doivent le servir fidèlement.

Quelques-uns s'imaginent qu'ils sont quittes de leurs obligations quand ils sont restés dans leur bureau le temps voulu; que l'État étant impersonnel, ils peuvent en prendre à l'aise avec lui, en tirer le plus d'avantages possibles et lui donner le moins possible de leur temps et de leur intelli-

gence; qu'ils peuvent médire de l'administration
qui les emploie, dénigrer le gouvernement qui les
paie. Ils se trompent; ils se dénigrent et se dimi-
nuent eux-mêmes. Leur devoir est de servir le gouvernement de leur pays avec zèle, avec dévouement,
avec discrétion, ne pas profiter de leur situation
pour trahir les intérêts généraux au profit d'intérêts
particuliers, de traiter la chose publique comme
leur propre chose, avec le même intérêt et le même
scrupule, avec plus de scrupule encore. Car ils ont
librement postulé et accepté la charge qu'ils occupent au détriment de leurs concurrents, et ils ont
pris par là même l'engagement de la bien remplir.

Ils ont accepté de faire partie d'un corps organisé;
ils sont les membres d'une hiérarchie; ils doivent
à leurs supérieurs le respect et l'obéissance, à leurs
inférieurs l'équité, la bienveillance, une surveillance
attentive, l'exemple de l'activité et de l'exactitude.

Dans leurs rapports avec le public, ils doivent,
d'une part, refuser à la faveur ce qui ne peut être
accordé qu'à la justice; ils doivent, d'autre part,
écarter la morgue, la brusquerie, l'indifférence;
ils doivent s'employer à faciliter la tâche de leur
administration et à faire aimer les institutions
nationales qu'ils représentent.

Les industriels, les négociants n'ont pas pour
unique objet de faire des affaires, de gagner de
l'argent par des moyens quelconques. Leurs moyens
doivent être honnêtes; il ne leur est pas permis
de spéculer sur la misère ou sur l'inexpérience de
leurs clients; la loi de l'offre et de la demande est
dominée par une loi plus haute, la loi morale.

L'industriel ne se bornera pas à imiter ce qui
s'est fait avant lui; il recherchera les meilleurs pro-

cédés, il perfectionnera son outillage, il se mettra au niveau des progrès de la science; il n'oubliera pas qu'il tient en ses mains une part de la renommée, de la richesse, de la prospérité de sa patrie.

Le commerçant fuira les entreprises douteuses et suspectes; il ne s'engagera pas au delà de ses ressources; il s'acquittera scrupuleusement de ses engagements; il ne prêtera pas la main aux réclames des charlatans; il préférera des gains modestes et sûrs, fondés sur l'honnêteté des transactions, à des bénéfices considérables ou aléatoires qui laissent la conscience troublée.

Les patrons se souviendront que leurs employés et salariés sont des hommes; ils les traiteront avec égards; ils respecteront leur dignité, leur conscience; ils n'abuseront pas contre eux des circonstances qui les mettent à leur merci, pour exiger un travail excessif ou imposer des salaires dérisoires. Le patron aura souci de ses ouvriers, veillera à leur bien-être, les intéressera, s'il est possible, à ses affaires, les fera participer, dans une mesure équitable, aux bénéfices qu'ils lui auront procurés.

Les employés et ouvriers ne peuvent exiger cette participation comme un droit. Ils ne doivent pas méconnaître que le patron porte le poids des insuccès et des pertes, expose son capital, risque son avenir et celui de sa famille.

Ils doivent se montrer attentifs à leur besogne, la faire consciencieusement, utiliser leur temps, leur force, leur intelligence, leur savoir en vue du travail qu'ils ont accepté.

L'honnête ouvrier n'ouvre pas son cœur à l'envie, ses lèvres et ses oreilles à la médisance ou à la calomnie contre son patron; il ne cherche pas à lui nuire, à le déconsidérer; il ne le regarde pas comme un ennemi. C'est un homme qui a besoin de lui, mais dont il a besoin, qui lui procure de l'ouvrage, le pain quotidien, la subsistance de sa famille.

L'employé a le droit de refuser ses bras; il peut se mettre en grève, s'associer à ses camarades pour une grève générale, bien que ce moyen dangereux doive être réservé comme une ressource suprême. Les grèves risquent souvent, non seulement d'affamer cruellement les ouvriers et leurs familles, non seulement de ruiner les patrons, mais de ruiner aussi les industries et de porter un coup à la richesse nationale.

En tout cas, l'ouvrier qui se met en grève doit respecter scrupuleusement la liberté de ses camarades qui ne jugent pas à propos d'imiter son exemple.

Si les chômages forcés sont funestes, les chômages volontaires ne le sont pas moins; l'ouvrier a besoin de repos, mais il ne doit pas prolonger son repos au delà du nécessaire; il nuit tout ensemble au patron qui l'emploie, à ses propres intérêts et à sa propre dignité quand il emploie à la paresse, au jeu ou à la boisson des journées que le travail réclame.

Si tous les hommes ont le devoir de s'instruire, on peut dire que c'est à un plus haut degré encore un devoir pour l'ouvrier, qu'il soit de la ville ou de la campagne. Précisément parce que des travaux manuels absorbent son temps, parce que ses années de classe ont été écourtées par les nécessités de la vie, il doit utiliser ses loisirs à se perfectionner par l'étude dans son propre métier, à cultiver son esprit, à augmenter ses connaissances, à réagir par des occupations intellectuelles, par des lectures bien choisies, contre les entraînements et la pente même de son labeur matériel.

———

DEVOIRS CIVIQUES

La patrie. — L'État et les citoyens. — Fondement de l'autorité publique. — La constitution et les lois. — Le droit de punir. — Devoirs des simples citoyens. — L'obéissance aux lois. — L'impôt. — Le service militaire. — Le vote. — L'obligation scolaire. — Devoirs des gouvernants.

LA PATRIE.

L'homme, eût-il le malheur d'avoir perdu ses parents, de ne posséder ni frère ni sœur, de ne s'être pas fait une famille par le mariage, ne serait pas encore isolé dans ce monde ; il a une famille, une grande famille, qui lui confère des droits et lui impose des devoirs. Cette famille, c'est la patrie.

Un peuple nous entoure qui parle notre langue, qui respire le même air que nous, qui habite le même sol, dont les pères ont vécu avec nos pères ; il est soumis aux mêmes lois, il est défendu par les mêmes frontières, il s'abrite sous les plis du même drapeau. Un même nom le désigne, et ce nom est aussi le nôtre. La terre où ce peuple habite, c'est notre patrie. Terre bien-aimée, qui as été notre berceau, qui recèles dans ton sein la tombe de nos parents, de nos amis, de nos proches, et qui rece-

vras probablement nos restes, terre où nous avons
vu les premiers printemps s'épanouir, où nous avons
balbutié nos premiers bégaiements, joué nos premiers jeux, ouvert nos yeux à la lumière et notre
intelligence au savoir, terre où nous avons connu
les plus doux sentiments qui embellissent l'existence, où nous avons souffert aussi, terre que nous
avons arrosée de nos sueurs, de nos larmes, terre
de nos aïeux, terre de nos enfants, ô patrie, que
tu nous parais belle entre toutes et par quels liens
puissants nos cœurs te sont attachés!

Notre premier devoir envers la patrie, et ce devoir
n'est pas difficile, c'est de l'aimer. Comment ne
l'aimerions-nous pas? Tout nous plaît en elle, ses
villes et ses campagnes, les monuments anciens et
modernes dont elle est ornée, les grandes cités qui
font son orgueil, les riches pâturages, les champs
féconds, les précieux vignobles, les vallons, les
plaines, les montagnes, les fleuves et les forêts, le
ruisseau qui court dans le pré, le pic neigeux qui
monte dans la nue, les plages, les ports, les landes.
Nous sommes fiers de son passé, de ses gloires, des
chefs-d'œuvre de son génie, de son activité, de son
industrie, de ses richesses. Nous préférons à tous
les autres peuples le caractère, les habitudes, le
langage, la manière d'être, la tournure d'esprit de
notre peuple.

Si nous sommes sévères entre nous, durs, injustes,
prenant plaisir à nous humilier réciproquement,
nous retrouvons la fierté patriotique en face de
l'étranger. Comme on sent brûler dans son cœur
l'amour de la patrie quand on a dû en sortir, quand
on voyage au dehors, quand on rencontre un com-
patriote, qui au dedans eût été un indifférent ou un

adversaire, et qui devient un frère tout à coup!
Quelle douce et profonde émotion lorsqu'on voit
par hasard, à l'étranger, flotter le drapeau tricolore
ou qu'on entend résonner le chant national!

Aimer la patrie, l'honorer, la défendre, fût-ce
au prix de son sang, de sa vie, ce sont des devoirs
que l'honnête homme ne met pas longtemps à comprendre et n'hésite pas à pratiquer.

L'ÉTAT ET LES CITOYENS.

La patrie n'est pas seulement le lieu de nos souvenirs et de nos affections, elle est le théâtre de
notre activité sociale. A ce titre, elle prend un
caractère plus grave, plus austère. Elle nous impose
des devoirs d'une autre nature. On l'appelle l'Etat.

L'État est l'ensemble des institutions de la patrie,
l'administration qui la régit, le gouvernement qui la
protège et la représente. Si les hommes vivaient isolés, chacun pour soi, sans institutions et sans règles,
ils seraient la proie du hasard et de la violence;
ils seraient obligés de se défendre personnellement
contre les agressions, de se faire justice à eux-mêmes,
de subir la loi du plus fort; ils seraient un troupeau,
et non une société.

En se réunissant, ils ont établi parmi eux des
règles, des institutions, des lois ; ils ont choisi
quelques-uns d'entre eux pour présider aux relations
communes, pour exécuter les volontés de la majorité, pour protéger les intérêts légitimes, pour
imposer à tous le respect de l'ordre, de la justice,
pour assurer la liberté et la sécurité de tous les
membres du corps social.

L'État est donc l'organe de l'intérêt général ; il

exerce sa surveillance, son action, son autorité, dans
tous les domaines où l'intérêt général est en jeu : la
défense du territoire national contre l'étranger, la
défense de l'ordre intérieur contre les perturbateurs,
la confection et l'entretien des voies de communication, l'administration de la justice, la protection
des faibles, la défense de la propriété, l'éducation
de la jeunesse, la perception des impôts destinés à
subvenir à toutes les dépenses communes.

L'État n'est pas un maître dont la volonté arbitraire tombe de haut sur la tête des gens ; il est la
résultante de toutes les volontés individuelles. Dans
un pays libre, dans une démocratie comme la nôtre,
l'État est constitué par le suffrage des citoyens.

FONDEMENT DE L'AUTORITÉ PUBLIQUE.

Le fondement de l'autorité publique, c'est le consentement universel. Dans notre société, ce consentement s'exprime par le suffrage universel ; tous les
citoyens majeurs ont le droit de vote, ils participent
par leur suffrage au choix des membres des assemblées délibérantes, desquelles émanent les pouvoirs
politique, administratif et judiciaire. Le pouvoir
vient du peuple, s'exerce en son nom, dans son
intérêt, sous son contrôle. L'autorité dont le gouvernement est revêtu mérite donc le respect de tous;
l'ébranler, c'est ébranler les bases mêmes sur
lesquelles repose le respect dû aux droits de chacun.

LA CONSTITUTION ET LES LOIS.

La Constitution est la loi politique de l'État;
votée par les représentants de la nation, elle règle

le fonctionnement des rouages qui assurent la meilleure confection possible des lois, les attributions des assemblées, la stricte séparation des différents pouvoirs, les garanties les plus efficaces des libertés nécessaires, la transmission régulière du pouvoir suprême, la durée et le renouvellement périodique des mandats électifs.

Comme il serait chimérique d'attendre que sur tous ces points il se fût fait l'unanimité dans les esprits, l'ordre et la raison veulent que ce soit la majorité qui décide. Une Constitution votée par la majorité des représentants du peuple devient obligatoire pour tous. Ceux qui s'insurgent contre elle sont des rebelles, des factieux, des ennemis de l'ordre public, des traîtres au pays. Toute constitution est perfectible ; on peut, dans les formes légales, l'améliorer, la corriger, l'étendre ou la restreindre, à mesure que l'expérience a démontré la nécessité impérieuse d'un changement ; mais son principal caractère doit être la solidité, la durée. Le temps la revêt d'une majesté plus haute ; les jeunes générations, qui ont grandi à son ombre, s'habituent à la considérer comme l'abri tutélaire de leurs destinées. Les bons citoyens s'appliquent à la consolider, à en tirer le meilleur parti possible, à la défendre contre les attaques factieuses ou inconsidérées, à la transmettre intacte à leurs descendants.

Les lois, votées par le pouvoir législatif, promulguées par le pouvoir exécutif, protégées par le pouvoir judiciaire, sont plus variables ; chaque année peut y apporter quelque changement utile. Des lois meilleures peuvent abroger les précédentes ; des articles nouveaux peuvent éclairer, expliquer, améliorer les lois existantes. Elles suivent pas à pas

et au jour le jour les intérêts multiples, les besoins
changeants, les relations complexes de la vie sociale ;
elles naissent des mœurs, que le temps et les circonstances modifient sans cesse ; elle ne sont pas une
entrave rigide à l'activité des citoyens ; elles en sont
pour ainsi dire le vêtement, à la fois souple et ferme,
qui s'accommode aux mouvements, prend les plis
du corps, protège les membres et se renouvelle après
l'usure.

Les lois traduisent exactement l'état de l'opinion,
les habitudes prises, le niveau moral et intellectuel
d'une nation ; elles sont son œuvre propre ; elle ne
les subit pas, elle les fait, librement, mûrement,
par l'organe de ses élus qui s'inspirent de ses vues,
de ses besoins, de ses volontés. On peut dire que les
lois sont l'image et la parole même de la nation.

LE DROIT DE PUNIR.

Aussi la nation a-t-elle le droit d'exiger que tous
obéissent aux lois. Il n'y a pas d'exception, pas de privilège, nul n'est au-dessus des lois. Celui qui les trans-
gresse apporte le trouble, fait une œuvre mauvaise,
doit être réprimé. Le droit de punir, qui n'appartient
pas à un particulier, appartient à l'État. C'est lui
qui est le garant de l'ordre public, il a le droit et le
devoir de veiller à l'exécution des lois et de punir
les récalcitrants. Ce droit est la conséquence même
de l'état de société ; il n'existe pas dans l'intérêt de
quelques-uns, mais dans l'intérêt universel ; une
seule loi violée met tout le corps social en péril.
Aussi chaque loi est elle accompagnée d'une sanction ; en même temps qu'elle édicte ses ordres et ses

15

défenses, elle prescrit les divers degrés de châtiment qui sont réservés à ceux qui la transgressent.
Ce ne sont pas des hommes qui punissent par colère,
par vengeance, par esprit d'autorité, par abus de
pouvoir. C'est la loi elle-même, impersonnelle,
impartiale, sereine, prononçant à l'avance son jugement au nom de la nation tout entière.

L'OBÉISSANCE AUX LOIS.

Ce n'est pas seulement par crainte du châtiment
attaché à toute violation des lois que le citoyen leur
doit obéissance. C'est parce que l'obéissance aux
lois est la condition même qui fait de lui un citoyen.
C'est grâce aux lois qu'il jouit de ses biens, de la
liberté, de la sécurité de sa personne, de tous les
bienfaits de la vie sociale, de tous les progrès de la
civilisation. Ce sont les lois qui ont protégé son
enfance, qui étendent sur lui dans toute sa carrière
leurs mains puissantes, qui l'entourent de leur protection jusqu'à son dernier soupir.

Elles peuvent quelquefois lui paraître injustes,
blesser quelques-uns de ses intérêts particuliers,
faire obstacle à quelqu'un de ses desseins ; il peut
les critiquer, en désirer et en poursuivre le redressement ; il ne peut pas, il ne doit pas les fouler aux
pieds.

La célèbre maxime : « Il vaut mieux obéir à Dieu
qu'aux hommes », ne s'applique pas aux lois régulières d'un pays civilisé. Si elle signifie qu'il vaut
mieux obéir à la voix de sa conscience qu'à des
ordres iniques, qu'à des menaces et à des violences
illégitimes, dût-on s'exposer aux plus graves périls,

elle exprime une vérité incontestable. Elle devient une grave erreur si l'on prétend abriter derrière cette parole la désobéissance aux lois, la rebellion contre les autorités légalement constituées.

L'individu ne peut pas ériger sa propre opinion en règle infaillible; il ne peut placer ses désirs ou ses répugnances au-dessus de son pays; il ne peut sacrifier la volonté générale à ses volontés particulières.

Nous devons obéissance aux lois, même si certaines de leurs dispositions n'ont pas notre assentiment, même si elles nous imposent un lourd et pénible fardeau. Socrate a laissé un mémorable exemple d'obéissance aux lois. Condamné à boire la ciguë, il pouvait échapper par la fuite à la mort; il s'y refusa : « Je ne veux pas violer et anéantir les lois de mon pays, lui fait dire son disciple Platon. Il me semble que je les entends qui me crient : Hé quoi, Socrate ! Est-ce ainsi que tu te soumets aux jugements rendus par la République? Ne sais-tu pas qu'il faut respecter la patrie, même dans sa colère, obéir à ses ordres si l'on ne peut la persuader, souffrir sans murmurer tout ce qu'elle commande de souffrir? »

Nous n'avons pas le droit de faire un choix, d'obéir quand il nous plaît, d'exiger d'autrui l'obéissance aux lois qui sauvegardent notre personne ou nos intérêts, et de refuser à notre tour obéissance sous prétexte que nous sommes plus sages et plus avisés que le législateur.

Non seulement nous devons obéissance aux lois, mais nous leur devons aussi le respect. Il n'est pas digne d'un bon citoyen, digne d'un honnête homme, de parler injurieusement des lois, même de celles qu'on voudrait corriger, réformer ou abroger. Tant qu'une loi est en vigueur, nous en devons parler dans un langage mesuré, et nous abstenir soigneusement d'exciter les autres, par notre langage ou nos conseils, à la mépriser ou à la transgresser.

Parmi les lois qui s'imposent à l'obéissance des citoyens, il en est quatre qu'on peut signaler plus particulièrement comme créant des devoirs d'une extrême importance pour le salut et la prospérité de la patrie. C'est l'impôt, le service militaire, le vote et l'obligation scolaire.

L'IMPOT.

L'impôt est la part que chacun doit donner de ses ressources pour contribuer aux dépenses communes de l'État. Par l'impôt nous rendons service aux autres et à nous-mêmes ; c'est pour nous, pour notre intérêt, pour notre sécurité, pour notre bien-être que sont dépensées les sommes qui constituent le budget national. C'est le budget, soit de l'État, soit des départements, soit des communes, alimenté par l'impôt, qui met l'armée sur pied, qui lui fournit les moyens de défense, qui élève les remparts et les citadelles, qui fait les routes, grandes et petites, et les entretient, creuse les canaux, crée les ports, organise la flotte, bâtit les casernes, les tribunaux, les prisons, les écoles, réprime les malfaiteurs, donne l'instruction à la jeunesse, encourage la science, les arts, l'industrie, le commerce, recueille les abandonnés et les malades, assainit les villes, éclaire les rues, change en un État policé et moderne une terre qui, sans lui, serait barbare, ravagée et inhabitable.

Ces multiples emplois de l'impôt indiquent assez son importance et sa nécessité. Il doit être payé par tous, puisque tous profitent de ses bienfaits. Il est prélevé, soit sur le capital, soit sur les revenus de chacun, sur la terre, sur les maisons, sur les patentes du commerce et de l'industrie, sur les matériaux, sur les objets de consommation, sur les ventes, cessions et héritages. Il est perçu directement par l'administration des finances ou indirectement par l'intermédiaire des marchands et fournisseurs, qui payent eux-mêmes directement, soit à la douane, soit à l'octroi, soit aux agents du fisc.

Nous devons payer l'impôt avec empressement et régularité. C'est une dette, et il est toujours agréable de se débarrasser d'une dette. C'est de plus une dette sacrée, car elle est contractée envers la patrie, pour des intérêts généraux que nous ne devons pas laisser péricliter. Un pays où l'impôt rentre vite et bien acquiert une bonne renommée, du crédit et des facilités nouvelles pour faire ses affaires. La France est un des pays du monde où l'impôt rentre le plus facilement.

Nous devons payer sans récriminer et gémir. Il y a des gens qui se croient obligés à des lamentations ou à des critiques amères chaque fois qu'ils ont à payer une contribution publique. Ils ne manquent pas l'occasion de déverser sur les institutions et le gouvernement de leur pays les plus cruelles injures, plus habituellement par légèreté et irréflexion que par suite d'un examen sérieux des motifs de leurs plaintes. C'est à la suite de graves événements ou de travaux extraordinaires que le chiffre des impôts s'élève dans un pays, et les citoyens ont à prendre courageusement leur part de ces dépenses réparatrices et fécondes.

Nous devons payer intégralement, sans essayer de nous soustraire par la fraude au fardeau qui nous incombe. Tel qui reculerait devant l'idée de voler directement son prochain regarde comme un jeu plaisant ou une habile manœuvre de voler l'État, soit par de fausses déclarations, soit par la contrebande, soit par un des mille moyens de dissimulation trop fréquemment employés.

Le gain prélevé par la fraude sur l'impôt est un gain déshonnête, c'est le produit d'un vol, et d'un vol fait sur l'ensemble des citoyens, au détriment de l'intérêt public. Nous ne devons ni le commettre, ni l'aider ou le favoriser, soit par nos actes, soit par nos complaisances et notre approbation. L'impôt, qu'il soit direct ou indirect, est dû par tous ; il est une condition indispensable de la vie sociale et de l'existence même de la patrie ; c'est un mauvais citoyen et un malhonnête homme que celui qui se dérobe à cette obligation.

LE SERVICE MILITAIRE.

Le service militaire était autrefois un métier, le métier des armes. On devenait soldat pour vivre, comme on se faisait charron ou maçon. Le mot même indique que la solde était la condition et la raison d'être de ce métier. On avait des armées de mercenaires, qui se battaient pour ceux qui les payaient.

Il n'en est plus de même aujourd'hui. Il s'agit

d'un service à rendre au pays, d'une dette à lui payer, d'une protection à lui assurer. Le service militaire est devenu obligatoire pour tous les citoyens. Tous les hommes valides sont appelés à passer sous les drapeaux, à faire partie de l'armée, à payer de leur personne le tribut qu'ils doivent à la défense nationale.

Depuis le commencement de ce siècle, la conscription appelait tous les hommes valides, mais il était permis de s'exempter à prix d'argent, et sous une forme moins crue, moins repoussante, on avait encore des mercenaires dans l'armée. Les pauvres seuls faisaient leur service, sauf quelques exceptions, et le faisaient pour une période de longue durée.

Les institutions militaires de notre pays ont changé de caractère. Le service militaire est devenu moins long à mesure qu'il s'est étendu à plus d'hommes. Nul ne peut plus s'exonérer à prix d'argent, nul ne peut plus se vendre et se substituer à autrui.

Le service militaire est à la fois une obligation universelle, un devoir inhérent à la qualité de citoyen, une satisfaction morale et un honneur.

Il ne peut être question ici de frauder l'État et de se soustraire à cette obligation; on ne le peut qu'en se mutilant pour se rendre incapable de tenir une arme ou qu'en désertant à toujours le sol de la patrie. Ces deux extrémités ne peuvent être le fait que d'esprits obtus ou de cœurs lâches, et ne se rencontrent qu'à l'état d'exception.

L'honnête homme va sous les drapeaux avec résolution, avec patience, avec courage, même avec joie; il y accomplit fidèlement son service; il se soumet en temps de paix aux petites misères et aux ennuis de la vie de caserne et de la discipline; il y acquiert un

esprit de bonne humeur, de camaraderie, de simplicité et de patriotisme qu'il conservera dans la vie
civile. Il évitera la grossièreté, les mauvaises relations, ce qu'on appelait autrefois le ton de caserne;
il ne se figurera pas qu'un soldat peut avoir des
allures vulgaires ou brutales qui sont messéantes
aux autres. Il restera au régiment ce qu'il était
auparavant, ce qu'il sera ensuite, un homme bien
élevé, poli, délicat, consciencieux.

En temps de guerre, son cœur sera à la hauteur
des circonstances ; il fera délibérément le sacrifice
de sa vie, sachant d'ailleurs que le plus sûr moyen
de la préserver et de la rendre utile à son pays, sera
encore d'obéir aveuglément à ses chefs, de rester
dans les rangs, de dompter la crainte et de faire
tout son devoir.

LE VOTE.

Le droit de vote est le plus considérable que la
société puisse accorder à ses membres. Par le vote,
tout citoyen exerce les droits de la souveraineté. Au
moment où il tient son bulletin à la main, il est
vraiment roi, il dispose de l'impôt, de l'administration, des lois, de l'honneur et de l'avenir du pays.
Tout, en définitive, aboutit à l'urne du scrutin, et
tout en découle. C'est elle qui est la source de tout
pouvoir dans la société civile et politique. Par elle
peuvent se réprimer tous les abus, se corriger toutes
les défectuosités, s'accomplir toutes les réformes.
Le suffrage universel ferme l'ère des révolutions ; il
n'est plus nécessaire, pour amener les plus profondes
transformations, de recourir au fusil ; le bulletin est
une arme irrésistible. Que les citoyens se réunissent,

se concertent, dirigent d'un commun accord leurs efforts vers un même but, et tout leur cèdera.

Le vote, qui confère une telle puissance, qui exerce une influence si décisive sur les destinées d'un peuple, n'est pas seulement un droit ; il impose aussi des devoirs.

Et d'abord, le devoir d'en user. On peut s'étonner de cette affirmation. Pourquoi ne suis-je pas libre d'exercer ou de ne pas exercer un droit ? Pourquoi y a-t-il une obligation morale à en faire usage ?

Parce que s'abstenir de voter, c'est se montrer indifférent au sort du pays, c'est abdiquer une part d'influence dans ses destinées, c'est livrer son avenir au hasard ou à des influences néfastes, c'est agir en mauvais citoyen.

Les électeurs qui s'abstiennent laissent passer les événements par-dessus leur tête ; ils se conduisent comme des sujets qui subissent la loi d'autrui, non comme des citoyens qui prennent leur part des affaires.

Ou bien l'élection est assurée, il n'y a pas de compétition sérieuse, et on doit voter pour user d'un droit si chèrement acquis par les souffrances et le sang de nos pères ; on doit voter par respect même du suffrage universel, charte fondamentale des institutions de notre patrie.

Ou bien le parti qui nous paraît celui de la vérité et de la justice est assuré de la défaite devant une majorité considérable, et on doit voter, parce qu'il est misérable de déserter le champ de bataille à l'heure difficile, d'abandonner ses amis quand ils sont les plus faibles, de diminuer le contingent d'une cause qu'on croit la bonne, et d'amoindrir ses espérances de relèvement.

15.

Ou bien la lutte est vive, l'issue incertaine, — et on doit voter, parce qu'il n'est pas permis à l'honnête homme de se désintéresser des affaires publiques, parce qu'il doit prendre parti pour la bonne cause, parce qu'il doit choisir, même entre deux candidats qui n'ont pas ses sympathies, celui qui se rapproche le plus du but à atteindre.

Il faut donc voter. Mais il faut voter avec discernement, avec probité, non pas au hasard, ou en subissant l'influence soit de promesses, soit de menaces personnelles. C'est le devoir du citoyen de s'éclairer avant de voter, d'écouter, de lire, d'examiner, de résister à la passion, au parti pris, de peser en son âme et conscience les arguments qui lui sont donnés, de faire son choix sur de bonnes raisons, de prévoir la portée de son vote, de s'inspirer avant tout de l'intérêt suprême de la République.

Vainqueur ou vaincu dans la lutte électorale, l'honnête homme n'aura pas de remords s'il a fait son devoir, s'il a écouté la voix de la raison, s'il a déposé un suffrage réfléchi, sérieux, intelligent, et dicté uniquement par le patriotisme.

L'OBLIGATION SCOLAIRE.

S'il est un devoir dont l'évidence ne puisse être contestée, c'est celui qu'ont les parents de donner à leurs enfants tout au moins l'instruction élémentaire.

L'instruction est un bienfait ; des parents qui aiment leurs enfants ne peuvent la leur refuser. Mais il y a plus: l'instruction est une nécessité. Celui qui ne la possède pas est un être faible et désarmé dans les luttes de la vie ; il sera dépassé, dominé, vaincu à toute heure par ceux qui sont munis d'armes qu'il ne possède pas. Ignorant, il sera la proie du premier venu, il pourra être enrôlé, presque malgré lui, dans la bande des êtres malfaisants qui constituent un danger permanent pour la société. Sous un régime de suffrage universel, où les citoyens décident du sort de la patrie par leurs suffrages, l'ignorance peut mettre en péril les institutions nationales.

C'est pourquoi la société a le droit et le devoir d'imposer aux parents assez dénaturés pour priver leurs enfants d'instruction, l'obligation de les envoyer à l'école.

La loi du 28 mars 1882 a établi que l'instruction primaire est obligatoire pour tous les enfants des deux sexes, âgés de six ans révolus jusqu'à treize ans révolus. Les parents ou tuteurs qui enfreignent cette loi sont passibles d'un affichage public, d'amende et même de prison.

Quel est le père, quelle est la mère digne de ce nom, qui aura besoin de ces menaces de la loi pour accomplir un devoir si impérieux et si doux à la fois? Il n'y a pas d'excuse valable pour chercher à s'y soustraire. Les parents, non seulement enverront leurs enfants en classe, mais ils les y enverront régulièrement, ils s'informeront de leurs progrès, ils les encourageront au travail, ils redoubleront, s'il le faut, d'efforts et de sacrifices pour ne pas abréger la durée de la scolarité et ne pas détourner prématurément leurs enfants des études qu'ils ont le privilège de faire pendant ces précieuses années.

DEVOIRS DES GOUVERNANTS.

A proprement parler, le gouvernement se compose du chef du pouvoir exécutif et du conseil des ministres. Mais on peut étendre le sens de ce mot et ranger à bon droit parmi les gouvernants tous ceux qui sont revêtus d'un mandat électif ou qui détiennent par délégation une part quelconque de l'autorité publique, depuis les conseillers municipaux jusqu'aux membres du Parlement, depuis le président de la République jusqu'au garde champêtre.

Chacun, dans sa sphère, dans la limite de ses attributions, a des devoirs spéciaux, qu'on pourrait ranger dans la catégorie des devoirs professionnels.

Ils doivent se souvenir qu'ils n'ont reçu qu'une charge temporaire, qu'ils la doivent à la confiance de leurs chefs ou de leurs concitoyens, qu'ils ne sont en réalité que des agents de la volonté commune, qu'ils n'appartiennent pas à une caste, à une classe distincte et supérieure au reste de l'humanité, qu'ils sont responsables de leurs actes devant l'opinion et devant leur conscience.

Ils doivent s'acquitter fidèlement de leur mandat, exécuter scrupuleusement les lois, bannir les faveurs injustifiées, les passe-droits, les injustices menues ou graves. Ils doivent à tous la justice, l'impartialité, la bienveillance.

La responsabilité des gouvernants est terrible, puisque c'est de leur sagesse, de leur habileté que peut dépendre la paix ou la guerre, l'honneur et la

sécurité du pays, le repos, la prospérité, le bien-
être des habitants. Ils doivent se montrer économes
des deniers publics, les administrer comme s'il
s'agissait de leur propre fortune, prévoir l'avenir,
se soucier non seulement des intérêts présents ou
de leur propre réputation, mais des intérêts des
générations futures et du bon renom de leur patrie
devant l'histoire.

Du moment qu'ils ont accepté l'honneur de leur
charge, ils en assument tout le poids, toute la responsabilité et tous les périls. Ils ne doivent reculer
devant aucun labeur, aucune fatigue, aucun sacrifice, et braver, s'il le faut, les malentendus, les
critiques injustes et l'impopularité elle-même, pour
administrer en bons pères de famille, en bons
citoyens et en honnêtes gens, les intérêts qui leur
sont confiés.

Négliger son office, l'exercer abusivement, en
tirer profit pour son avantage personnel, trahir la
cause du pays par avarice, par ambition ou par
lâcheté, ce sont autant de crimes contre l'État et
contre la conscience. Un honnête homme ne s'en
rendra jamais coupable et n'aura même pas à en
repousser la tentation.

DEVOIRS DES NATIONS ENTRE ELLES

LE DROIT DES GENS.

Les différents États ont les uns vis-à-vis des autres des obligations mutuelles, ni plus ni moins que les individus. Comme il n'a pas été possible jusqu'à ce jour d'obtenir des lois consenties par tous les États réunis en une société commune, ayant un gouvernement commun chargé de faire exécuter les décisions prises par une majorité régulièrement consultée, on s'en est tenu à certaines règles tirées à la fois des principes généraux de la morale et de l'intérêt de la civilisation.

L'ensemble de ces règles s'appelle le droit des gens, c'est-à-dire le droit des nations, le mot *gens* ayant conservé le sens de l'étymologie latine (*Gens* veut dire nation); ce sens subsiste encore dans l'expression biblique : les Gentils.

Les nations sont considérées comme des individus, comme des personnes morales qui ont entre elles des rapports auxquels doivent présider la raison, la justice et l'humanité. La vieille devise, que l'homme est un loup pour l'homme, a cessé de s'appliquer aux relations entre les individus; l'état social l'a remplacée par le règne des lois ; elle a subsisté plus longtemps entre les peuples.

A mesure que la civilisation progresse, les peuples eux-mêmes reconnaissent entre eux certaines lois soit écrites, soit tacites, qu'il n'est pas permis d'en-

freindre sans être mis au ban des nations, sans
encourir le mépris ou l'hostilité des autres peuples
civilisés.

EN TEMPS DE PAIX.

En temps de paix, les peuples doivent vivre en
bonnes relations, respecter mutuellement leurs
frontières et leur honneur, la personne et les biens
des nationaux, observer scrupuleusement les traités,
ouvrir leur territoire aux étrangers et au trafic des
marchandises, sous certaines conditions que chaque
peuple reste maître d'établir à son gré.

Ils font entre eux des contrats qui fixent leurs
limites et qui règlent leurs rapports. Ils font des
traités de paix, d'amitié, d'alliance offensive ou
défensive, par lesquels ils s'engagent à se soutenir
mutuellement en cas d'attaque. Ils font des traités
de commerce, qui déterminent la libre entrée des
objets ou les tarifs réciproques des douanes. Ils
font des traités d'extradition qui ont pour but de
livrer les criminels de droit commun aux tribunaux
du pays où le crime a été commis ou dont ils sont
originaires; il va de soi que les prévenus politiques
ne peuvent être atteints par ces dispositions. Ils
font enfin des conventions internationales pour le
libre développement des grands services qui intéressent le monde entier, comme les postes, les télé-
graphes, les câbles sous-marins, les chemins de fer,
la navigation.

Chaque État entretient chez les autres peuples
des représentants officiels chargés de maintenir les
bonnes relations, de veiller à l'exécution des traités,

de protéger leurs nationaux, d'éviter ou d'aplanir les conflits. Ces agents portent le nom d'ambassadeurs, de ministres plénipotentiaires, d'envoyés extraordinaires ou de consuls, selon l'importance des États, les traditions ou le genre d'affaires dont ils ont la garde. La maison de l'ambassadeur est sacrée, le drapeau national y flotte librement ; elle est considérée comme un lambeau de la patrie, comme un asile inviolable.

Lorsqu'une grave question de politique générale est soulevée, qui touche à la prospérité ou à la paix du monde civilisé, les ambassadeurs ou envoyés de plusieurs nations se réunissent en congrès. Ce congrès prend les allures d'une assemblée délibérante ; il nomme un président, des secrétaires ; il tient des séances, il se livre à des discussions, il procède à des votes, il rédige des protocoles ou procès-verbaux, il arrête des résolutions. Celles-ci deviennent obligatoires pour tous les États qui ont pris part au congrès. C'est, comme on voit, une ébauche de confédération des peuples; cette confédération n'est que passagère, elle ne porte que sur certains points déterminés. On peut rêver, sans trop d'optimisme, que l'avenir rendra de tels congrès permanents et généraux pour le règlement de toutes les affaires internationales. Ce serait la fin des guerres.

Quand un conflit éclate entre deux peuples, il peut se régler par des négociations diplomatiques ; si celles-ci échouent, on a quelquefois recours à un arbitrage. Il y en a plusieurs exemples de nos jours ; tel l'arbitrage de la France entre l'Angleterre et l'Amérique à l'occasion de l'*Alabama*, ou l'arbitrage du pape entre la Prusse et l'Espagne à l'occasion des îles Carolines. La guerre est un si épouvantable fléau que l'on doit considérer comme un progrès de l'humanité tout ce qui contribue à l'ajourner ou à l'écarter.

EN TEMPS DE GUERRE.

Lorsqu'il n'y a aucun moyen régulier de résoudre le conflit entre deux peuples, la guerre est déclarée. C'est la force qui décidera : la parole est au canon. La guerre est un état violent; mais, même pendant la guerre, les lois de l'humanité ne sont pas toutes suspendues, et certaines règles se sont établies pour atténuer les horreurs de la lutte. Il y a un droit des gens pendant la guerre comme il y en a un pendant la paix.

On part du principe que tout ce qui ne concourt pas au but de la guerre doit être banni. Ce but est de mettre un des deux peuples en état d'infériorité et d'impuissance vis-à-vis de l'autre. Prendre des villes, des ports, des arsenaux, tuer des hommes en bataille, disperser des armées, faire des prisonniers, couper les routes, briser les ponts, s'emparer des magasins, des approvisionnements, paralyser tous les moyens d'attaque ou de défense, voilà les œuvres, les tristes œuvres de la guerre que le droit des gens ne réprouve pas.

Mais commettre des cruautés sur les habitants inoffensifs, les maltraiter, saccager leurs biens, brûler leurs maisons, détruire ou mutiler les monuments publics ou les objets d'art, ce sont des actes contraires au droit des gens, aux mœurs des peuples modernes, et dignes de hordes barbares.

Le pillage était jadis une sorte de prime aux vainqueurs, le but de la guerre, pour les soldats, une satisfaction que les chefs leur accordaient volontiers comme récompense de leurs exploits. Il est considéré aujourd'hui comme un brigandage.

Notre siècle a aboli la course, qui consistait dans la prise des vaisseaux marchands par d'autres vaisseaux marchands ; c'était le pillage sur mer par des particuliers armés pour le vol. Ce ne sont plus aujourd'hui que les navires de guerre qui ont le droit de s'emparer, sur mer, des navires de la nation ennemie. C'est un progrès sur les agissements anciens.

Il est convenu que certains peuples sont neutres, c'est-à-dire qu'ils ne peuvent être attaqués par aucun des belligérants, que leur pays ne peut servir de passage aux armées ennemies, qu'ils ne doivent ni porter secours ni porter atteinte aux adversaires, et qu'on doit, de part et d'autre, respecter leurs nationaux.

Les prisonniers doivent être simplement mis hors d'état de nuire ; il n'est pas permis de les tuer ni de les maltraiter. Il suffit de les interner dans quelque ville lointaine, et souvent le vainqueur se borne à leur demander leur parole de ne plus prendre les armes contre lui pendant la durée de la guerre.

Les blessés doivent être l'objet de soins consciencieux de la part des médecins ou des particuliers, sans distinctiom de nationalité. La convention de Genève, conclue en 1864, et renouvelée, en 1872, entre les diverses nations de l'Europe, a fixé les règles relatives aux hôpitaux et ambulances et à l'action des médecins et infirmiers, soit sur les champs de bataille, soit dans les lignes ennemies.

Cette convention a pour objet de sauvegarder, autant qu'il est possible, dans ces sanglantes rencontres, les droits de l'humanité. Un blessé, un malade n'est plus un ennemi, c'est un homme, et un homme souffrant : à ce titre, il a droit à la sympathie et au secours.

La conquête était, jadis, le dernier mot de la guerre. On s'emparait des hommes et des terres, par le droit du plus fort, et l'on conservait par la force ce que la force avait conquis. On peut concevoir autrement les droits du vainqueur. Il peut imposer aux vaincus une rançon en payement des dépenses qu'il a dû faire et des dommages qu'il a éprouvés ; il peut les affaiblir par des conditions qui les désarment ; il peut leur imposer un traité qui lui donne des garanties pour l'avenir. Il ne peut pas, sans blesser au cœur l'humanité, arracher à des citoyens leur patrie, les traiter comme un bétail qu'on transporte d'une propriété sur une autre, disposer d'eux, de leurs institutions, de leurs affections, de leur nationalité sans leur consentement.

Le sentiment public incline de plus en plus à flétrir la brutalité de la conquête ; elle porte avec elle son châtiment dans l'invincible résistance des annexés et dans l'incessante inquiétude des vainqueurs. Un jour, elle cessera d'être possible dans le monde civilisé.

———

DEVOIRS RELIGIEUX

ET DROITS CORRESPONDANTS.

Liberté des cultes. — Rôle du sentiment religieux en morale.

On appelle ordinairement devoirs religieux l'accomplissement des actes et des pratiques de culte recommandés par les diverses Églises. Il en est de ces actes comme de beaucoup d'autres, ils sont des devoirs dès que la conscience les regarde comme obligatoires, dès qu'il lui paraît mauvais et condamnable de s'en affranchir. Dans ce domaine, les opinions sont innombrables, les discussions sont fréquentes, les partis sont tranchés. Il n'appartient pas à la morale de décider entre les Églises, non plus qu'entre ceux qui ne se rattachent à aucune d'elles et les fidèles des différents cultes. C'est à la raison d'examiner, de contrôler, de choisir; l'honnête homme n'est pas celui qui professe une religion plutôt qu'une autre; c'est celui qui ne professe de religion que celle que son cœur, sa raison, sa conscience lui recommandent; c'est celui qui, en ces graves matières, ne se rend coupable ni de légèreté, ni de servilisme, ni d'hypocrisie.

La religion n'est pas affaire de mode et d'usage; elle n'est pas décrétée par une majorité; elle n'est pas une question de bon ton et de bonne compagnie; elle ne fait pas partie des devoirs de la politesse. Elle est d'ordre intime et personnel; elle dépend uniquement des convictions individuelles et réfléchies; elle n'impose de devoirs que ceux que la conscience a librement acceptés.

Il suit de là que rien ne doit être plus libre et plus spontané que l'accomplissement de ces devoirs. Nul ne peut, sous aucun prétexte, les imposer à personne; nul ne peut non plus empêcher personne de les remplir. C'est une conquête lente et douloureuse que celle de la liberté des cultes; il a fallu de longs siècles de luttes, de larmes et de sang pour y arriver.

Non seulement les pouvoirs publics, non seulement une majorité, quelque considérable qu'elle soit, ne peuvent plus et ne doivent plus s'immiscer dans l'exercice public ou privé d'une religion quelconque qui respecte l'ordre et les lois; mais chacun a le droit, vis-à-vis de ses concitoyens, d'accomplir à son gré les actes de culte, de prière, d'adoration qui lui conviennent.

La contrainte matérielle, la contrainte morale, les menaces, les promesses, les moqueries, tout ce qui, de près ou de loin, de fait ou d'intention, ressemble à de la persécution, est condamnable et odieux. Ce sont autant d'attentats contre la conscience, contre les sentiments les plus respectables et les plus sacrés de l'âme humaine.

Nous avons le droit imprescriptible d'affirmer, de manifester, de propager nos croyances, par la parole, par les actes, par les cérémonies renfermées dans l'enceinte des temples ou du foyer domestique. A la seule condition de respecter la foi d'autrui, nous avons le droit d'exiger le respect pour la nôtre.

Indépendamment des formes extérieures du culte et de la communion des Églises, on peut concevoir des devoirs religieux propres à tout homme qui pense.

Nous ne nous sommes pas créés nous-mêmes. Ce n'est pas nous qui avons fait le monde où nous vivons. Lorsque nous regardons la terre qui nous sert de demeure, le ciel infini qui s'étend sur nos têtes, nous sommes saisis d'étonnement et d'admiration. Une force cachée déploie, comme un éblouissant manteau, toutes les richesses et toutes les beautés de la nature, fait jaillir du sol les plantes, les fleurs et les fruits, fait monter l'eau en vapeur, la fait ruisseler en pluie pour féconder la terre, donne la vie à des myriades d'êtres dont la merveilleuse structure confond l'esprit des savants.

Cette même force invisible a jeté des millions de mondes dans l'espace et les fait régulièrement graviter les uns autour des autres sans qu'ils s'éloignent jamais de l'orbite qui leur est assigné.

A toutes ces œuvres, il faut ajouter la plus belle, la plus étonnante : c'est l'esprit de l'homme, dont les pensées et les sentiments dépassent infiniment le cercle où il se meut, c'est la conscience de l'homme, éclatante lumière du monde moral.

Il y a dans toute la nature tant de puissance, tant de sagesse, tant de science et de raison, tout y est si bien conduit, si bien préparé, si ingénieusement agencé et coordonné, qu'il faut reconnaître que l'auteur de toutes ces œuvres est un être dont la puissance, la sagesse, la science et la raison dépassent tout ce que nous pouvons concevoir.

Cette force cachée, cette raison suprême, cet auteur mystérieux de tout ce qui existe, la langue humaine l'appelle Dieu. Dans notre faiblesse, nous ne pouvons ni le comprendre, ni le définir. Nous nous bornons à dire qu'il existe, qu'il est la source de tout être, de toute pensée, de tout sentiment, de toute vertu.

L'homme a des devoirs envers tous les êtres, pourrait-il n'en pas avoir envers Dieu ?

Devant cette puissance souveraine, devant cette bonté dont la munificence est infinie, nous nous inclinons, pénétrés de respect et de reconnaissance. Ce sentiment, inhérent au cœur humain, est le sentiment religieux, et de lui découlent des devoirs qui élèvent et ennoblissent la vie entière.

C'est un devoir religieux d'admirer la nature et d'adorer son auteur, de se laisser pénétrer d'émotion à la vue des abîmes étoilés qui resplendissent autour de nous et de la loi morale que nous portons dans nos âmes. Celui qui passe froid et indifférent au milieu de ces splendeurs manque au plus noble de ses devoirs et n'est pas homme.

C'est un devoir religieux d'étudier et d'admirer les œuvres de l'esprit humain, les beautés de l'art, les découvertes de la science, les progrès de la civilisation, et d'y collaborer activement, selon nos forces, pour obéir à l'impulsion divine qui entraîne notre race vers un but invisible et certain.

C'est un devoir religieux d'aimer les hommes, nos frères, enfants comme nous d'un père universel, qui nous a créés pour nous soutenir les uns les autres dans les difficiles sentiers de la vie.

C'est un devoir religieux d'aimer tout ce qui est bon, tout ce qui est juste, tout ce qui est vrai, d'obéir coûte que coûte à la conscience, de grandir en sagesse, en vertu et en dévouement, de nous élever au-dessus de la vulgarité et de l'égoïsme qui menacent à tout instant de nous submerger.

C'est un devoir religieux d'avoir confiance en l'avenir, de nous reposer du soin de nos destinées immortelles sur la volonté souveraine qui nous a évoqués du néant et qui a marqué notre place dans l'enchaînement des êtres.

Vue de cette hauteur, on peut dire que la morale tout entière est religieuse. C'est le sentiment religieux qui achève de lui donner sa force et sa sanction.

C'est lui qui donne sa véritable portée au respect de nous-mêmes. Notre conscience est le reflet d'une volonté divine qui est la loi suprême. Notre intelligence participe à la lumière sublime qui éclaire le monde des esprits. La vérité n'est pas une convention, une chimère, mais une réalité éternelle que nous devons respecter, adorer, poursuivre d'une recherche infatigable et scrupuleuse. Nous ne sommes pas des êtres isolés, défendant de notre mieux contre toutes les attaques notre personne et nos intérêts, mais nous sommes des membres vivants de la famille des esprits immortels. Nous n'agissons pas dans le désert et dans l'ombre, mais nous vivons sous les yeux ouverts d'un témoin qui juge nos actes, qui sonde nos intentions et nos cœurs. Dès lors tout s'éclaire, tout s'anime, tout s'échauffe dans le monde moral; la vie prend un sens, le devoir devient doux, les épreuves sont tolérables, l'espérance marche devant nous, l'idéal nous transporte et la mort perd ses amertumes.

Chacun des devoirs, petits ou grands, que nous trace la morale pratique, revêt un caractère sacré. Le sentiment religieux, aussi longtemps qu'il reste

dans les sphères sereines et que le fanatisme ou
l'étroitesse ne l'altèrent point, transfigure tout ce
qu'il touche. Il fait de l'honnête homme un sage et
un saint.

LES CAS DE CONSCIENCE

Un homme d'État a dit : « Ce qui est difficile, ce
n'est pas de faire son devoir, c'est de le connaître. »
On pourrait sans doute retourner la maxime : la
plupart du temps, on connaît son devoir; il est simple,
il est clair, il s'impose à la conscience; mais il est
difficile de le faire, parce qu'il exige des sacrifices,
parce qu'on est entraîné par de mauvaises habitudes,
des penchants presque irrésistibles, de fâcheux
exemples, un entourage corrupteur; la volonté est
faible, et fléchit devant la tentation.

Mais il y a des temps troublés, des moments péni-
bles, où le devoir n'apparaît pas avec une entière
clarté ; il y a des circonstances délicates où les voies
se mêlent et se confondent, où des devoirs différents,
parfois même contraires, semblent se disputer nos
résolutions.

Ces circonstances sont rares; dans la vie ordinaire,
la distinction entre le bien et le mal, entre ce qui
est de devoir strict et ce qui est indifférent est assez
manifeste pour que nous n'éprouvions aucun doute.

16

Et toutefois il peut surgir tout à coup une difficulté, une anxiété pour la conscience. Les devoirs envers la patrie peuvent entrer en conflit avec les devoirs envers la famille; les devoirs de prudence peuvent être contredits par les devoirs de charité ; les choses indifférentes peuvent prendre le caractère de choses coupables.

Lorsqu'il s'agit de juger les actions d'autrui, on peut éprouver un sérieux embarras, qui tient à ce que les vrais motifs nous échappent, à ce que les intentions ont été plus hautes et meilleures que l'acte lui-même. De tout temps les moralistes ont hésité à tracer des règles invariables pour certains cas particuliers, où l'appréciation dépend d'éléments très complexes, que la conscience individuelle peut seule juger en dernier ressort.

Il y a deux façons opposées de juger des cas de conscience. L'une se propose de les résoudre en atténuant les difficultés, en recherchant ce qui est le plus commode, le plus agréable, ce qui émousse les pointes, ce qui écarte les ennuis, ce qui supprime les sacrifices ; elle vise, en un mot, au moindre devoir. C'est le propre de ce qu'on a appelé la casuistique.

Les principaux auteurs qui ont traité de cette partie de la science des mœurs, les Molina, les Sanchez, les Escobar, et autres semblables lui ont valu la plus triste réputation, et son nom est presque devenu une flétrissure. La casuistique, telle qu'ils l'ont comprise, est une école de vice et d'immoralité ; elle imagine des faux-fuyants, elle appelle le mal bien, et le bien mal, elle se réfugie derrière des intentions bonnes pour excuser des actes mauvais, ou à l'inverse derrière des actes d'apparence indifférente pour dissimuler des intentions perverses.

L'autre façon de résoudre les cas de conscience consiste à rechercher le plus grand bien, le plus haut devoir, la plus sûre et la plus délicate pureté d'intentions et de moyens, la plus complète satisfaction de l'être moral.

La conscience ne peut être satisfaite si le but est louable mais si les moyens pour y arriver ne le sont pas ; elle ne peut être satisfaite davantage si les actes sont irréprochables et si l'intention dernière ne l'est pas. Elle n'admet pas l'adage : « la fin justifie les moyens », c'est-à-dire le but importe seul, tout moyen est bon pour l'atteindre. La moralité veut un accord complet entre la conduite et les sentiments.

Vous voyez des gens dans le besoin, et pour les soulager, vous dérobez de l'argent, des vêtements ou du pain à autrui. Votre action est mauvaise, quelque excellente qu'ait pu être votre intention. Secourir son prochain est un bien ; mais dérober est une faute que l'intention n'excuse pas.

Il fallait prendre sur votre nécessaire plutôt que dérober, même le superflu, à d'autres.

Au lieu de voler matériellement, vous contractez, toujours pour obliger votre prochain, des dettes que vous ne pourrez pas payer ; là encore, le bon sentiment qui vous inspire d'un côté est vicié par l'indélicatesse et la déloyauté dont vous vous rendez coupable d'un autre côté. Vous nuisez aux uns pour servir les autres. Il n'y a pas d'intention qui tienne ; vous avez mal agi, car vous avez violé un devoir strict, inflexible, qui est de ne pas porter tort, de ne pas dérober, de ne pas tromper. Vous avez sciemment commis une mauvaise action pour vous procurer la jouissance de faire des heureux.

Ce ne sont pas là véritablement des cas de conscience. Dans ces occasions et d'autres semblables,
le devoir apparaît trop clairement pour qu'il y ait
une lutte sérieuse.

Il en est de même lorsque la question se pose :
Peut-on tuer un homme pour sauver un pays, pour
assurer le triomphe d'une juste cause ? Non, on ne
le peut pas, parce que le meurtre est manifestement
un crime, et que nul ne peut s'arroger le droit de
décider que tel meurtre est légitime et nécessaire.
On peut se leurrer de la pensée fausse qu'on est un
libérateur, alors que nul doute n'est possible sur la
culpabilité certaine de l'acte : ici encore, la conscience parle haut et clair.

Il ne s'agit pas seulement de diriger son intention
vers un but honorable, il faut y tendre par des
moyens honnêtes. Que la faute soit au terme ou
qu'elle soit sur la route, c'est tout un. Une conscience
droite n'entre pas dans les subtilités qui déguisent
le devoir ; elle ne souffre pas plus l'hypocrisie vis-
à-vis des autres que vis-à-vis d'elle-même.

On pourrait multiplier les exemples ; nous trou-
verons partout la même règle.

Il est bien de travailler à la prospérité de sa
famille, à l'élévation de sa maison, à l'avenir de ses
enfants ; mais il ne peut y avoir de doute que ces
avantages ne doivent jamais être achetés au prix de
l'honneur, de la probité, de la loyauté, de la fidélité
à ses convictions ou à ses engagements.

Il est bien de travailler à la grandeur de son pays;
mais il ne peut y avoir de doute que le bon citoyen
n'usera pas, pour y parvenir, de la trahison, de
l'assassinat, du pillage.

Il ne couvrira pas d'un prétexte patriotique les

défections, les abaissements, des complaisances
honteuses, des conversions intéressées, des palino-
dies méprisables. Il ne confondra pas l'intérêt de la
patrie avec son intérêt personnel, sa vanité, ses
ambitions ou ses haines. Il ne servira la bonne cause
que par des moyens dignes d'elle. Car il n'y a pas
deux honnêtetés ni deux morales, une pour les
choses publiques, une pour les choses privées.

L'honnête homme ne dira jamais : « Faisons le
mal pour qu'il en sorte du bien. » Outre qu'elle est
hasardeuse et pleine de périls, cette maxime est
immorale, et cela suffit. Celui qui sème le mensonge,
l'injustice, la violence, risque de récolter la tempête
et la ruine ; mais les résultats fussent-ils conformes
à ses désirs, il n'en a pas moins agi malhonnête-
ment et rien ne peut le justifier au tribunal de la
conscience.

Ce sont là des vérités morales incontestables.
Mais le doute apparaît, la difficulté surgit lorsque
des devoirs contraires se disputent notre volonté.

Un fugitif est menacé dans son existence. Puis-je
mentir pour le sauver, si je connais sa cachette et
s'il dépend de moi par un mensonge d'écarter de
lui le péril ? J'ai le devoir de dire la vérité ; j'ai le
devoir de sauver la vie de mon prochain.

Une famille indigente est sur le point de succom-
ber, faute de secours. Puis-je enlever le pain de la
bouche de mes enfants, réduire ma propre famille à
la misère pour soulager ces misérables ? J'ai le
devoir de secourir la détresse ; j'ai le devoir d'assurer
aux miens une vie sûre et honorable.

Des orphelins se trouvent sur ma route. Puis-je
les adopter au risque d'être écrasé sous le fardeau
et de compromettre tout mon avenir ? Là encore

16.

ce sont deux devoirs opposés qui me sollicitent.

Des circonstances tragiques me mettent dans l'obligation de choisir entre la mort et le déshonneur, entre une sorte de suicide physique et le suicide moral. Je puis d'un mot échapper à la mort, et ce mot est le signe de la lâcheté et de la trahison.

C'est un devoir de conserver sa vie; c'est un devoir de conserver la dignité et l'honneur.

Dois-je me jeter dans les flammes, dans les flots, au risque d'y rester, pour sauver un vieillard, un enfant, un infirme, alors que ma vie est nécessaire à des êtres qui ne peuvent se passer de moi ? Des deux parts, le devoir me presse.

Les devoirs de famille ne sont pas seulement en conflit avec les devoirs d'humanité ; ils peuvent l'être avec les devoirs patriotiques. Un père se décidera-t-il à quitter ses jeunes enfants pour courir à la frontière ; une mère a-t-elle le devoir de sacrifier son fils unique en l'envoyant au combat dont il pourrait être dispensé ? Ne semblent-ils pas en droit d'hésiter, dans la mesure du moins où la loi ne leur impose pas une obligation directe?

Il est difficile, dans la plupart de ces cas et dans d'autres semblables qui peuvent se présenter au cours de la vie, d'édicter d'avance des règles précises. Le principe qui doit nous diriger est celui-ci : faire le plus grand bien, accomplir le devoir qui a le plus de portée, préférer l'humanité à la famille, la patrie à l'individu, la grandeur morale à l'intérêt matériel, la dignité au profit, la charité au bien-être; mais il est clair que dans chaque cas particulier, la décision dépend de nos dispositions, de nos forces, de nos lumières, des circonstances, d'une inspiration personnelle, d'un jugement de la raison, d'une impulsion de la conscience.

Si le choix est dicté par la paresse, par l'égoïsme, par la recherche de soi-même, par l'étroitesse de cœur ou d'esprit, par un calcul mesquin, le choix est mauvais. Il faut qu'il laisse notre âme tranquille et sereine, qu'il nous donne le sentiment d'avoir bien fait, d'avoir donné tout l'effort dont nous sommes capables. Tout devoir accompli, purement, droitement, grandit et élève; tout devoir violé ou manqué amoindrit et abaisse.

Une voix intérieure prononce chaque fois son arrêt, et il est rare que cet arrêt ne soit pas irrévocable.

APPLICATION DES PRINCIPES

DE LA

PSYCHOLOGIE ET DE LA MORALE A L'ÉDUCATION

De toutes les œuvres auxquelles peut s'adonner l'activité de l'homme, la plus importante et la plus difficile, c'est l'œuvre de l'éducation. Elle a pour objet de former les jeunes générations, de les instruire, de les préparer à la vie, de déposer et de développer en elles les germes qui les rendront capables d'agir sagement, prudemment, de leur apprendre à aimer et à pratiquer le bien, de les mettre à même de conserver et d'accroître les richesses de la civilisation accumulées par les générations antérieures et de devenir à leur tour les instruments du progrès dans l'humanité.

L'expression même d'« éducation[1] » indique le but à poursuivre. Il signifie l'action de conduire et d'élever ; il s'agit de tirer peu à peu l'enfance hors des ténèbres de l'ignorance et de l'inertie de la matière, de la mener graduellement aux régions de la lumière, de la volonté, de la conscience, de l'activité intelligente et raisonnable,

---

1. *Ducere*, conduire, *e*, hors de.

Pour atteindre ce but, il n'est pas trop de toutes les forces d'attention, de réflexion, d'expérience et de savoir dont nous pouvons disposer. Il faut étudier et connaître à fond la nature humaine, ses ressources et ses ressorts, ses besoins, ses instincts, ses facultés multiples, les lois morales auxquelles elle doit obéir.

La psychologie nous donne à cet égard de précieuses indications.

Elle nous apprend la place considérable que nous devons accorder à l'éducation corporelle. Le corps n'est pas un obstacle, ni un ennemi ; il ne s'agit pas de le dompter et de l'annihiler, mais bien au contraire de favoriser son développement par l'hygiène, par des mouvements libres et par des mouvements ordonnés et gradués.

Les sens ne doivent pas être livrés à eux-mêmes. Ils sont les premiers véhicules de nos connaissances ; il faut les exercer l'un après l'autre, les rectifier, s'il y a lieu, leur communiquer par une habile direction la justesse, la promptitude, l'acuité, en faire des armes sûres pour le combat de la vie.

L'éducation des sens est la première étape de l'éducation de l'intelligence. Celle-ci ne se développe pas d'un coup ; elle ne peut tout comprendre à la fois ; elle demande une lente et sage maturation. Rien ne sert de se hâter, de brusquer les étapes. Le temps qui paraît gagné est du temps perdu. Les facultés intellectuelles s'ouvrent à leur heure et successivement.

La première en date est la mémoire. Mais justement parce qu'elle est destinée à prêter des matériaux à toutes les autres, parce qu'elle aura à fournir une longue et laborieuse carrière, il convient de ne

pas la surcharger outre mesure, ni trop tôt, ni d'éléments prématurés ou inutiles.

L'imagination naît de bonne heure et apportera
d'utiles secours à l'éducateur qui saura tout ensemble l'éveiller et la retenir, la nourrir d'aliments
sains et en écarter les excitations excessives ou
funestes.

Le jugement est la faculté intellectuelle qui
demande les soins les plus empressés et les plus
constants. Former le jugement, un jugement droit,
c'est à quoi doivent surtout tendre les efforts de
l'instituteur. Il n'a pas pour tâche principale d'orner
et d'enrichir l'esprit de connaissances, de communiquer la plus grande part possible de savoir, mais
de mettre l'esprit en garde contre l'erreur, le
sophisme, la précipitation, la fatuité, les faux raisonnements.

La science sera le propre de l'adulte; le jugement peut être cultivé dès l'enfance. Il y a des
procédés simples et à sa portée pour lui apprendre
à discerner, à abstraire, à ne généraliser qu'à bon
escient, à ne jamais se départir des principes régulateurs de la raison. Ces principes sont toujours les
mêmes, qu'il s'agisse des objets que l'enfant peut
comprendre ou de ceux qui ne conviennent qu'à
l'homme fait.

Comme il y a une gradation dans la culture de
l'intelligence, il y en a une aussi dans la culture de
la sensibilité. Les premiers sentiments qui naissent
chez l'enfant, qu'il faut nourrir et développer, ce
sont les sentiments de famille; les sentiments sociaux
ne viennent qu'ensuite; c'est d'abord l'amitié, la
bonne camaraderie, la bienveillance envers les
hommes; c'est ensuite le sentiment patriotique, qui

ne peut s'emparer du cœur de l'enfant que lorsqu'il a compris ce qu'est la patrie, ce qu'il lui doit, quels sont les drames et les grandeurs de son histoire.

Il ne deviendra sensible à la beauté, à l'art, aux harmonies et aux charmes de l'esthétique, aux splendeurs de la nature ou des œuvres humaines que lorsque sa culture intellectuelle sera plus avancée.

Le sentiment du vrai et du bien, la culture de la volonté, la formation du caractère font partie de la morale autant que de la psychologie.

L'éducateur s'inspirera des principes de la morale à tous les moments de sa tâche. Jamais le développement de la conscience n'est indifférent. Sans doute, là comme ailleurs, il y a une gradation à observer; les devoirs ne se présentent pas sous le même aspect pour l'enfant et pour l'homme. Mais, aussitôt que la raison s'éveille dans l'enfant, aussitôt qu'il est sorti des limites des premières années, il est capable de sentir la différence du bien et du mal, et l'éducateur, que ce soit le père ou le maître, la famille ou l'école, peut beaucoup pour éveiller et éclairer sa conscience.

Ce n'est pas par des leçons théoriques et par de grandes phrases sur les principes qu'il procédera. Il agira plus simplement. L'exemple est sans contredit la première leçon. Mais c'est à l'occasion des menus faits de la vie de l'enfance que l'enseignement de la morale se dégagera avec efficacité. Le discernement du bien et du mal s'opérera pour ainsi dire de lui-même. L'enfant apprendra peu à peu, sans bien s'en rendre compte, le caractère impératif et permanent de la loi morale, acquerra le sentiment de la dignité de la personne humaine, sentira la beauté et le prix de la vertu, connaîtra les sanctions individuelles de la satisfaction et du remords, les sanctions sociales de l'estime ou de la déconsidération.

Il se fera ainsi, sous la direction de l'éducateur, un code des devoirs pratiques, et n'éprouvera plus aucun étonnement quand ce code lui sera un peu plus tard enseigné directement et méthodiquement. Il éprouvera au contraire un véritable plaisir à voir se ranger, s'étager, se coordonner devant ses yeux les devoirs qu'il connaît, il en suivra avec intérêt les applications à toutes les circonstances de la vie et à toutes les situations sociales. Et quand l'heure viendra d'en rechercher théoriquement les principes, ce sera pour lui tout ensemble une satisfaction intellectuelle et un profit moral.

A travers tous ses enseignements, l'éducateur n'oubliera jamais qu'il faut qu'en le quittant, en laissant derrière eux l'enfance, ses élèves emportent des principes simples, clairs, solides, une vue et un amour du bien qui leur servent de guide dans toutes les difficultés et les tentations de leur existence, et surtout un trésor de bonnes habitudes qui est le dernier mot de la morale pratique et l'indispensable viatique de l'honnête homme.

TABLEAU SYNOPTIQUE

Devoirs individuels .....

- LA TEMPÉRANCE ....
  - usage légitime des plaisirs.
  - (abus).
  - les choses indifférentes.
  - (entraînements de la sensibilité).
- LA PRUDENCE ....
  - le savoir.
  - l'examen.
  - la sincérité. { la véracité. la fidélité à la parole donnée. }
  - la prévoyance.
- LE COURAGE ....
  - le courage héroïque.
  - le courage physique.
  - la patience.
  - l'initiative.
  - la persévérance.
  - le courage moral.
  - (le suicide).
- LA DIGNITÉ PERSONNELLE, FONDEMENT DE CES DEVOIRS.

Devoirs généraux de la vie sociale ....

- DEVOIRS DE JUSTICE ....
  - Respect de la personne
    - — dans sa vie.
      - homicide.
      - mauvais traitements. { exceptions réelles ou prétendues : légitime défense. duel. guerre. peine de mort. }
    - — dans sa liberté.
      - esclavage.
      - servage.
      - despotisme. { restrictions : enfants, mineurs, salariés. obéissance civile. — militaire. }
    - — dans son honneur et sa réputation { calomnie. médisance. }
    - — dans ses opinions et ses croyances { l'intolérance. { droit et usage de la propagande. } }
    - — dans ses intérêts et sentiments. { menues injustices. envie. délation. }
    - — dans ses biens. { vol. fraude. violence. } { droit de propriété, hérédité, socialisme. } { caractère sacré des promesses et des contrats. }
  - Obligation de défendre les personnes menacées :
    - dans leur vie.
    - dans leur liberté.
    - dans leur honneur.
    - dans leurs biens.
- DEVOIRS DE CHARITÉ ....
  - la bienfaisance. { l'aumône. la charité. le dévouement. le sacrifice. }
  - Devoirs de bonté envers les animaux.
- LE RESPECT DE LA PERSONNE HUMAINE ET LE SENTIMENT DE LA SOLIDARITÉ, FONDEMENT DE CES DEVOIRS.

Devoirs spéciaux ......

- DEVOIRS DOMESTIQUES ....
  - devoirs des enfants envers leurs parents. { reconnaissance. respect. dévouement. amour. }
  - des parents envers leurs enfants. { amour. dévouement. sagesse. fermeté. }
  - des enfants entre eux. { amour fraternel. protection. déférence. }
  - des maîtres envers les serviteurs. { protection. bonté. vigilance. }
  - des serviteurs envers les maîtres. { obéissance. fidélité. attachement. }
  - Le sentiment de la famille, fondement de ces devoirs.
- DEVOIRS PROFESSIONNELS ......
  - égalité morale.
  - distinction de fait des diverses professions. { compétence. fidélité. application. }
- DEVOIRS CIVIQUES ....
  - la patrie.
  - l'État.
  - le fondement de l'autorité.
  - le droit de punir.
  - devoir des gouvernants. { l'obéissance aux lois. l'impôt. le service militaire. l'obligation scolaire. le vote. }

Devoirs collectifs .....

- DEVOIRS DES NATIONS ENTRE ELLES, OU DROIT DES GENS ....
  - en temps de paix. { traités. respect mutuel. ambassadeurs. arbitrages. }
  - en temps de guerre. { état exceptionnel. progrès humanitaires. limites à la violence. la course. convention de Genève. la conquête. }

Devoirs religieux ....

- INDÉPENDANCE DE LA CONSCIENCE.
- LIBERTÉ DES CULTES.
- LE SENTIMENT RELIGIEUX.

TABLE DES MATIÈRES

17

MORALE THÉORIQUE. — PRINCIPES

MORALE PRATIQUE

FIN DE LA TABLE DES MATIÈRES.

Paris. — Imp. E. Capiomont et Cie, rue des Poitevins, 6.

INSTRUCTION MORALE ET CIVIQUE

L'HOMME — LE CITOYEN

OUVRAGE RÉDIGÉ CONFORMÉMENT AU PROGRAMME OFFICIEL

avec des gravures intercalées dans le texte, des lexiques, des exercices et des questionnaires

Par Jules STEEG

Député de la Gironde.

Un volume in-12, cartonné.................... 1 25

Porté sur la liste ministérielle du 17 novembre 1882. Inscrit sur la liste des ouvrages fournis gratuitement par la ville de Paris à ses écoles communales, porté sur les listes départementales. Médaille d'honneur décernée par la Société nationale d'encouragement au bien, honoré de souscriptions par le Ministère de l'Instruction publique.

DOUZIÈME ÉDITION

L'enseignement par excellence, c'est celui qui fait l'objet de ce petit livre, Tout le reste est de grande importance; ceci est d'importance suprême. C'est dans l'enfance qu'il est indispensable de poser les fondements de la morale. Plus tard, il est trop tard. Il n'est pas possible qu'on puisse se passer de l'éducation morale. Les parents ne le voudraient pas, l'État ne pourrait le tolérer.

La morale est partout ; elle se trouve dans tous les livres classiques, dans toutes les histoires, dans tous les recueils qui sont mis aux mains des enfants ; elle est dans tous les esprits, dans toutes les consciences. Les parents l'enseignent, le maître l'enseigne : mais elle est partout à l'état diffus. Il s'agit de la dégager, de l'exposer en principes courts et clairs, de laisser dans l'esprit de l'enfant des notions justes et nettes, de l'élucider par quelques exemples, d'en montrer l'étendue et les conséquences.

C'est ce que nous avons essayé dans ce Manuel. *Nous y avons suivi le programme officiel des écoles normales, parce qu'il est bien pensé, bien déduit et complet, et parce qu'il nous a semblé que les maîtres auraient plus de facilité pour exposer les leçons dans l'ordre où ils les auront entendues et étudiées.*

Nous voudrions qu'il nous eût été possible de faire passer dans ces pages un peu de feu sacré sans lequel la morale n'est qu'une sèche nomenclature, de peu d'effet sur les sentiments et sur la vie. Ce n'est pas tout que de

1

connaître le devoir, il faut l'aimer; il faut se passionner pour la vie honnête, pour ce qui dépasse l'étroit horizon de l'instant présent et de l'existence individuelle. Un livre de classe ne peut avoir la prétention de conduire à un pareil but; il peut tout au plus indiquer la voie et servir aux maîtres d'occasion et de thème pour le plus noble enseignement qu'ils aient à donner.

Après chaque leçon quelques exercices, qui peuvent se prendre sèchement à la lettre ou se développer indéfiniment selon le degré de culture du maître et des élèves, serviront de pierre de touche pour savoir si les principales idées ont été comprises et donneront matière à d'utiles réflexions. Ils doivent surtout servir à indiquer quel genre de questions il est utile de poser aux enfants pour stimuler leur intelligence. En vue des classes moins avancées, nous avons joint à chaque leçon un petit lexique explicatif des mots les moins familiers aux enfants.

Quand l'écolier a appris ce qu'il se doit à lui-même, ce qu'il doit aux autres, il est digne d'apprendre quelles sont les lois politiques de son pays parce qu'il est capable d'en comprendre la grandeur et la nécessité. Après les devoirs, les droits. Ici, c'est surtout un enseignement de fait, un enseignement d'histoire et de textes plus que de théories qui importait. L'enfant qui apprend à l'école les exercices militaires au moyen desquels il abrégera son apprentissage de soldat, doit y apprendre aussi les faits et les notions qui lui faciliteront le bon usage de ses droits de citoyen.

Le lien est intime et indissoluble entre l'instruction morale et l'instruction civique. Ceux-là se trompent du tout au tout qui veulent séparer ordinairement la moralité et la politique. Cette pratique convenait sans doute aux régimes déchus; l'art de dominer les hommes pouvait se composer exclusivement d'habileté. En démocratie, où chacun a sa part de souveraineté et de responsabilité, il s'agit avant tout de se gouverner soi-même; or, le véritable nom du gouvernement de soi-même, c'est la morale.

J. S.

TABLE DES MATIÈRES

LE MÉMENTO DE L'ENSEIGNEMENT

Charmante petite ardoise blanche *F N* de luxe, *B. S. G. D. G.*

UN FRANC

SUJETS ET COMPOSITIONS D'HISTOIRE

La Composition ; Sujets, Plans et Développements de devoirs

PAR

A. AMMANN

Agrégé d'histoire, professeur au lycée Louis-le-Grand et au collège Chaptal.

—————

1 vol. in-12, broché.... .... 1 50

—————

Rien ne pouvait compléter plus heureusement les Cours si appréciés de MM. Ammann et Coutant, que ce volume.

Dans la première partie, l'auteur indique en quelques pages substantielles la méthode qui lui a valu de si nombreux succès ; c'est, en somme, la *théorie* du devoir d'histoire, et, dans un moment où ces devoirs historiques tendent à devenir de plus en plus nombreux dans les examens, les élèves trouveront profit à l'étudier avec soin.

Dans la seconde partie, l'auteur passe de la théorie à l'exemple : ce sont des *sujets* donnés dans divers examens, des *plans* qui montrent comment on doit les disposer, enfin des *développements* qui enseignent comment on doit les traiter.

Nous espérons que ce volume rencontrera près des professeurs l'accueil si bienveillant qu'ont reçu ses aînés.

LIBRAIRIE CLASSIQUE FERNAND NATHAN

ÉLÉMENTS DE SCIENCES NATURELLES

AVEC LEURS APPLICATIONS

A L'AGRICULTURE, A L'INDUSTRIE ET A L'HYGIÈNE

ILLUSTRÉS DE NOMBREUSES GRAVURES

A l'usage des aspirants et aspirantes au brevet de deuxième ordre, des élèves
des Cours complémentaire et supérieur et des élèves des Cours d'enseignement commercial
et industriel

PAR LE DOCTEUR GEORGES VAN GELDER

Un volume in-12, relié en toile : 2 fr. 50

PRÉFACE

Ce livre rendra-t-il quelques services ? Nous aimons à l'espérer, parce qu'il
touche à toutes les grandes et intéressantes questions dont l'ensemble constitue l'*Histoire naturelle*. Nous nous sommes efforcé de les rendre claires et
facilement intelligibles; ce n'est cependant pas un manuel, nous tenons à
l'affirmer.

On a fini par donner dans l'enseignement primaire, aux sciences physiques
et naturelles, la place qui leur était légitimement due; car il n'est pas
permis d'ignorer les éléments de ces sciences à une époque où elles ont pris un
si grand développement et où leur marche en avant a modifié et modifiera
encore les conditions de la vie humaine.

C'est aux élèves des cours complémentaires, des écoles primaires supérieures, aux aspirants au brevet élémentaire que ce livre est destiné;
nous espérons aussi que tous ceux qui veulent avoir un aperçu des sciences
naturelles trouveront quelque profit à sa lecture.

Dans la *Zoologie*, nous avons spécialement insisté sur l'*homme*.

En *Botanique*, nous nous sommes efforcé de traiter d'une façon tout à fait
moderne et en rapport avec les connaissances nouvelles, certaines parties
telles que la *Respiration*, par exemple.

La classification des plantes devait être exposée dans sa forme la plus élémentaire ; nous nous sommes attaché à ne donner aux familles que leurs
caractères les plus visibles, laissant de côté ceux qui exigent une connaissance plus complète de l'organisation des végétaux. Nous avons insisté sur les
plantes utiles et nuisibles.

La *Géologie* n'a pas été oubliée et quelques chapitres lui ont été consacrés.
L'*Hygiène* a fait l'objet d'un chapitre spécial.

A la fin de chaque leçon, un *Résumé* en forme de *tableau synoptique* permet
aux élèves d'étudier et de repasser, leur montre les classifications groupées
d'après des divisions logiques. Ces tableaux aident à faire de l'histoire naturelle ce qu'elle est réellement, un exercice d'intelligence plus encore que de
mémoire et rendent visible le plan de chaque leçon.

Nous espérons que ce travail trouvera près des maîtres l'accueil qu'a
obtenu notre précédente publication. l'*Anatomie appliquée à la gymnastique* et
nous considérerons le succès de ce volume comme la plus grande récompense
de nos efforts.

Nos lecteurs trouveront dans ce volume une grande quantité de gravures :
nous n'avons pas hésité à leur donner une grandeur suffisante, pour que les
caractères des animaux ou plantes représentés soient bien visibles. — Nous
nous permettons d'insister sur ce point qui ajoute d'une façon incontestable,
croyons-nous, à l'intérêt de notre publication.

COURS NORMAL D'HISTOIRE

Rédigé conformément aux plan d'études
et programmes d'enseignement des écoles normales primaires
et des Écoles primaires supérieures

PAR

E.-C. COUTANT	**A. AMMANN**
Ancien élève de l'École normale supérieure,	Ancien élève de l'École normale supérieure,
Agrégé d'histoire,	Agrégé d'histoire,
Directeur de l'École municipale supérieure	Professeur au Lycée Louis-le-Grand
J.-B. Say.	et au Collège Chaptal.

AVEC DES TABLEAUX-RÉSUMÉS, DES DEVOIRS, DES INDEX
ET DE NOMBREUSES CARTES GÉOGRAPHIQUES

ADOPTÉ PAR LE MINISTÈRE DE L'INSTRUCTION PUBLIQUE
POUR LES BIBLIOTHÈQUES PÉDAGOGIQUES, PORTÉ SUR LA LISTE DES OUVRAGES
FOURNIS GRATUITEMENT A SES ÉCOLES PAR LA VILLE DE PARIS

Cinquième Édition

PREMIÈRE ANNÉE. — **Histoire de France, depuis les origines jusqu'à
nos jours.** 1 vol. in-12, broché : 3 fr. ; rel. toile. **3 50**

DEUXIÈME ANNÉE. — **Histoire générale jusqu'à la mort de Henri IV
(1610).** 1 vol. in-12, broché : 3 fr. 50 ; rel. toile. **4 »**

TROISIÈME ANNÉE. — **Histoire générale depuis 1610 jusqu'à nos jours.**
1 vol. in-12, broché : 4 fr.; rel. toile. **4 50**

Ce cours forme la partie du MAITRE du cours des écoles primaires des mêmes
auteurs.

Les nouveaux programmes d'enseignement des écoles normales primaires
indiquent exactement, au milieu de l'immense domaine de l'histoire universelle, les limites entre lesquelles doivent se renfermer les élèves de ces
écoles, et tous ceux qui, en dehors d'elles, veulent acquérir les diplômes, et
les brevets auxquels elles peuvent préparer. Une instruction spéciale,
jointe à ces programmes pour en régler l'application, explique en outre,
avec une insistance toute particulière, dans quelle méthode et dans quel
esprit le Conseil supérieur de l'instruction publique a voulu que les études
historiques fussent dirigées : « Le conseil s'en remet à la sagesse du professeur pour écarter de son enseignement les détails inutiles, les menus faits
qui ne laissent pas de traces, les dates accumulées qui n'enseignent rien,
et, au contraire, pour mettre en relief les événements qui dominent et
éclairent l'histoire, pour s'occuper des peuples encore plus que de ceux
qui les ont gouvernés...

« Pour l'histoire ancienne, autant il est important que les élèves ne restent pas ignorants de cette antiquité qui a fait de si grandes choses, autant
il serait inutile de les faire entrer dans le détail... Suivre la marche de la
civilisation à travers les âges anciens, savoir quels sont les peuples et quels

sont les hommes qui ont le plus contribué aux progrès de l'esprit humain... c'est là tout ce qu'il est utile que les élèves apprennent.

« Quant à l'histoire générale, elle ne doit être que l'histoire de notre pays, mais agrandie, complétée et éclairée par l'histoire des peuples avec lesquels le cours des événements l'a mis en relations. L'histoire de France — le professeur ne l'oubliera pas — reste toujours le point de départ et le centre de son enseignement... En abordant l'histoire des peuples étrangers le professeur se gardera, avec plus de soin encore que pour notre propre pays, des détails superflus et des dissertations savantes ; il s'en tiendra aux grandes lignes et aux grands faits... Enfin il alliera toujours à l'enseignement de l'histoire l'enseignement de la géographie : ces deux études, conduites parallèlement, se soutiennent et s'éclairent l'une l'autre. »

Ce sont ces idées qui ont inspiré les auteurs du Cours normal. A côté des livres d'histoire si nombreux qui répondent à d'autres programmes et à d'autres besoins, où les grandes lignes et les grands faits sont souvent difficiles à distinguer au milieu de la stérile abondance des détails, ils se sont proposé de mettre à la disposition des élèves des écoles normales et des pensions un cours spécialement écrit pour eux sur un plan nouveau, et où ils se sont scrupuleusement attachés à l'esprit comme à la lettre du nouveau programme. De propos délibéré, ils ont renoncé à un facile étalage d'érudition pour rechercher avant tout la clarté ; sacrifiant tous les détails qui n'étaient que des curiosités, ils se sont efforcés de retenir et de mettre en lumière les événements caractéristiques, avec leur enchaînement logique, leurs causes et leurs conséquences. A la fin de chaque chapitre, un résumé en forme de tableau synoptique, tout en aidant les élèves à étudier et à repasser, leur fait en quelque sorte toucher du doigt l'ordonnance des questions leur montre les faits groupés suivant les divisions naturelles, déterminés logiquement par les idées générales qui le dominent. Ces tableaux rendent matériellement visible le plan des différents chapitres ; ils pourront aider, nous l'espérons, à faire de l'étude de l'histoire ce qu'elle doit être réellement un exercice d'intelligence plus encore que de mémoire.

L'enseignement parallèle de la géographie et de l'histoire est facilité par des Cartes, sur lesquelles les élèves pourront suivre aisément le développement de toutes les campagnes importantes, et par des Index géographiques qui, à la fin de chaque chapitre, donnent d'une façon succincte, mais précise, la position exacte de tous les lieux dont le nom ne s'est pas encore rencontré précédemment.

Enfin on trouvera à la fin de chaque trimestre un certain nombre de sujets de devoirs, choisis avec soin parmi ceux qui ont été le plus fréquemment donnés aux examens de ces dernières années, ou qui répondent le mieux à l'esprit nouveau du programme ; quelques-uns de ces sujets sont accompagnés d'un plan développé : les élèves pourront ainsi voir, par la pratique comment les éléments d'histoire générale donnés dans l'ouvrage doivent se disposer en vue d'un sujet particulier.

LIBRAIRIE CLASSIQUE FERNAND NATHAN

LEXICOLOGIE FRANÇAISE

ORIGINE, FORMATION, SIGNIFICATION DES MOTS

A l'usage des Écoles normales primaires, des Écoles primaires supérieures
de l'Enseignement secondaire des Jeunes filles et de l'Enseignement secondaire spécial

PAR

R. PESSONNEAUX   &   **C. GAUTIER**

Agrégé de l'Université, professeur   Officier de l'Instruction publique
au lycée Henri IV   Directeur
et à l'École normale supérieure de Fontenay.   de l'École normale de Nice

1 fort vol. in-12, broché, 3 fr. ; relié toile, 3 fr. 50

Nouvelle édition, revue et corrigée

PRÉFACE

Les mots sont les signes matériels des idées. Pour exprimer ce que nous pensons, pour comprendre ce que pensent les autres ou ce qu'ils ont pensé avant nous, il faut savoir des mots, il faut savoir l'acception vraie de ceux qui sont le plus usités : sans la possession des mots, la langue ne nous appartient pas. Or c'est un fait constant que, si nos élèves arrivent pour la plupart à connaître leur grammaire, ils ne connaissent pas leur langue : ou ils n'ont à leur disposition qu'un petit nombre de mots, ou ils ne savent pas la valeur de ceux qu'ils emploient. Voilà donc deux défauts, *indigence du vocabulaire*, *impropriété de l'expression* qu'il importe de combattre, et c'est là l'objet du livre nouveau que nous offrons aux maîtres et aux élèves.

Il y est traité des mots français successivement au point de vue de leur origine, de leur formation et de leur signification : de là trois parties distinctes qui sont cependant entre elles dans une étroite corrélation ; car le sens des mots dépend des éléments qui les composent, du radical qui emprunte sa valeur à son origine, et des affixes qui modifient la signification du mot qu'ils servent à former.

La première partie n'est qu'un court exposé des éléments étymologiques de la langue française, où nous passons en revue les trois catégories de mots français : mots populaires, mots savants, mots étrangers.

La seconde partie est consacrée aux procédés de formation des mots : composition et dérivation. Après avoir analysé les divers éléments qui constituent les mots et qui contribuent à leur signification, nous donnons la liste détaillée des préfixes et des suffixes, et nous nous efforçons d'en fixer la valeur à l'aide de nombreux exemples.

La troisième partie dont les deux autres ne sont en quelque sorte que l'introduction, traite environ de 6 000 mots, qui tous figurent au dictionnaire de l'Académie et de leur signification. Nous avons adopté le groupement par familles, parce que cette disposition s'adresse autant à l'intelligence qu'à la mémoire. D'autres l'ont fait avant nous, mais ce qui, nous osons le dire, est absolument original dans notre travail, c'est que nous nous sommes toujours efforcés d'indiquer la filiation des mots et d'expliquer comment chacun d'eux se rattache à l'idée générale dont ils expriment les différentes modifications.

Qu'importe qu'une même liste réunisse les mots : *spectre*, *épice*, *respect*, *soupçon*, *prospectus*, si l'on ne montre, comme dit Montaigne, « le filet pour le lier », c'est-à-dire non seulement l'idée commune à tous qui établit entre eux la parenté, mais encore les nuances et comme les degrés de cette parenté? Nous ne donnons ici que cent vingt-huit familles de mots [1], mais ce sont les plus importantes, et elles font passer sous les yeux des élèves les deux tiers des termes employés communément dans la conversation et dans les livres.

Quant au mode d'enseignement, il variera certainement selon les professeurs. Nous nous contenterons à titre d'indication de proposer les deux procédés suivants : ou bien le maître écrit au tableau le mot primitif avec tous les termes congénères, et l'élève doit expliquer le mode de formation et fixer le sens de chacun des membres de la famille : ou le maître se borne à énoncer le mot primitif et à donner sur chacun des composés et des dérivés telles explications propres à la faire reconnaître : l'élève reconstituera les mots dont on lui aura indiqué la signification et dressera une liste qui lui servira de sommaire pour le devoir à rapporter. Enfin l'explication des auteurs sera une occasion naturelle d'étudier l'acception propre de telle ou telle expression, de montrer le développement des sens et de la replacer dans la famille dont elle fait partie.

Nous disions en commençant qu'il n'y a pas d'étude plus nécessaire que celle des mots : ajoutons qu'il n'en est pas de plus intéressante. Rien n'est plus animé, rien ne remue plus d'idées et n'intéresse plus les jeunes gens que ce genre de leçons où les exemples, les anecdotes, les souvenirs historiques, les rapprochements inattendus tiennent constamment la curiosité en éveil. Ce n'est pas seulement l'esprit de recherche qui se développe, c'est l'intelligence tout entière qui s'élargit et s'éclaire.

---

1. Ces listes, nous le savons, sont incomplètes dans plus d'un cas. Mais il a fallu nous borner et faire un choix. Au moins n'avons-nous pas mentionné un mot sans chercher à en fixer la valeur par l'analyse des éléments qui les constituent. Toutefois dans un très petit nombre de mots dont le français a directement emprunté au latin et la forme et le sens, cette analyse est sans résultat. Quels sont les liens, par exemple, qui rattachent le verbe *indiquer* tiré du latin *indicare*, même signification, à la racine *dic* qui signifie *dire*? Quelle est ici la valeur du préfixe? — Mais ce sont là des exceptions.

LEÇONS D'HISTOIRE LITTÉRAIRE

rédigées conformément aux programmes des écoles normales primaires,
des écoles primaires supérieures et de l'Enseignement secondaire spécial

PAR

P. VINCENT & **F. BOUFFANDEAU**

Inspecteur primaire de la Seine,   Directeur
Officier d'instruction publique   de l'École normale de Rennes

TROISIÈME ÉDITION, REVUE ET CORRIGÉE

1 vol. in-12, broché : 3 fr. 50; relié toile......... **4 fr.**

En publiant ces Leçons d'histoire littéraire, nous ne prétendons pas faire concurrence aux ouvrages qu'ont déjà écrit les Demogeot, les Gidel, les Paul Albert et autres professeurs aussi remarquables par leur talent de critiques que par leur valeur d'écrivains. L'autorité qui résulte d'un savoir étendu, d'un goût délicat et d'un jugement littéraire exercé leur a permis d'écrire pour le public lettré et de donner, chacun à ses œuvres, la marque de sa personnalité. Ils ont écrit pour les maîtres, notre ambition est moins haute, nous écrivons pour les *élèves* et surtout pour les *élèves de l'enseignement primaire*.

Pour notre public spécial d'enfants et de jeunes gens peu instruits encore des choses de la littérature, nous nous sommes efforcés de parler une langue assez simple pour qu'ils nous comprissent, et assez colorée pour qu'ils nous lussent avec plaisir.

Comme notre ouvrage est surtout un livre scolaire, nous nous sommes très préoccupés de sa valeur pédagogique. Nous avons établi la division par leçons plutôt que par chapitres. C'est pourquoi nous n'avons pas craint de nous répéter souvent et de bien marquer les grandes lignes. Du reste, nos *leçons* n'ont point été composées d'une manière factice; toutes ont été réellement faites devant des *élèves-maîtres :* elles sont le résultat de trois années d'enseignement dans les *écoles normales*, et ce n'est qu'après qu'elles ont eu réussi que la forme a été définitivement arrêtée pour chacune d'elles.

Nous les avons fait précéder d'un sommaire, mais nous ne les avons pas résumées; ce soin regarde les élèves. A l'aide des jalons que nous leur fournissons, ils pourront rédiger un résumé par leçon. Ce sera pour eux non seulement un excellent exercice de style, mais encore le meilleur moyen de fixer d'une manière durable les idées dans leur esprit.

Quant au plan général que nous avons adopté, il nous a été fourni par les *programmes de nos écoles*. Nous avons suivi pas à pas notre littérature dans son développement et ses transformations. L'ordre chronologique s'imposait à nous. Mais nos leçons sont faites de telle sorte que l'étude de chaque genre forme un tout complet. Avant de commencer l'histoire littéraire de chacune de nos grandes périodes : *Origine ; Époque de formation; XVe siècle; Renaissance; XVIIe siècle; XVIIIe siècle; Révolution; Consulat et Empire ; XIXe siècle*, nous avons préalablement donné les caractères généraux de la littérature de cette époque. Nous ne nous faisons pas illusion sur la difficulté de ces tableaux : la nécessité d'aider nos élèves dans une tâche difficile nous a seule déterminés à faire ainsi.

Arrivés au terme de notre tâche, nous désirons avoir fait œuvre utile. Nous aurons réussi si notre ouvrage comble la lacune qui existait dans les bibliothèques d'enseignement primaire, si nous donnons aux maîtres un bon auxiliaire et aux élèves le goût de la lecture et l'amour de ces grands génies, qui, à toutes les époques de notre histoire, ont été la gloire la plus pure de notre grand pays.

LÉGISLATION ET ADMINISTRATION

DE L'ENSEIGNEMENT PRIMAIRE

CODE ANNOTÉ DES LOIS ORGANIQUES

comprenant les lois en vigueur, décrets, arrêtés et règlements, suivi d'une
table analytique et synthétique

PAR

P. VINCENT   **&**   **AUBERT**

Inspecteur primaire de la Seine,   Inspecteur primaire de Lille, Membre
Officier   du Conseil supérieur de l'Instruction publique.
de l'Instruction publique.   Chevalier de la Légion d'honneur.

1 fort vol. in-12 broché............. 3 fr. 50.

PRÉFACE

La loi du 30 octobre 1886, le décret et l'arrêté du 18 janvier o.... t une
véritable révolution dans la législation de l'enseignement primaire. Tout
est profondément modifié dans le gouvernement de nos écoles primaires de
tout degré : Écoles maternelles, classes enfantines, écoles primaires élémentaires, primaires supérieures, écoles normales primaires et écoles normales primaires supérieures. A chaque instant et à tout propos, les directeurs,
directrices et les professeurs de ces écoles, tant publiques que privées, les
inspecteurs généraux et les inspecteurs primaires, les inspectrices départementales, les Maires, les Conseillers municipaux, les Préfets, les Conseillers
généraux, les membres des Conseils départementaux, les Délégués cantonaux
et les Membres des commissions scolaires, ont besoin d'être guidés, afin de
se conformer ou de ne pas contrevenir aux prescriptions nouvelles, soit
qu'il s'agisse de création d'écoles ou d'emplois, de constructions de maisons
d'écoles, d'examens à subir, de postes à solliciter, de pénalités à éviter ou
à appliquer, de traitements à régler, etc., etc.

C'est pour donner satisfaction à des besoins si nombreux et partant si
pressants, que nous avons entrepris la publication de notre livre, où nous
avons réuni tous les documents dont on peut avoir besoin dans tous les cas.

Nous nous sommes efforcés de faire un travail complet et nous pensons
avoir réussi. Dans ce but, nous avons divisé notre livre en quatre parties.

La première, qui comprend tous les documents législatifs de 1833 à
1879, renferme les lois abrogées ou profondément modifiées par la législa-
lation actuelle.

La deuxième comprend toute la législation existante, c'est-à-dire depuis
la loi du 9 août 1879 relative à la fondation des écoles normales primaires,
jusqu'au décret et à l'arrêté du 18 janvier 1887.

La troisième renferme quelques circulaires nouvelles et les décrets, arrêtés
et circulaires non encore abrogés, auxquels il faut encore se reporter pour
pouvoir résoudre une foule de questions d'ordre secondaire.

La quatrième est une table alphabétique et analytique des matières du
livre, qui permet de se reporter immédiatement, et sans peine à la page
où se trouve l'article de la loi ou du décret, ou la circulaire que l'on a besoin
de consulter.

Enfin, nous avons pris toutes nos précautions pour que notre livre restât
toujours ouvert. Tous les ans, nous publierons un *fascicule* dont les pages
s'intercaleront facilement dans notre premier travail, ainsi qu'un *index* sur
papier gommé, qui pourra être placé en regard des documents modifiés et
qui renverra aux documents nouveaux.

Voir le prospectus spécial.

COURS D'HISTOIRE

RÉDIGÉ CONFORMÉMENT AUX PROGRAMMES

DE L'ENSEIGNEMENT SECONDAIRE SPÉCIAL

Programme du 10 août 1886

ET DE L'ENSEIGNEMENT SECONDAIRE DES JEUNES FILLES

PAR MM.

A. AMMANN	E.- C. COUTANT
Ancien élève de l'école normale supérieure, Agrégé d'histoire, Professeur au Lycée Louis-le-Grand et au collège Chaptal.	Ancien élève de l'école normale supérieure, Agrégé d'histoire, Directeur de l'école municipale supérieure J.-B. Say.

Avec des tableaux-résumés, des devoirs, des index et de nombreuses cartes géographiques et des renseignements bibliographiques.

Ce nouveau cours d'Histoire répond exactement aux exigences des derniers programmes pour l'**Enseignement secondaire spécial;** nous nous sommes efforcés de le mettre en harmonie non pas seulement avec la lettre, mais avec l'esprit de cet enseignement qui, depuis sa création, a su se conquérir une place si importante dans notre système d'études nationales, et qui est appelé à rendre à notre société contemporaine des services chaque jour croissant.

En écrivant ces volumes, notre ambition n'était donc pas de former des érudits, mais d'instruire des *honnêtes gens*, comme on disait au dix-septième siècle ; dans cette exposition du développement symétrique de l'humanité et de la France, nous n'avions pas pour objet de dire tout ce qu'il est possible de savoir, nous nous proposions simplement de faire comprendre tout ce qu'il n'est pas permis d'ignorer. Voilà pourquoi, sans prétendre rivaliser avec d'autres ouvrages plus considérables que les nôtres, mais conçus dans un autre esprit et répondant à d'autres besoins, nous avons, de propos délibéré, renoncé à un facile étalage d'érudition, pour « mettre en relief les événements qui dominent et éclairent l'histoire. » Les volumes sont moins gros, nous croyons cependant qu'on y trouvera tout ce qui est nécessaire ou vraiment utile.

Le plan général est des plus simples : plutôt que de multiplier inutilement les divisions, nous avons consacré un **chapitre spécial** à chacune des grandes questions dont l'ensemble constitue l'histoire du moyen âge, des temps modernes, de l'époque contemporaine. A la fin de chaque chapitre, un *Résumé* en forme de **tableau synoptique** aide les élèves à étudier et à repasser et leur montre en même temps les faits groupés naturellement, dans leur relation logique de causes et d'effets; ces tableaux rendent matériellement visible le plan des différents chapitres, ils soulagent ainsi la mémoire des élèves en faisant intervenir leur intelligence.

Après réflexion, nous nous sommes décidés à introduire dans ces volumes une **disposition typographique** que nous avons déjà employée ailleurs, et dont l'utilité a été grandement appréciée : dans les chapitres consacrés à l'histoire de France que les élèves ont dû déjà étudier, nous imprimons en caractères **ordinaires** les idées générales, les divisions naturelles des questions, les sentiments ou les passions qui provoquent les événements, les résultats auxquels ils aboutissent : c'est la trame de l'histoire. Puis, dans les mailles de ce vaste tissu, en caractères **un peu plus fins**, nous racontons les mêmes faits, les détails caractéristiques, les événements particuliers qui ont été déjà appris auparavant, mais qui ont pu s'oublier ou se mêler dans la mémoire. — Au contraire, pour l'histoire des pays étrangers, qui est moins familière aux élèves que notre histoire nationale et où d'ailleurs il est moins utile d'entrer dans le détail, ce petit artifice typographique n'avait pas sa raison d'être.

Dans le corps des volumes, des **Cartes** et des **index géographiques** permettent d'indiquer avec précision la position exacte de tous les lieux importants. A la fin de chacun d'eux on trouvera un certain nombre de **Sujets de devoirs**, choisis avec soin parmi ceux qui répondent le mieux à l'esprit des nouveaux programmes; quelques-uns sont accompagnés d'un **plan développé** : les élèves pourront ainsi voir, par la pratique, comment les éléments d'histoire générale donnés dans le livre doivent se disposer en vue d'un sujet particulier à traiter.

Enfin, les volumes sont complétés par des **Renseignements bibliographiques**, qui, assurément, n'ont pas la prétention d'être complets; cependant, nous avons cru bon d'indiquer aux élèves les principaux ouvrages qui peuvent être consultés, soit sur l'ensemble du cours, soit sur chacun des chapitres en particulier.

LES OISEAUX UTILES
COLLECTION DE 40 PLANCHES

de 22 cent. 12 sur 16 cent., imprimées en chromo.
Adoptée par la Commission de l'Imagerie scolaire; honorée de souscriptions par le **Ministère de l'Instruction publique**, le **Ministère de l'Agriculture** et de la médaille d'or de la Société nationale d'Agriculture de France. Adoptée comme Récompenses scolaires par les Villes de Paris, Bordeaux, etc.

Une planche sera adressée *franco* en **spécimen** contre **25 centimes** à tout membre de l'Enseignement qui en fera la demande.

FACILITÉS DE PAYEMENT

Pour faciliter aux directeurs et directrices d'établissements scolaires, aux municipalités, aux comices agricoles, aux sociétés d'agriculture, l'achat de notre **collection** d'une utilité reconnue de tous, nous la mettons à leur disposition payable en deux termes égaux, le PREMIER soit en un **mandat** de 12 fr. 50 accompagnant la demande, soit contre **remboursement**, le SECOND dans un délai que voudra bien nous indiquer le demandeur, mais qui ne devra pas dépasser une année.

Chaque tableau classique comprenant 4 oiseaux, avec œillet pour suspendre au mur. 2 50

La **Collection** classique de 10 tableaux. 25 »

Chaque planche séparée, montée sur bristol avec entourage artistique et filet or (*récompense scolaire et accessits*). 1 »

Les **quarante planches**, montées sur bristol avec entourage artistique et filet or et contenues dans un album avec fers spéciaux. 40 »

Les **quarante planches**, non montées. 22 50

Chaque **planche**, non montée (*récompenses scolaires et accessits*). » 70

Le volume de texte illustré de **60** grav., br. 1 fr. 25, relié, fers dorés (*récompenses et distribution de prix*). 1 75

Les **quarante planches**, montées sur 10 cartons, avec œillet pour suspendre au mur (*collection classique*). 25 »

La question agricole est de première importance pour notre pays, et il n'est pas douteux que l'enseignement qui se rapporte à ces matières cherche encore sa voie : nous croyons avoir apporté notre pierre à l'édifice en publiant notre collection des **Oiseaux utiles**, et il nous semble que nous avons fait à la fois une œuvre **artistique**, **scientifique** et d'**utilité publique**. Nous ne pouvons la faire présenter par un maître plus autorisé que **M. Francisque Sarcey** auquel notre collection a inspiré l'article suivant :

« ... Un jeune éditeur, qui s'occupe beaucoup des choses de l'enseignement, s'est avisé d'une idée ingénieuse. Il a disposé une série de quarante planches, montées sur dix cartons, que l'on peut appendre au mur d'une classe. Là, les oiseaux utiles à l'homme sont représentés en couleur; et une courte brochure, qui a pour titre : *Les Oiseaux utiles*, est le commentaire exact et précis de ces petits tableaux qui parlent à l'imagination.

« Le seul inconvénient de cette collection, c'est le prix... vingt-cinq francs. Et dame! vingt-cinq francs pour un seul détail du mobilier scolaire, c'est encore un prix. Bien des communes déjà obérées, reculent devant cette dépense. Et ce sont précisément celles qui en auraient le plus besoin. Car c'est au fond des hameaux, bien plutôt que dans les grandes villes, qu'il s'agit de répandre ces notions sur l'utile secours que nous prêtent les oiseaux.

« Mais dans certains endroits, la caisse des écoles pourrait prendre cet achat à sa charge. Ailleurs, quelques cultivateurs, pénétrés de l'importance de la question, pourraient se cotiser et faire ce cadeau à l'école.

« Nombre de personnes riches, qui s'intéressent en France au développement de l'instruction primaire, cherchent souvent par quel encouragement elles pourraient témoigner de leur bon vouloir. Les unes fondent des livrets de caisse d'épargne, les autres envoient des livres de prix. Je recommande à leur générosité l'achat d'une des collections de M. Fernand Nathan.

« Ce sera pour les murs de l'école une aimable décoration, en même temps que pour le maître un texte inépuisable d'enseignement. J'ai sous les yeux deux ou trois de ces planches; l'exécution en est très soignée. Chaque planche se vend séparément et peut être donnée en prix, ou comme récompense scolaire. Les enfants s'amuseront à les copier et à en faire des motifs d'aquarelle.

« Peut-être prendront-ils le goût des études d'histoire naturelle. » (*Estafette* du 11 nov. 1886.)

1er Tableau.	4e Tableau.	7e Tableau.
Étourneau.	Fauvette des jardins.	Farlouse spioncelle.
Mésange bleue.	Fauvette grisette.	Gobe-mouche gris.
Pinson ordinaire.	Fauvette à tête noire.	Chardonneret.
Troglodyte.	Pouillot fitis.	Chardonneret tarin.
2e Tableau.	**5e Tableau.**	**8e Tableau.**
Mésange nonnette.	Rouge-queue.	Martinet noir.
Mésange noire.	Rossignol des murailles.	Hirondelle de cheminée.
Mésange à longue queue.	Rouge-gorge.	Hirondelle de fenêtre.
Mésange huppée.	Rossignol.	Engoulevent.
3e Tableau.	**6e Tableau.**	**9e Tableau.**
Traquet motteux.	Grive musicienne.	Corbeau choucas.
Traquet tarier.	Huppe.	Buse.
Lavandière jaune.	Merle noir.	Effraie.
Lavandière grise.	Alouette des champs.	Chat-huant.

10e Tableau.

| Pic vert. | Pic épeiche. | Torcol. | Sitelle. |

ARDOISAGE FACTICE BLANC ET NOIR

à la marque F N

BREVETÉ s. g. d. g.

**Adopté par la Ville de Paris pour ses Écoles Maternelles
et Écoles primaires communales.**

ARDOISE FACTICE BLANCHE EN VERRE DÉPOLI

Notre **ARDOISE FACTICE BLANCHE** échappe à **toutes les critiques** : avec elle, pas de crayon spécial, mais bien le **crayon mine de plomb ordinaire**, nettoyage complet des traits qui ne laissent aucune trace, quadrillage **inaltérable** sans saillie ni creux. Nous avons en magasin toutes les réglures et quadrillages usuels : elle est toujours **encadrée** et est d'une solidité complète.

15×23	L'unité..............	1	60
19×28	»	2	»

CARTE DE FRANCE D'UN CÔTÉ, EUROPE DE L'AUTRE
ou France d'un côté, quadrillage de l'autre.

22×24	L'unité..............	1	80
30×32	»	3	»

TABLEAUX MURAUX NOIRS OU BLANCS EN VERRE DÉPOLI
à la marque F N

Les **avantages** de nos tableaux, qui sont d'une tout autre matière que les tableaux actuellement en usage, sont considérables.

Ils sont d'un **noir mat** superbe. — Ils sont **inusables**. — Ils sont **inaltérables**. — Les quadrillages ou réglures qu'ils présentent ne peuvent être attaqués par la craie.

En dehors des tableaux des grandeurs ci-dessous que nous avons toujours en magasin, nous pouvons faire les tableaux de toute dimension pour salles de dessin, de coupe, amphithéâtres : nous nous mettons à la disposition des chefs d'établissement pour établir des devis.

0 50 × 0 60........	13	»	0 75 × 1 »........	25	»
0 60 × 0 75........	18	»	1 » × 1 20........	32	»

L'Ardoise blanche F N ne peut être expédiée par la poste et exige l'envoi par le chemin de fer.

Envoi franco du prospectus spécial

LIBRAIRIE CLASSIQUE FERNAND NATHAN.

PROGRAMME DU 27 JUILLET 1882

COURS NORMAL D'HISTOIRE
DES ÉCOLES PRIMAIRES

PAR

A. AMMANN & E.-C. COUTANT

Anciens élèves de l'Ecole normale supérieure, Agrégés d'histoire et de géographie

Professeur au lycée Louis-le-Grand | Directeur de l'école municipale supérieure
et au collège Chaptal. | J.-B.-Say.

Avec des résumés, des questionnaires, des devoirs, des tableaux synoptiques, de nombreuses cartes et gravures

ADOPTÉ POUR LES ÉCOLES DES VILLES DE PARIS, DE BORDEAUX, ETC. ET PORTÉ SUR TOUTES LES LISTES DÉPARTEMENTALES

Le Cours normal d'Histoire des Écoles normales forme la partie du maître de ce Cours.

COURS ÉLÉMENTAIRE

Récits et Entretiens sur l'Histoire nationale jusqu'en 1328 suivi d'un résumé jusqu'à nos jours et d'un lexique des mots difficiles. Un volume in-12, cartonné. » 80

COURS MOYEN

Cours élémentaire d'Histoire de France depuis 1328 jusqu'à nos jours, précédé d'une revision jusqu'en 1328. Un volume in-12, cartonné. 1 fr. 40

COURS SUPÉRIEUR ET COURS COMPLÉMENTAIRE

Notions sommaires d'Histoire générale *et revision de l'Histoire de France,* ouvrage faisant suite à tous les cours d'Histoire. Un fort volume in-12, cartonné. 2 fr. 50

Un des maîtres de la pédagogie contemporaine, M. Gréard, a dit excellemment : « L'objet de l'enseignement primaire n'est pas d'embrasser sur les diverses matières auxquelles il touche tout ce qu'il est possible de savoir, mais de *bien apprendre* dans chacune d'elles *tout ce qu'il n'est pas permis d'ignorer*. » Ces paroles, citées dans l'Instruction annexée à l'arrêté ministériel qui a fixé les nouveaux programmes de 1882, ont principalement inspiré les auteurs de ce cours.

Dans leur travail, ils se sont proposé deux objets : d'une part, exposer, d'après une méthode accessible à de jeunes esprits — dans les Cours élémentaire et moyen — le développement **de la France**; dans le Cours supérieur — le développement **symétrique de l'humanité et de la France**. Chacun des Cours contient un nombre de leçons correspondant au nombre d'heures consacrées à l'enseignement de l'Histoire.

Chacun des chapitres embrasse une période particulière de l'histoire et **forme comme un tout complet**. Il contient d'abord des *notions générales* : c'est, sous la forme la plus nette et la plus brève possible, un tableau d'ensemble des grandes idées qui dominent et expliquent les faits particuliers racontés dans le chapitre. Ces notions générales sont destinées à être lues attentivement, et, au besoin, expliquées et commentées en classe par le maître avant que l'étude du chapitre ne soit entamée.

Le chapitre est ensuite subdivisé en *leçons*, généralement au nombre de deux ou de trois; chaque leçon contient à son tour deux parties distinctes : un *Résumé* et un *Récit*. Le Résumé est destiné à être appris *par cœur* par tous les élèves; il est divisé en un petit nombre de paragraphes, dont chacun expose un fait important ou une idée essentielle; le Récit développe ensuite méthodiquement, paragraphe par paragraphe, toutes les matières contenues dans le Résumé : des numéros correspondants permettent de reporter chaque partie du Récit au paragraphe spécial qu'elle explique.

Dans le **Cours élémentaire**, des *sujets de lectures et d'entretiens* viennent faciliter la tâche du maître et lui permettre d'animer la leçon par des récits tirés des grands historiens ; ils portent soit sur le portrait d'un homme illustre, soit sur une anecdote caractéristique faisant mieux connaître et comprendre une époque.

Dans le *questionnaire* qui accompagne chaque leçon, les mêmes numéros de renvoi, correspondant aux numéros des paragraphes, désignent les questions à poser sur chacun d'eux.

De loin en loin des *tableaux synoptiques* facilitent d'utiles revisions; ils sont disposés dans le **Cours supérieur** de telle façon que, lorsqu'on les lit de haut en bas, chaque colonne offre la succession chronologique des événements dans un même pays; quand on les lit de gauche à droite, ils font voir la simultanéité des événements accomplis à la même époque dans les différents pays.

Le **Cours élémentaire** est suivi d'un résumé de l'Histoire nationale jusqu'à nos jours; le **Cours moyen** est précédé d'une revision jusqu'en 1328 et suivi d'une revision générale, ce qui permet d'utiliser le Cours même dans les écoles **où l'on ne suit pas** le nouveau programme, car chaque volume forme un tout complet.

Dans le **Cours supérieur**, une *revision générale* termine également le volume; disposée sur le même plan que le reste de l'ouvrage, elle peut offrir une ressource précieuse aux maîtres qui veulent passer plus rapidement sur telle ou telle période : l'*histoire ancienne*, par exemple, y est résumée tout entière en *six leçons* qu'il est facile d'étudier en trois semaines, sans qu'on ait étudié préalablement les douze chapitres du volume consacrés à l'antiquité.

Pour conclure, les *résumés* forment dans ce cours la *matière* de l'enseignement historique, tandis que les *récits* et les *entretiens* constituent comme un *livre de lectures*.

Nous ne saurions trop attirer l'attention des maîtres sur le *Cours normal d'histoire à l'usage des Écoles normales* qui forment la PARTIE DU MAITRE du Cours que nous leur présentons; à la fin de chaque leçon des Cours **élémentaire, moyen et supérieur**, ils trouveront indiquées les pages du *Cours des Écoles normales* se rapportant à la partie étudiée : ces deux Cours ont été conçus dans le même esprit et rédigés sur le même plan, de telle façon que les développements plus complets du second viennent se juxtaposer tout naturellement sur ceux du cours primaire; *ils se complètent l'un l'autre*, tout en étant indépendants et forment pour l'enseignement de l'histoire un *seul ensemble pédagogique*.

LIBRAIRIE CLASSIQUE FERNAND NATHAN

NOTIONS ÉLÉMENTAIRES

D'ANATOMIE ET DE PHYSIOLOGIE DU CORPS HUMAIN

APPLIQUÉES

A L'ÉTUDE DE LA GYMNASTIQU

A L'USAGE

DES ASPIRANTS ET ASPIRANTES AU CERTIFICAT POUR L'ENSEIGNEMEN DE LA GYMNASTIQUE ET AU BREVET DE PREMIER ORDRE

Par le Dr GEORGES VAN GELDER

Médecin inspecteur des Écoles de la ville de Paris, Examinateur d'anatomie au certificat
pour l'enseignement de la gymnastique, Officier d'académie, etc.

AVEC DE NOMBREUSES GRAVURES DANS LE TEXTE

TROISIÈME ÉDITION, AUGMENTÉE DE TABLEAUX SYNOPTIQUES
ET D'UN APPENDICE SUR LES SCIENCES APPLIQUÉES A LA GYMNASTIQUE

1 vol. in-12, broché.............................	2 fr. 75
L'appendice seul, 1 piqûre in-18..................	0 fr. 40

OUVRAGE ADOPTÉ
ET HONORÉ DE SOUSCRIPTION PAR LE MINISTÈRE DE L'INSTRUCTION PUBLIQUE
POUR LES BIBLIOTHÈQUES PÉDAGOGIQUES

AVANT-PROPOS

De l'année fatale 1870, date, pour notre pays, un vif élan vers les exercices physiques.

Malgré les déclamations intéressées sur la légèreté de notre caractère national, et le défaut d'esprit de suite que nous apportons dans nos entreprises, c'est avec un grand sentiment de joie que je vois chaque jour se multiplier les sociétés de gymnastique et de tir, destinées à former dès l'école chaque Français à son futur métier de soldat.

Dans ces circonstances, je me suis décidé à publier ce volume. *Il répond à un besoin qui m'a été souvent manifesté par les aspirants et aspirantes au certificat spécial d'aptitude à l'enseignement de la gymnastique et au brevet de premier ordre.*

L'accueil flatteur qu'il a reçu est un sûr garant de son utilité.

Les meilleurs esprits conviennent aujourd'hui que la gymnastique, pour être féconde et profitable, doit être basée sur l'étude rationnelle du corps humain.

Je me suis attaché à ne donner dans ce livre que les notions indispensables à tout professeur de gymnastique. Le lecteur pourra, en effet, s'assurer que rien de ce qui s'y trouve n'est en dehors du programme.

Mon travail peut être regardé comme l'introduction naturelle de tou les traités de gymnastique.

Dr G. V. G.

COURS NORMAL D'HISTOIRE

Rédigé conformément aux plan d'études
et programmes d'enseignement des écoles normales primaires
et des Écoles primaires supérieures

PAR

A. AMMANN   &   E.-C. COUTANT

Anciens élèves de l'École normale supérieure, Agrégés d'histoire et de géographie,
Professeur au Lycée Louis-le-Grand | Directeur de l'École municipale supérieure
et au Collège Chaptal. | J.-B. Say.

AVEC DES TABLEAUX-RÉSUMÉS, DES DEVOIRS, DES INDEX
ET DE NOMBREUSES CARTES GÉOGRAPHIQUES

Nouvelle Édition

Inscrit sur la liste des ouvrages fournis gratuitement par la Ville de Paris
à ses Écoles communales et primaires supérieures

Adopté par le Ministre de l'Instruction publique pour les bibliothèques pédagogiques

PREMIÈRE ANNÉE. — **Histoire de France, depuis les origines jusqu'à nos jours.** 1 vol. in-12, broché : 3 fr. ; rel. toile. **3 50**

DEUXIÈME ANNÉE. — **Histoire générale jusqu'à la mort de Henri IV (1610).** 1 vol. in-12, broché : 3 fr. 50 ; rel. toile. **4 »**

TROISIÈME ANNÉE. — **Histoire générale depuis 1610 jusqu'à nos jours.** 1 vol. in-12, broché : 4 fr. ; rel. toile. **4 50**

Ce Cours forme la Partie du Maître du Cours des Écoles primaires.

Cours de Pédagogie, à l'usage de l'enseignement primaire, *rédigé conformément au programme officiel,* par P. VINCENT, ancien élève de l'École normale de Poitiers, ancien instituteur public, Inspecteur de l'Instruction primaire de la Seine, officier de l'Instruction publique. 3e édition, corrigée et augmentée. 1 fort vol. in-12, broché, 3 fr. ; cartonné. **3 40**

Leçons d'histoire littéraire, par P. VINCENT et BOUFFANDEAU, Inspecteurs de l'enseignement primaire. Ouvrage rédigé conformément aux programmes des Écoles normales, des Écoles primaires supérieures et de l'enseignement secondaire spécial. 1 fort vol. in-12, broché, 3 fr. 50 ; cartonné. **4 »**

Cours de morale, par JULES STEEG, député de la Gironde. Ouvrage rédigé conformément aux programmes officiels, à l'usage des Écoles normales et des instituteurs.

Première année. — Psychologie et morale théorique, 1 vol. in-12, br. **1 »**
Deuxième année. — Morale appliquée. 1 vol. in-12, br. **2 »**
Le même ouvrage réuni en un fort vol. in-12, br. 3 fr., cart. **3 60**

Histoire de la Pédagogie, par P. VINCENT. Ouvrage *rédigé conformément aux programmes officiels des Écoles normales et de l'examen pour le certificat d'aptitude aux fonctions d'Inspecteur primaire.* 1 fort vol. in-12, br., 4 fr. ; cart. **4 50**

Lexicologie française (*Origine, formation, signification des mots*), par R. PESSONNEAUX, professeur au lycée Henry IV et à l'École normale supérieure de Fontenay et O. GAUTIER, directeur de l'École normale de Nice. 1 vol. in-12, broché, 3 fr., relié toile. **3 50**

Paris. — Imp. E. Capiomont et Cie, rue des Poitevins, 6.

www.ingramcontent.com/pod-product-compliance
Lightning Source LLC
Chambersburg PA
CBHW050504270326
41927CB00009B/1895